ことばと教育の創造

未来を生きる力をひらくために

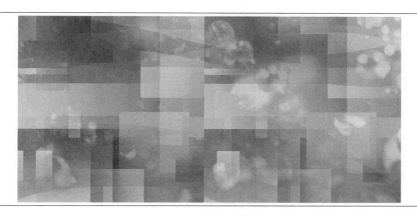

教育科学研究会「ことばと教育」部会 編

三学出版

目　次

まえがき……………………………………………………………………… v

第Ⅰ章　「ことばと教育」をめぐる問題状況……………………… 1
第1節　カタカナ語の氾濫と母語……………………………………… 1
第2節　ヘイトスピーチとことばの教育……………………………… 4
第3節　今日のいじめ問題とことば…………………………………… 11
第4節　特別な支援を必要とする子どもとことばの教育…………… 14
第5節　メディアとことばの教育－東日本大震災・スマホ等を視野に
……………………………………………………………………… 19
第6節　夜間中学におけることばと教育……………………………… 23
第7節　外国語母語話者におけることばと教育……………………… 31
第8節　大勢順応主義とマニュアル人間……………………………… 39

第Ⅱ章　ことばの本質をとらえる………………………………… 43
第1節　言語と言語活動の本質………………………………………… 43
第2節　人間のことばと動物言語……………………………………… 44
第3節　言語と言語活動………………………………………………… 47
第4節　人間のことばとコミュニケーション………………………… 48
第5節　母語の発達と国語教育………………………………………… 51
第6節　外国語教育の意味と展望……………………………………… 59
第7節　ことばと「生きる力」………………………………………… 65
第8節　ことば・自己表現・アイデンティティ・世界認識………… 67
第9節　キー・コンピテンシーとことば……………………………… 69

第Ⅲ章　ことばの発達をとらえる………………………………… 73
弟1節　ことばの発達と遊び・手の労働……………………………… 73
弟2節　ことばの発達と家族環境・家庭教育………………………… 83
第3節　ことばの発達と人間発達資源：ソーシャルキャピタル…… 87

第4節　マンガ・アニメとことばの発達……………………………… 91
　　第5節　ことばの発達と玩具・教育玩具……………………………… 93
　　第6節　ことばの発達と読書文化……………………………………… 97
　　第7節　ことばの発達と語彙の獲得……………………………………101

第Ⅳ章　ことばの発達と脳のはたらき……………………………… 104
　　第1節　人間の発達とことばの習得…………………………………… 104
　　第2節　脳科学の発展とことばの教育………………………………… 107
　　第3節　脳と意識・こころ……………………………………………… 109
　　第4節　脳とこころのマッピング……………………………………… 111
　　第5節　脳における進化と発達とことば……………………………… 112
　　第6節　記憶と想起……………………………………………………… 115
　　第7節　「聞き書き」と体験の思想化………………………………… 117
　　第8節　手とことばと脳　―技能・技術教育に関連して………… 120
　　第9節　脳と仮想とことば―文学教育に関連して………………… 122
　　第10節　ことば・意識・自己・人格形成……………………………… 124

第Ⅴ章　ことばの教育の歴史を考える……………………………… 128
　　第1節　日本語教育の歴史を考える…………………………………… 128
　　第2節　外国語教育の歴史を考える…………………………………… 148
　　第3節　文学教育の歴史に学ぶ………………………………………… 152
　　第4節　綴方教育の歴史を考える……………………………………… 165
　　第5節　古典の教育の歴史を考える…………………………………… 174
　　第6節　文法教育の歴史を考える―日本語文法と英文法………… 177
　　第7節　話しことばの教育の歴史を考える…………………………… 181

第Ⅵ章　ことばの教育と文化と教養………………………………… 188
　　第1章　ことばの教育と文化…………………………………………… 188
　　第2節　ことばの教育と身体文化……………………………………… 191
　　第3節　ことばの教育と美的感性と芸術文化………………………… 193
　　第4節　ことばの教育と技能・技術文化……………………………… 195

第5節　ことばの教育と数・数学文化……………………………… 197
　第6節　ことばの教育と自然認識・科学文化……………………… 201
　第7節　ことばの教育と社会認識・科学文化……………………… 206
　第8節　ことばの教育と神話・儀式・物語り・歴史意識・歴史認識… 208
　第9節　ことばの教育と生活認識・地域認識・環境認識………… 210
　第10節　ことばの教育とモラル・道徳……………………………… 212
　第11節　生活指導とことばの教育…………………………………… 214

第Ⅶ章　ことばの教育を考える……………………………………… 221
　第1節　家庭におけることばの教育………………………………… 221
　第2節　就学前のことばの教育を考える…………………………… 224
　第3節　小学校におけることばの教育
　　　　　―基礎学力とことばの教育をめぐって……………………… 230
　第4節　中学校におけることばの教育―自我形成をめぐって…… 235
　第5節　高校におけることばの教育
　　　　　―自分史・聞き書きと進路指導の実践…………………… 242
　第6節　大学におけることばの教育………………………………… 252

第Ⅷ章　情報化社会とことばの教育………………………………… 255
　第1節　情報化社会の現代的問題状況……………………………… 255
　第2節　情報の二つの意味（日常的概念と専門的概念）と
　　　　　情報化社会の出現…………………………………………… 256
　第3節　物理的世界像と情報的世界像と生活世界………………… 258
　第4節　情報技術の人類史からみたコミュニケーションの多様性… 263
　第5節　話しことばと書きことば…………………………………… 265
　第6節　リテラシーとその再定義…………………………………… 267
　第7節　情報社会の病理をどう克服するか………………………… 270
　第8節　現代民主主義と主権者としてのことばの教育の展望…… 272
　第9節　戦争と平和とことばの教育………………………………… 275

あとがき……………………………………………………………… 289

まえがき

　これは「ことばと教育」という視点からとらえた「わたしたちの字引」です。語彙集（LEXICON）といってもよいでしょう。
　私達は、教育科学研究会の「ことばと教育」部会で、毎年多くのすぐれた教育実践に接する中で、相互に学び合うだけでなく、その成果を共有財産として蓄積し、未来に生かす有効な方法はないかと考えてきました。ことばは生きものであり、教育実践で語られることばは、その教師の固有のことばの意味をともなっているのが普通でしょう。一つの教育実践の特徴を浮き彫りにしようとすると、二つか三つのキー概念、実践の核心にあるコトバに思い当たることもしばしばです。そんなわけで実践から学ぶに当たっていつもこれらの概念に注目してきました。たとえば「コミュニケーション」とか「共生」とかそもそも「言語」や「情報」ということばが、どういう意味で使われているかと。そういう問いかけを持ちながらそれらの実践に耳を傾けつつ、それを聞き分け、分析する「わたしたちの」字引を作ってみようという作業が始まりました。それぞれ興味を持った語彙や項目の解説を書き始め昨年までに『ことばと教育の創造』（第5集）まで来たところで、今年になって次の方針で再編集したものが本書です。

1、「ことばと教育」をめぐる問題状況を最初においたこと（Ⅰ章）
2、ことばの本質論を起点にしたこと（Ⅱ章）
3、最近の脳科学の進展との関連を見きわめようとしたこと（Ⅲ章）
4、「発達と歴史と文化」の観点を重視したこと（Ⅳ、Ⅴ、Ⅵ章）
5、家庭・学校・社会の「ことばの教育」の相互のつながりを重視したこと（Ⅶ章と各章）
6、情報化社会に対応する基本のすじみちと展望を試みたこと（Ⅷ章）
7、乳幼児から幼児・小学・中学・高校・大学の実践例のポイントの紹介と共に、「戦争と平和」の事例の一つのまとめを行ったこと（Ⅶ章、Ⅷ章）

これをこの 10 年の研究の一つの中間まとめとして世に送り出し、広く御批判、御叱正を頂いた上で、今後も改訂、増補を重ねたいと考えています。
　　　2017 年 3 月 31 日
　　　　　　　　　　　教育科学研究会・「ことばと教育」部会・編集委員会

第Ⅰ章 「ことばと教育」をめぐる問題状況

第1節 カタカナ語の氾濫と母語

はじめに

　かつて「外来語辞典」といわれていたものが、「カタカナ語辞典」となってからもう20年以上になる。『カタカナ語・略語辞典』(旺文社・1990) では見出し語として2万、その95％以上が英語からのものであるが、その傾向はますます強くなっている。三省堂の『コンサイスカタカナ語辞典』が外来語辞典から名前を変えたのが1995年である。社会的にみれば、経済分野はいうまでもなく、福祉や教育の分野でもたくさんのカタカナ語が使われるようになってきた。
　また教科書にしぼって分析すると、小学校では6年間に600を超えるカタカナ語に出会うことになっている (瀧口2004)。あるいは古い調査になるが、高校では1200を越えるカタカナ英語が既に10年以上も前の段階で使われていた (瀧口 1997)。こうした状況を踏まえて、カタカナ語に対してどのように考えていったらよいのかまとめてみたい。

1. カタカナ語の氾濫がもたらすもの

　こうしたカタカナ語の氾濫がもたらしているものは何であろうか。とりわけ圧倒的な英語からくるカタカナ語の存在は、日本と日本語の将来に様々な課題を残している。
　まず第一に、コミュニケーション不全状態である。「福祉」を受ける人々は

多くの場合高齢者や障がい者である。もっともカタカナ語とは縁が遠い人々で、やさしい日本語こそ求められているにも関わらず、「ケアマネージャー」や「コーディネート」、「ヘルスアセスメント」などが散りばめられる。そのことによって福祉を受ける側の理解と提供する側の理解にずれが生じ、その結果としてコミュニケーションがとれない事態が生じている。独り暮らしの老人が孤独死する報道が毎日のように行なわれているが、そうした事態を招いている原因の一つに、コミュニケーションを不全にしているカタカナ語の氾濫があるといえる。

　第二として、何よりも日本語の喪失に繋がっているのではないかということである。今日本で目に触れるものからカタカナ語がなくなってしまうと、活字的にも音声的にもコミュニケーションの成り立たない状況になる。このままカタカナ語として英語が持ち込まれると、もはや日本語は形を成さないものになっていくであろう。「仮想化エンジン機能が、異機種統合環境においても大きなベネフィットをもたらします。企業内のストレージ環境とITインフラを統合し、TOC削減に直結する…オンデマンド・ビジネスのトータルなソリューションです」（日経2004.10.21）などはもう日本語として意味を成さないほど崩れていると言えるのではないだろうか。

　第三として、その結果英語が公用語として使われざるを得ないことになるということを予想させる。これはまだ仮定のことであるが、先の見通しとしては十分に予想できるものである。

2. どう対処すべきか

　こうした流れを変えることは容易なことではないが、放置すればますます厳しい事態を迎えることになるであろう。

　先ず何よりも、日常的に出会うカタカナ語をできるだけ日本語に置き換えて使う努力をすることであり、カタカナ語を使わないで表現する努力をすることである。公共の職務に従事している分野ではできるだけカタカナ語を使わない努力をすることが求められる。現実に用語集を発行して努力している自治体も

存在しているのである。

　第2として、明治時代にdemocracyを「民主主義」と置き換えたように、今までの日本語になかった言葉であれば、再度作り直す努力をすることが求められる。「カタカナ語辞典」を日本語に翻訳していく努力もその一つであろう。

　第3として、日本語をどのように創造し広めていくのかを考える「言語政策センター」（仮称）を組織し、日常的に新しい言葉に対処していく体制を作ることである。現在でも国立国語政策研究所があり、最近ではカタカナ語の一部日本語への書き換えを提起したが、ほとんど日本の中に影響を与えることはない。きちんと政策や法案として提起するような「研究所」が必要ではないだろうか。（瀧口優）

＜参考文献＞
・瀧口優 2004 「カタカナ英語」の氾濫と英語学習のあり方―小学校の教科書分析から　白梅学園短期大学紀要 41
・瀧口優 1997 高校教科書に氾濫するカタカナ英語　新英語教育 337号　三友社出版
・廣渡太郎 2009 間違いだらけのカタカナ英語 学研新書

第2節　ヘイト・スピーチとことばの教育

1. ヘイト・スピーチとは何か

　「ヘイト・スピーチ」という言葉が日本のメディアで取り上げられるようになったのは、2013年10月に京都地裁が「在日特権を許さない市民の会」（以下、在特会）が京都の朝鮮第一初級学校（日本の小学校にあたる）の校門前に押しかけて、1時間にわたる大音響マイクを使っての行動に対して、「1220万円の損害賠償義務を認め、将来にわたって学校の半径200メートル以内における街宣等を禁止する判決を出した」ことからである。もちろんそれ以前にも右翼などによるヘイト・スピーチは行われていたが、大きな問題として取り上げられることはなかった。法律の場でヘイト・スピーチが問題となり、それが判決として表に出たことが大きい。

　国際的には、ヘイト・スピーチは国連の国際人権規約20条と人種差別撤廃条約4条で共通して使われている用語である「差別煽動」（incitement to discrimination）と意訳される（師岡 2013, p.ii）と判断されている。日本は1995年に人種差別撤廃条約に加盟したが、現在に至るまで差別撤廃のための法制度はなく、国際人権法違反の状態が続いている。

　ヘイト・スピーチについての研究は、1990年代にアメリカの「ヘイト・クライム規制法」が問題になったことを受けて日本でも様々な論文が出されるようになった。しかし日本における「ヘイト・スピーチ」問題が表面化するのは2007年に「在特会」が設立されたことに起因する。2009年には日本政府が在留期間を過ぎた外国人を子どもから引き離し家族を破壊して退去強制するという暴挙に出た際、それを支持するデモ行進を中学校まで押しかけて行ったカルデロン事件（2月）、従軍慰安婦問題の展示をしていた会場に押しかけて妨害した三鷹事件（8月）、秋葉原において外国人排除をアピールするデモ行進を

行い、反対意見のプラカードを持った市民に襲い掛かって暴行した秋葉原事件（9月）、上述の京都朝鮮学校事件（12月）などと続く。京都朝鮮学校は裁判に訴え、上記の京都地方裁判所、大阪高等裁判所、そして最高裁判所と「在特会」の行為を断罪した。

また在日朝鮮人の多く集まる東京の新大久保や大阪の鶴橋には、「在特会」関係者が連日のようにデモ行進を行い、口汚いヘイト・スピーチで住民や観光客を威嚇した。これに対して「在特会」に対抗した市民の組織も立ち上がり、この地域にデモを許さない雰囲気を作り出したという運動も起こされている。

2. ヘイト・スピーチの背景

戦後65年を過ぎて、選挙権は言うまでもなく、公務員への採用や各種免許状や行政サービスなどの在日朝鮮人への様々な差別が行われている中で、なぜ「在特会」が組織され、あらためてヘイト・スピーチが行われるようになったのだろうか。背景として考えられるのは、まず日本の政治の右傾化である。とりわけ二次にわたる安部政権の誕生は、対アジア政策、とりわけ朝鮮半島や中国との関係においてきわめて対立的な姿勢をとっている。かつての侵略や植民地政策を正当化し、改憲によって憲法9条を廃棄し、軍事大国への動きを進める姿は、多くの犠牲を強いられたアジア諸国にとれば許しがたいものであるが、そういう姿勢に同調する者を増長させている。

第二に、安部政権誕生以前から、朝鮮民族に対する差別は様々な形で温存され、拡大されてきている。海外渡航の制限（旅券発行の制限）、在日朝鮮人の公民館への課税、公的な奨学金からの排除、日本国籍の取得にあたっての日本人名の強制等々、あげればきりがない。日本人自体が差別構造に組み込まれその格差が拡大される中で、不満のはけ口として弱い者いじめが横行している。江戸時代の士農工商の下に非人を置いたり、明治に入ってそれを新平民として差別してきた構造と同じ、まさに昭和・平成の部落差別であり、こうした差別構造がヘイト・スピーチを生み出すことにつながっていると言える。

もう一点、「在特会」に結集しているものは、必ずしも特別な境遇にいるわけではなく、日常的には一般の市民と言われる者たちである。最近おこる様々な傷害や殺人事件には、「殺してみたかった」というコメントが出されることがあるが、若者から高齢者まで、人間的な生き方をできない息苦しさが蔓延しているが、ヘイト・スピーチが出てくる背景に、日本人の閉塞感が反映しているともいえる。

　更に付け加えるならばメディアの問題がある。現在の日本のメディアは、政府財界の流した情報をそのまま伝えるだけで、自ら真実を追求する姿勢を失っている。様々な「事件」は取り上げるが、その背景にある事実を明らかにして行政や企業、時には市民に考える場を提供するという役割を放棄していると言わざるを得ない。また「在特会」がメディアを活用して人を増やしていることから見えてくるように、現在のSNS（Social Network Service）は、豊かな人間関係をつくるものではなく、人を攻撃したり差別したりすることを容易にするものとなっている。

3. ヘイト・スピーチへの取組み

　京都の小学校へのヘイト・スピーチ事件についての判決については触れたが、それも含めてこうしたヘイト・スピーチ阻止への取り組みはどうなっているのだろうか。

　第1に、日本政府が国連の「B規約（市民的及び政治的権利）人権委員会」より「在日朝鮮人らに対する『ヘイト・スピーチ』（憎悪表現）と呼ばれる人種差別的な街宣活動に懸念を示し、差別をあおる全ての宣伝活動の禁止を勧告」（東京新聞2014年7月25日）されたことである。国連の人権委員会は、日本社会で朝鮮人や中国人への人種差別的な言動が広がっていることについて、現行の刑法や民法で防ぐのは難しいとの認識で、法的な整備（差別禁止法等の制定）を求めている。国際社会が日本の「人権後進性」について様々な警告を発している。「国際人権基準を概観すると、改めて日本の現状がかけ離れており、

人権基準の求める制度のほぼすべてが存在しないことが分かる」(師岡 2013, p.188) という国際的な位置にあるということを認識しておく必要がある。

　第 2 として、ヘイト・スピーチに対しする機敏な対応である。新大久保においては、ヘイト・スピーチの攻撃に対して、それを阻止しようとする集団が組織され「のりこえねっと」として動いたことが示されている。こうした集会において、警察はむしろヘイト・スピーチを行う側を守るような動きもあったが、正義と道理の取組みを通して、徐々にデモをさせないところへと封じ込めてきた。また、こうしたヘイト・スピーチに対して裁判に訴えた人もいる。民族差別的な発言で名誉を傷つけられたなどとして、在日朝鮮人のフリーライターの女性が、「在日特権を許さない市民の会」(在特会) と同会の桜井誠会長のほか、インターネットへの書き込みを掲載したブログの運営者に損害賠償を求める 2 件の訴訟を大阪地裁に起こしている。弁護団によるとヘイト・スピーチ (差別的憎悪表現) をめぐり、個人が損害賠償請求するのは初めて。女性は大阪府東大阪市の李信恵 (リシネ) さん (43)。訴えによると、桜井会長が昨年 1 月〜今年 7 月、神戸市での街宣活動で「朝鮮人のババア」と発言したり、短文投稿サイトに「不逞 (ふてい) 鮮人」と書き込んだりしたとして 550 万円を請求。ブログ運営者に対しては、「朝鮮半島に帰れ」といった書き込みをまとめたブログ記事を掲載したとして 2200 万円の賠償を求めている (2014 年 8 月 19 日東京)。

　第 3 として、当該の在日朝鮮人たちは、戦後 70 年の積み重ねの中で培ってきた地域とのつながりや信頼関係があり、それを踏まえてヘイト・スピーチに対して様々な取り組みを行ってきたが、多くの市民が在日朝鮮人に対してその困難さを理解しながら一緒に取り組んでいることがある。この点では自民党も、「ヘイト・スピーチと呼ばれる人種差別的な街宣活動への対策を検討するプロジェクトチーム (座長・平沢勝栄政調会長代理) を設置した」(産経) と報じられている。また立命館大学では教員有志 8 人が教育現場でのヘイト・スピーチを許さず、学問の自由を守ることを目指す有志の会を結成し、大学に毅然と対応することを求めている (2014 年 8 月 12 日)。更に東京都の舛添要一知事

が8月7日、首相官邸で安倍晋三首相と面会し、ヘイト・スピーチ（差別的憎悪表現）に対し、「人権に対する挑戦。2020年五輪を控えた東京でまかり通るのは恥ずかしい」として法規制をするよう求めた。安倍首相は自民党内で対策を検討させる考えを示している。安倍首相はヘイト・スピーチについて、「日本の誇りを傷つける」と非常に憤慨していたといい、舛添知事に同調。「党として検討させる」と答えたという。（朝日）

4. 今後の在り方をめぐって

　ヘイト・スピーチは、その背景に在日朝鮮人への差別があり、根本的に改善することが求められている。100年以上前に朝鮮半島を併合し、植民地として様々な困難を与えてきたこと、戦時中は「日本人」として戦場に駆り出しながら、その補償をきちんと行わずに推移しているという問題を解決するために、日本人自身がしっかりと事実を認識することが求められている。
　更に、50万人をこえる古くからの在日のみならず、ニューカマーと言われる人々を含めて、各地域で交流を深めながら、お互いの歴史を確認し合うことが求められている。近現代史の学習を双方で行うことによってより客観的な理解が深まるのではないか。
　また、日本政府を含めて行政に対して積極的な働きかけを行っていくことが必要である。子どもの教育をめぐる問題、高齢者の介護をめぐる問題、多文化共生の視点からの行政の姿勢等がある。

5. ヘイト・スピーチとことばの教育をめぐって

　ヘイト・スピーチは文字通り、ことばによる暴力である。対象をことばの力で、しかも多数でねじ伏せるという人格破壊にもつながるものである。ことばの教育の場でヘイト・スピーチが行われることは想定しにくいが、「先入観」や「差別感」を植え付けるような教育が行われているという事実、とりわけ「自

虐史観」の名のもとに、歴史の事実をゆがめていくような教育はヘイト・スピーチを生み出していくことにつながるであろう。また現在多くのいじめ問題があり、自殺者まで出ている現実は、ヘイト・スピーチにつながる温床としての構造が存在しているともいえる。

　ヘイト・スピーチを単なる「不快な表現」とする風潮もあるが、「脅迫や名誉棄損が他人の人権を侵害して許されないのと同様、ヘイト・スピーチは人権を侵害する表現であり、許してはならないものである」（師岡 2013, p.151）としているように、「すべての人は平等であるという人権の根本原則とジェノサイドや戦争防止という国際社会の共通の価値観に基づいて到達した原則であり、国際人権諸条約という形で加盟国の法的義務ともなっている」（同上, p.151）のである。まずは社会への「教育」として、今回の判決が「差別禁止法」の作成を日本政府が無視している状況の中で、先取りする形で判決を出したことに大きな意義がある。

　ヘイト・スピーチへの反論の困難さもある。「もともとヘイト・スピーチを楽しむ者は、差別され反撃がしにくい弱い立場に置かれた者をターゲットとし、自らを安全圏に置いた上で攻撃を仕掛けてくるのである。また、仮にマイノリティ側が反論したとしても、相手を蔑視しているため、効果は薄い場合が多い。その意味からも、ヘイト・スピーチは対等な議論を前提とする対抗言論が成り立ちえない状況を選んで行われているとも言える」（師岡 2013,p.160）とあるように法的な規制が求められるのである。（瀧口優）

　＜参考文献＞
・有田芳生 2012 ヘイトスピーチとたたかう！――日本版排外主義批判 岩波書店
・井沢大樹 2014 ヘイトスピーチと若者の意識 ―大都市圏の大学生の調査から― 東洋大学人間科学総合研究所紀要 16 号
・金尚均 2014 ヘイトスピーチから考える日本の人権状況（部落解放研究第 47 回全国集会報告書）部落解放（690）
・小谷順子 2005 カナダにおける表現の自由の保障と憎悪表現の禁止 法政論叢 42 号
・佐藤圭 2013 差別の実態を浮かび上がらせ差別を乗り越えていく（特集 ヘイトスピーチを考える）Journalism（282）

- 寺中誠 2013 国際的孤立に進む日本の人権政策 世界 10 月号
- 奈須祐治 2013 わが国におけるヘイト・スピーチの法規制の可能性：近年の排外主義運動の台頭を踏まえて 法学セミナー 58（12）
- 前田朗 2014 ヘイト・スピーチ処罰の世界的動向：差別と迫害による被害を止めるために（特集 ヘイト・スピーチ法をめぐる状況）法と民主主義（485）
- 村上正直 2005 人種差別撤廃条約と日本 日本評論社
- 師岡康子 2013 国際人権法から見た朝鮮学校の「高校無償化」排除 世界 2013 年 4 月号
- 師岡康子 2013 ヘイト・スピーチとは何か 岩波書店（新書 1460）
- 安田浩一 2013 ヘイト・スピーチの「在特会」を解剖する：全国に 1 万 3 千人、ネット右翼の中心 自らを被害者視、憎悪むき出し メディア展望（624）
- 吉田智弥 2013「ヘイト・スピーチ」問題の周辺 季報唯物論研究（125）
- 李 春熙 2014 ヘイト・スピーチ規制に関する弁護士会の取り組みについて（特集 ヘイト・スピーチ法をめぐる状況）法と民主主義（485）

第3節　今日のいじめ問題とことば

　現代のいじめ問題は、まさに現代の日本の教育と社会の病理をあからさまに映し出している。それはまた、子ども同士の間の、広くは人と人との相互の交わり、すなわちコミュニケーション過程で生ずる問題現象であり、したがってことばの問題と不可分であることはいうまでもない。「ムシ」「シカト」「バイキン」「シネ」「キエロ」など、コミュニケーションの切断と、人間の生命の消失と蔑視を意味するコトバが飛びかうところにその本質の一端がするどく露呈しているともいえる。いじめは、太古の昔から変わらずあったというのも真実であるし、現代のいじめは、一つ一つを子細に調べると昔にはなかった現代的特徴を持っているということも確かである。『広辞苑』（第6版）では「弱い立場の人に言葉・暴力・無視・仲間外れなどにより精神的・身体的苦痛を加えること」という定義を与えているが、今日では学級の中の優れたもの、目立つものに対するいじめも稀ではなく、そこには一種の同調圧力が働いている。

　人類史におけるいじめの根源的性格をさぐると、人間を含む哺乳類に共通な自己保存に必要な「攻撃性」（aggression）という性格にいきつく。この概念は語源的には「前に踏み出す」という語義からきており、敵と感じ取ったものに出会った場合、生存と防衛のために、熊が立ち上がって威嚇するように、命のエネルギーを表出する行動であった。人間の場合は、進化の過程でことばを発明して、その「攻撃性」を意識的にコントロールすることによって、強者が弱者を手なずけて支配する秩序を産み出したり、様々な技術・道具を発明してきた長い歴史がある。攻撃のための「道具的技術」（E. フロム）は、初期の投石や弓矢から今日の核兵器までに至るといえるだろう。

　このような「生物としてのヒト」がもつ本源的な「攻撃性」の視点に立ちながら、「現代日本のいじめの特徴」を考えてみよう。この一年ほどの間に人々を驚かせた三つの事件がある。一つ目は2016年11月15日、福島第一原発事故で福島県から横浜市に避難していた中学一年の男子生徒（13）が転校先の市

立小学校でいじめを受け、不登校になっていたことが分かった。生徒側の代理人弁護士は生徒が不登校中に書いた手記を公表したが、そこでは生徒が「なんかいも死のうとおもった。でもしんさいでいっぱい死んだからつらいけれどぼくはいきるときめた」と綴っていたという。その子は小学2年生で転校し、6年生まで断続的にいじめを受けていた。ランドセルを引張られたり、名前をもじって「〇〇菌」と呼ばれたりしていじめられ、エスカレートするとゲームセンターで遊ぶ金や食事代をもつよう脅迫された。生徒はノートに「ただこわくてしょうがなかった」「ばいしょう金があるだろといわれてむかつくし、抵抗できなかったので悔しい」と書きとめていた。数々の信号が発せられていたにもかかわらず、学校と市教委はこれを切実ないじめと認識できていなかった。

　もう一つは2015年12月25日に起こった東大卒の女子エリート社員の「電通過労死事件」である。日本の代表的な広告会社で働いていた24歳の前途ある女性は、過労死に至る過程で自らのツイッターで「死にたいと思いながらこんなストレスフルな毎日を乗り越えた先に何が残るのだろうか」「一日20時間とか会社にいるともはや何のために生きているのかわからなくなると笑えてくる」とつぶやいている。彼女の残業時間は月100時間をこえていたが、そればかりでなく「お前は女子力がない」などと毎日のように上司にいじめられていた辛さがうかがえる。鬱屈した環境の中で前途を静かに思い定める余裕すら持ち得ないほど切迫した状況にあったといえるだろう。「過労死」というコトバ自体が、1980年代に日本の過酷な労働環境の中で生まれたものであり、同じ電通で1990年8月、過労自殺事件が起き裁判による認定が行われていたにも拘わらずである。この世界最大の広告代理店には、『鬼10則』という行動規範があり、その5番目には「取り組んだら放すな、殺されても放すな、目的完遂までは……」とあり、かっての日本軍隊の戦時下の標語「斃（たお）れて、已（や）まず」の精神主義の極致を思わせるほどである。

　三つ目は2016年7月26日未明、相模原市の障害者施設で発生した旧職員による大量殺傷事件である。当日に19人の死者と26人の重軽傷が確認された。日本では戦後最大の殺人事件であり、その報道は文字通り世界を震撼させた。

その実態は今も生々しく人々の心にあり、ここでは触れない。際立ったのは犯行の動機であり、重度障害者を抹消することは、家族を含む「周囲の不幸を減らすため」で「自分は救世主であり」「日本のためである」という盲信を吐露していることである。自分がコミュニケイトできないものは人間でないと考え、その抹殺を正当化して、とくに重度障害者を目標としていた。これは優生学的な考え方を背景にもつ特定の集団や個人に対する差別に動機づけられたヘイト・クライム（hate crime, 憎悪犯罪）とみるのがおそらく妥当であろう。しかも本人は大麻などの麻薬と薬物による妄想性障害をもっていたために狂気でありながら、周到な計画をもった現実の行動に転化したと考えられる。

　さてこの一年の中からいじめ問題と攻撃性にかかわる三つの異常な事件を連記したのは他でもない、これらには、それぞれの事件に固有な人間関係のもつれや原因があることはもちろんである。しかしながら同時にこれらの事件には現代の日本社会の深部の病巣に潜む共通の特徴が見てとれるからである。それは第一に新自由主義的競争原理の学校、職場を通しての徹底による優勝劣敗、格差拡大によるひずみと抑圧が生活のすみずみに及んでいること。第二にそれは個人や集団の内面の心理に、かって1990年代に「目当てのない欲求不満」（大田堯）として溜め込まれていたものが、その後減るどころかいっそう拡大してそのはけ口を切実に求めていること。第三に、いっけん直接に関係がないように見えるけれども、1990年代以降急速に到来する情報化社会のコミュニケーション手段の変容に伴う人間の心性（mentality）の変化──これについては第Ⅷ章　情報化時代とことばの教育、で考察──の特徴が背景としてあることである。そして最後にこれら三つの問題には、当事者の間に人間の命に対する自由と尊厳の感覚、人権と平和と愛と信頼の感覚、人間と人間との間の優しく暖かいコミュニケーションの感覚が失われていることである。（志摩陽伍）

＜参考文献＞
・志摩陽伍「今日のいじめ問題と攻撃性の概念── K.ローレンツとE.フロムの見解に触れて──」（上・下）『現代と教育』NO.30,31号、1995年7,10月

第4節　特別な支援を必要とする子どもとことばの教育

　この分野は、戦後70年をこえる国内外の教育の歩みの中で、人権意識の広がりとともになお改善すべき多くの問題を残しながらも、着実に前進しつつある領域であるといえる。2006年12月の国連総会で、障害者権利条約（Convention on the Rights of Persons with Disabilities）が採択されたが、遅まきながら日本政府は2013年になってその批准を済ませた。2016年11月現在、世界ではすでに166ヶ国が批准を行っている。この条約の基本的な考え方は「障害は個人ではなくて社会にある」という視点を明確にしていることであり、「全ての人権と基本的自由が普遍的であり、不可分であり、かつ相互に依存し関連している」とするウイーン宣言及び行動計画を再確認するものでもあった。そしてこの条約の第三条の一般的原則には（a）個人の尊厳、個人の自律（自ら選択する自由を含む）及び個人の自立の尊重（b）無差別（c）社会への完全かつ効果的な参加と包容（d）差異の尊重並びに人間の多様性の一部及び人類の一員としての障害者の受け入れ……（h）障害ある児童の発達しつつある能力の尊重及び障害のある児童がその同一性を保持する権利の尊重などがしるされている。とりわけ注目されるのは冒頭に掲げられたた自尊心と自立のための自己決定権というべきものであり、これは「我々のことを我々を抜きにして勝手に決めるな！」（Nothing about us without us!）という考え方であり、歴史的に人権の思想と運動の根幹にあるものといえる。

　日本における2006年の学校教育法一部改正にともなう「特殊学級・特殊学校」から「特別支援学級・特別支援学校」への制度的転換は、大きくはこの歴史の流れの中に位置するものであり、その目的は、障害のある子どもの自立や社会参加に向けた主体的取組みを支援するという視点を明確にした。これと同時に、今日になってますます目立っている発達障害としての「学習障害」（LD, learning disability）や注意欠陥・多動性障害（ARHD, attention deficit hyperactivity）などの神経症的障害にも対応していくことを求めている。そして

これらの子どもにおいて最も大事なのは安心して生活できる居場所であり、先生や友達や家族と離れたところで人とかかわり、信頼できる人とコミュニケイトできる発達の場である。その際のコミュニケーションはコトバだけに限らない。コトバや記号はやがて文化を学びとる際に中心的な役割を持つが、コトバ以前のコミュニケーションが土台にあることを銘記しておきたい。障害のあらゆる困難を突破して、かのアヴェロンの野性児の発達を導いた障害教育の近代の創始者ともいうべき E. セガンはいっている。「子どもを、筋肉組織の教育から神経組織の教育へ、感覚へ、感覚教育から概念へ、概念から観念へ、観念から道徳性へと導く」必要性があると。(E. セガン『初稿　知的障害教育論　白痴の衛生と教育』川口幸宏訳、2016 年)

　もしコミュニケーションの最広義の意味を「ある個体が自分の心の中で起こっていることを別の個体の脳の中に写しだされる、それがコミュニケーションの営みである」と理解すれば、その相互作用は、身振りや表情、うなり声や威嚇の姿勢、喜怒哀楽を示す一切の感覚や神経組織のはたらきや身体器官の発達を土台としつつ、無意識から意識とコトバのはたらきへと立ち上がってくる過程を重視しなくてはならない。

　その上で、障害をもつ子どもの教育においてもことばを含むシンボルの教育がその文化的発達の中心的役割を担うのである。ここで近年特別支援教育の理念の中心的なキー概念となっている「インクルーシブ (inclusive, 包括的) な教育」の意味を少し掘り下げて考えてみよう。インクルーシブを「包括的」と言いかえただけでは、その意味内容はなお曖昧でよくつかめない。そこでこの語の原義と実際の用例を吟味してみると、結論的にいえば「同種・異種のものが適切な度合いで組み合わさった (ないし混りあった) かたち」という共通の意味が浮かび上がってくる。例えば合金である真鍮 (しんちゅう) は、銅と亜鉛がインクルーシブに混ざりあうことによって、もとの元素にはなかった柔軟で強度な力を生み出す。

　また生物では inclusive fitness (包括的適用度) という用語があるが、これはある「遺伝形質が近縁の個体の生存や繁殖に相互的に有利な影響を与える作

用の度合いをどう選択するか」という問題にかかわってインクルーシブという用語が使われている。それらの用法に共通な意味は、上に述べた「同種・異種のものを適切な度合いに組み合わさる」ことによって潜在的な力が発揮されることと理解してよいだろう。特別支援教育の場合、インクルーシブ教育の糸口となる具体的な形は、「通級による指導」に現れる。それは［通常の学級での学習におおむね参加でき一部特別な指導を必要とする］児童生徒が「通級指導教室」に通って障害に応じた特別な指導を受ける教育形態である。なぜこの形態が有効かといえば、特殊な機能障害によってそのままでは、通常の学習についていけない子どもが、特別の学習やトレーニングによってその障害をある程度克服しつつ、通常の学級と行き来する時、通常の仲間と交わることで社会的生活と自立のための発達的契機をつかむことができるからである。もしそういう機会が日常的に用意されることなく、閉じられた空間の中での症状の回復と訓練に限定されるなら、子どもたちは、制度的には社会的自立のための学校教育の機会を奪われることになる。通級指導学級・通級指導学校の課題が特別支援教育、別けても障害児の社会的自立に向かう中等教育の中心的課題としてとらえられる理由はここにあるだろう。

　この問題を障害者教育の原理的問題としてとらえかえせばどういう問題になるか。世界的にその影響がみられる旧ソビエトの代表的な言語学者であり、障害児教育の探究者でもあったヴィゴツキーの考え方に触れながら吟味してみよう。彼は「現代障害学の基本問題」（1929年）という論文の中で、「現代障害学の最も深刻で、切実な問題となっているのは、障害児の文化的発達の歴史の問題である」と述べた。その上で、健常児と障害児の発達上の区別について次のようにいう。「健常児の文明への成長は、普通身体の成熟過程との一体化を示す。発達の両極面──自然的発達と文化的発達──は相互に一致し、一体になる。……そして子どものことばの発達は、発達の二つの局面──自然的局面と文化的局面──の合流の適切な例となり得る」と。だがしかし、と彼は続ける。障害児の場合このような合流は観察されない。なぜか。発達の二つの局面は、障害児のそれぞれに特有な器質的障害によって、多かれ少なかれ分離して

いくからである。そのようにいったん両者の分離を不可避なものと認めた上で、ヴィゴッキーは、この分離を分離しっぱなしにせず、実践的に回復する手立てを考え、「障害の二面的役割」に着眼していることである。つまり「障害は、一方では、発達のマイナス面、制限、薄弱、遅滞であり、他方では、まさに障害が困難を生み出すための前進への高揚と強化の促進である。現代障害学の中心的命題は、次のようなものである——すべての障害は保障を形成するための刺激を作りだす。そのために、障害児のダイナミックな研究は欠陥の程度や重さの解明に限定されず、子どもの発達における保障の過程——代償、上乗せ、均衡化の過程を考慮する」ことを重視している。つまり、障害者の全人間的な発達の独自な可能性と障害を踏まえた上での新しい均衡化と発達における総合を目ざしている。そして結論的には「特殊学校の独自性の境界が普通学校と特殊学校の社会的目的と課題の共通性にあることを忘れるのは全く正しくない」ことを強調した。これを今日の視点から見れば、彼は障害児教育の目標を特殊教育の領域にのみ限定することなく、子どもの社会的自立と参加を目ざすという一般教育の目標にも通ずるインクルーシブな教育という観点を提示した先駆者でもあるとみなされよう。

　ここで、ことばの教育にとりわけ強い関心をもった、日本の生活綴方教師の障害者の教育実践の歩みに目を向けると、戦後では、『なずなの花の子ら』（1956年）以降の仕事で知られる近藤益雄をはじめ、江口季好、土田茂範、大野英子、久米武郎など多くの人々の実践がある。いや生活綴教師の殆どが、当時の精神薄弱児の教育、特殊教育に深い関心をよせていたといってよい。何故なら彼等は子どもが育つ地域の生活、家庭環境に常に目を注ぎ、社会的弱者の立場に身を寄せていたから。今日いわれるインクルーシブな教育という概念を先に見たように教育における「同種・異種のものが適切な度合いで組み合わさったかたち」として少し拡張してとらえるならば、生活綴方の思想と実践は、その成立期からこの観点を内に含んでいたといえるかもしれない。なぜなら、それは子どもを「歴史の創造主体」（大田堯）としてとらえる主権者の学習権の思想に立ち、その教育実践の要となる学級集団と文集づくりには、異質で個性的な子

ども同士の交流、異年令集団や親と教師との交流、学校における学びと地域の実生活との結合、学びと自治との関係などの観点を含んでいたからである。そして生活綴方教師の実践には普通学級と特殊学級の交流のプラス面に意識的に着目したものが多く、その意味ではインクルーシブな教育というのは制度的には新しい今日の輸入的表現であるけれども、その実質は、これらの教師の実践の中に先取りされていたともいえる。その中で子どもの文化的発達に中心的役割を果たす「ことばと教育の創造」を直接の主題としてまとめられた金字塔として、江口季好『ことばの力を生きる力に』（Ⅰ、Ⅱ）、1970年を挙げることができる。この中には発音・話ことばの指導に始まり、日本語の読み書きから、言語の系統的指導さらに文学作品の扱い方まで、その過程で出会う教師の困難をどう対処するかを含めて豊富に語られた貴重な遺産となっている。（志摩陽伍）

＜参考文献＞
・エドゥアール・セガン『初稿　知的障害者教育論　白痴の衛生と教育』（川口幸宏訳）2016年
・ヴィゴッキー『障害児発達・教育論集』（柴田義松、宮坂琇子訳）2006年
・民主教育研究所『人間と教育』78号、（「特別支援教育の今を問う」特集）、2013年夏季号

第5節　メディアとことばの教育
——東日本大震災、スマホを視野に

はじめに

　メディアをどのように位置づけ、その位置づけを基にしてことばの教育とどのように結び付けていくのか大きな課題となっている。とりわけ2011年の東日本大震災におけるメディアの報道は、真実を学ぶことばの教育にとって様々な問題を提示しているのではないか。合わせて最近子育てをスマホに任せる親が増えていると言われている。泣き止まない子ども（乳児）にスマホを渡すと、子どもが静かになって泣き止むという効果から、親たちもそれに頼ってしまうとの事である。その他テレビのバラエティ番組などでは「ことばの教育」とはかけ離れたことばづかいが行われ、子どもたちがその影響を受けているという報告も聞かれる。

　本稿では、こうしたメディアの問題を「ことばの教育」の視点から取り上げ、メディアとことばの教育の関連について整理したい。

1. メディアをめぐる問題

　かつて「メディア」と言えば新聞やテレビ、あるいはラジオが基本であった。しかし21世紀を前にしてインターネットが登場し、メディアが上から情報を流すだけのものから、個人個人が情報にアクセスして必要な情報を手に入れ、また自ら情報を発信していくということが可能となった。つまり個人が直接メディアにつながるようになったのである。

　そのことは情報が自由に手に入れられるようになったと同時に、取り入れた情報は自分の責任で処理していかなければならないということになってきた。

情報が確かな場合はそれほど大きな問題はないが、それでも多量な情報をどのように整理していくのかは大きなテーマである。問題は情報が確かでない場合、あるいはむしろ問題がある場合、更には有害な場合、それを是正することは容易ではない。情報入手が個人的であるということは、第三者がそこに係るには様々なハードルができている。いくつものパスワードが設置され、時には本人さえ自分の情報にたどり着けないということもある。何よりも電子データは「生もの」であり、外から操作することが可能であるということであろう。

会社や行政には日々多くの悪意のアプローチがあり、情報流失などが問題となっている。最近では病院や大学等の学校においても同様のことが起こっている。したがってメディアは決して正当な情報を提供するだけのものではなく、むしろ悪用が可能な媒体である。

また東日本大震災において、テレビからは津波の様子が繰り返し映し出され、人や家が流されていく様子、津波の後のがれきの山等が映像として迫ってきた。眞実を伝えるという視点から考えるとこうした報道は必要なのかもしれないが、この映像を見ている子どもたち、とりわけ乳幼児や小学生の脳には、トラウマとして映し出されていく。

かつて大学では授業の休講などは掲示などをもとにして確認していたが、現在では一斉に情報が流され、本人が確認しなくても情報を手に入れる事ができるようになってきた。これをメディアという言い方ができるかどうか分からないが、学生たちにとっては重要な「メディア」となっている。

2. メディアとことばの関係

文字を媒体にしたメディア、特に新聞の場合、個人はまず新聞を選ぶというところから「選択」が行われる。そして見出しを見ながら、自分の関心のある記事を中心に読み、情報や知識を自分の中に取り入れていた。記事に関心が無ければ「選ばない」という選択がされた。文字を読むことで想像力が豊かになるという意味もあった。一方、ラジオという音声のメディアは、文字は無いが

音声を通じてイメージを豊かにしていくという効用が考えられた。新聞にしてもラジオにしても人間の発達にとって必要な能力を育てる要素が存在していた。

　20世紀の後半、日本では東京オリンピックを境にして各家庭にテレビが普及し、子どもたちの目の前に映像が直接飛び込んでくるという新しい事態が生まれた。このテレビは人間の能力をどのように発達させたのだろうか。確かに様々な映像を通して事実を伝えるということは、ニュースなどでは可能であるが、それまで人間がもっていた「想像する」という能力を発揮する場が奪われてしまった。宇宙の広さや自然の美しさをイメージする前に映像として送り出されてくるので、視聴者はそれを受け止めるだけで終わってしまう。その結果として、一つ一つのものが「軽く」なってしまい、「ことば」の背景にある事実が曖昧となってしまう。その結果一つ一つの言葉が軽くなり、自分が本当に表現したいことが表現しにくくなってきている。ことばを受け取るだけで「発信」がないのもコミュニケーションの視点からは問題となる。

　ではインターネットを含めたSNS（Social Network Service）についてはどうなのだろうか。これを「メディア」と呼ぶのに戸惑いもあるが、同時に複数の情報を取り入れることができるという点ではやはり「メディア」に相応しいのではないか。テレビに比べれば「発信」の要素があるので、新しい形でのメディアとも言える。携帯電話やラインによるやりとりは、少なくとも相互のことばを介しているのでコミュニケーションの発達に寄与するという考えも成り立つ。ブログやフェイスブック等、自らの情報を発信するツールは、人と人をつなぐことに役に立っていることは確かである。

　しかし一方で、こうしたツールの発達は面前での直接的なコミュニケーションを取る機会を奪っていることも確かで、面と向かって話ができなくなってきている。ことばのやり取りを通じた距離の取り方が分からなくなり、一方的にメールを送ることで終わっている。そして様々なグループを瞬時に形成することを可能にし、それが「ネットいじめ」を引き起こしていることにもつながっている。

3. メディアとの付き合い方

　上で触れたように、メディアは便利である反面、人間の発達にとって必ずしもすべてが良いというわけではない。いずれにしても情報を流す側は多様な情報から切り取って伝えるわけで、時には全く反対のことを伝えてしまうこともある。やはり自分の頭と手と足で対象をとらえていくことがメディアを「活用する」ことになるのではないか。

　テレビやラジオ、そして新聞などは、コマーシャルによって成り立っている。コマーシャルを提供する大企業は、自分の会社がメディアに報道されることがマイナスになれば、その提供をやめることになる。裏返せば、メディアはスポンサーの意に反することは報道しないということになっていく。それを前提として情報を見ていかないと間違ったメッセージを受け止めてしまうことになる。東日本大震災において福島第一原発の崩壊にあたって、テレビに登場する「学者達」が繰り返し「安全である」と言っていたのは、スポンサーの東京電力に配慮していたからということに他ならない。

　メディアを運営する側は、視聴者からの批判に敏感である。とりわけコマーシャルについては批判があればすぐに取りやめとなる。一方では「良かった」という評価が寄せられれば、次への継続の力となる。裏を返せば積極的に批判や評価を寄せていくことがメディアを正していくことになるということである。ことばとメディアの教育においてはこうした取り組みについても触れて欲しい。（瀧口優）

第6節　夜間中学におけることばと教育

はじめに

　夜間中学とは、公立中学校の夜間学級の略称である。学校教育法執行令25条において、市町村教育委員会から都道府県教育委員会への届出事項として、5号に「二部授業を行おうとするとき」とある。これが夜間中学の法令上の根拠とされている。

　夜間中学は、1954年には12都府県87校に設置されていたが、2016年4月現在，8都府県25市区31校に設置されている。夜間中学の数が減少し続けているだけではなく、夜間中学が設置されている地域が偏在している。しかし、2014年に超党派の国会議員によって夜間中学等義務教育拡充議員連盟が設立され、夜間中学をはじめとする義務教育の拡充に向けて動き始め、2016年末に「義務教育の段階における普通教育に相当する教育の機会の確保等に関する法律」が公布された。これにより、学齢期を経過した人に対して義務教育の段階の普通教育を享受する機会が確保されることが、法律上明確になった。そして、文部科学省は、夜間中学が少なくとも各都道府県に1校は設置されるよう、その設置の促進に努めている。

　本稿では、夜間中学という場の一般的な特性から、そこで用いられていることばの特性と、そのことばをさらに発達させる教育のあり方とともに、人間にとってのことばとことばの教育の切実な意義について認識を深めたい。

1. 夜間中学の生徒

　1984年12月28日付吉川春子参議院議員による「義務教育未修了者に対する対策と夜間中学校の充実・拡大に関する質問主意書」に対する、1985年1

月22日付中曽根康弘内閣総理大臣の答弁書では、「中学校夜間学級（いわゆる夜間中学）は、発足当初は、生活困窮などの理由から、昼間に就労又は家事手伝い等を余儀なくされた学齢生徒等を対象として、夜間において義務教育の機会を提供するため、中学校に設けられた特別の学級であり、その果たしてきた役割は評価されなければならないと考えている。現在、中学校夜間学級には義務教育未修了のまま学齢を超過した者が多く在籍しているが、現実に義務教育を修了しておらず、しかも勉学の意志を有する者がいる以上、これらの者に対し何らかの学習の機会を提供することは必要なことと考えている。この点については、今後とも生涯教育の観点から配慮する必要があるが、当面、中学校夜間学級がこれらの者に対する教育の場として有する意義を無視することはできない」と述べられている。

　1947年に大阪で、1951年に東京で、家計を支えるために昼間に労働して中学校に行けない子どもたちのために夜間中学が設置され、1960年代までは学齢期の子どもたちが多く入学した。1970年代以降は、戦争や貧困のために学齢期に中学校を卒業できなかった日本人や韓国・朝鮮人の成人が入学した。1965年の日韓基本条約締結後に韓国帰国者、1972年日中国交正常化以降に中国帰国者、1975年ベトナム戦争終結後にインドシナ難民が入学してきた。2000年前後から新渡日外国人が多く入学している。

　つまり、これまで夜間中学は、国の政策や社会状況の影響を受けながら、現場の教師や関係者の努力によって、様々な事情によって学齢期に義務教育を受けられなかった人々を受け入れてきている。

　近年の夜間中学の生徒は、学齢期を過ぎた義務教育未修了の人々である。大別すれば、戦中・戦後の混乱期の中で義務教育を終了できなかった中高年齢の人、障がいのある人で就学免除を受けた人、在日韓国・朝鮮人、中国から帰国した人、難民、新渡日外国人、無戸籍者や居所不明だった人などである。さらに、2015年7月30日に文部科学省から「義務教育修了者が中学校夜間学級への再入学を希望した場合の対応に関する考え方について（通知）」が出されて、夜間中学は、中学校を卒業しても不登校などで十分に中学校に通うことができ

なかった人の学び直しの場としても期待されている。

2. 権利の回復の場としての夜間中学

　2003年に、全国夜間中学校研究会、自主夜間中学の生徒やスタッフ、公立中学校夜間学級の生徒や卒業生及び教職員、文化人らが、各都道府県及び各政令指定都市に1校以上の夜間中学を設置することなどを求めて、日本弁護士連合会人権擁護委員会に対して人権救済申し立てを行った。これを受けて、2006年8月10日、日本弁護士連合会は、文部科学省、厚生労働省、内閣総理大臣、衆議院議長及び参議院議長に対して「学齢期に修学することのできなかった人々の教育を受ける権利の保障に関する意見書」を提出した。

　その意見の趣旨は、第一に「義務教育を受ける機会が実質的に得られていない者について、全国的な実態調査を速やかに行うこと」である。第二に「上記の実態調査の結果をふまえ、(1) 公立中学校夜間学級（いわゆる夜間中学）の設置の必要性が認められる地域について、当該地域を管轄する市（特別区を含む。）町村及び都道府県に対し、その設置について指導及び助言をするとともに、必要な財政的措置を行うこと。(2) その他の個別のニーズと地域ごとの実情に応じ、①既存の学校の受け入れ対象者の拡大、②いわゆる自主夜間中学等を運営する民間グループに対する様々な援助（施設の提供、財政的支援等）、③個人教師の派遣を実施することなど、義務教育を受ける機会を実質的に保障する施策を推進すること」である。

　自分の意思に反して、または、その責めによらずに義務教育の機会を失った人が現に存在する以上、日本国憲法、教育基本法、経済的、社会的及び文化的権利に関する国際規約、子どもの権利条約などの趣旨に照らして、国は義務教育未修了の人に対して義務教育を受ける機会を保障することが必要である。

　新しい世代の人間が誕生するときには、それまで人間が蓄積した文化が存在する。新しい世代の人間は、その文化を学習しなければ、人間として生きてはいけない。それゆえ、人間として生きていくための学習権が保障されていなけ

ればならない。したがって、学習権は、すべての基本的人権の中でも、最も基本的な人権のうちのひとつと言える。

夜間中学は、義務教育段階、換言すれば、初等教育の段階及び中等教育前半の段階までの学習を保障する教育機関である。したがって、夜間中学は、基本的・基礎的な知識や技術の学習権を保障する教育機関と言える。

義務教育段階の教育内容を学習できなかった人は、人間としての発達が阻害され、生活上及び職業上著しいハンディキャップを背負い、肩身の狭い思いをせざるを得ない。このような人々のために義務教育段階の教育内容の学習権を回復し、人間としての発達を保障しようとする場が夜間中学である。

3. 学ぶ喜びを伝えることば

次に、世田谷区立三宿中学校夜間学級のパンフレットに掲載されていた、2003年3月に同校を卒業した永田トミさんの作文を紹介する。

「4月、夜間学級に入学を許可されて、78歳の中学1年生が出来上がりました。入学して第1番に嬉しかった事は、自分の名前のついた机、下駄箱、ロッカーがあったことです。毎日、夢の中にいるようです。授業が替わる度に、新しい知識に驚き、感謝して学校に来る勇気が出ます。英語の時間、自分の名前をローマ字で書けて読めた時、本当にうれしくて、大きな声でさけびたかったです。音楽の時間、生まれて初めてたたいたピアノからドレミの音が出たのも夢ではありません。初めて体育館に入ったときの床の感触は、今でもはっきり覚えています。私は、英語と数学を習いたい、と思って入学しましたが、学校でこんなに楽しく勉強ができるなんて、入学前は想像できませんでした。今、学校は、私の中の天国です。」

長い間にわたって抱いていた学校で学びたいという望みを、夜間中学に入学するということで、ようやく果たした喜びが綴られている。さらに、素直に学ぶことは楽しいと率直に述べている。高齢で通学する生活や学校での諸活動には苦労もあると容易に想像できるが、学ぶ喜びによって苦労が苦痛になってい

ない様子が読み取れる。

　そして、この作文は、学齢期に義務教育の機会を得られなかった人々、夜間中学で学んでいる人々、夜間中学の教職員や関係者など、学習権の行使や保障をしょうとする人々を励ます強い力を持っている。

　夜間中学は主に学齢期を過ぎた人を受け入れるために、特に若年の生徒は親の勧めによって入学してくる場合もあるが、ほとんどの生徒は内発的な要求によって、国に対する権利行使の主体として入学している。このような人々が権利行使の素直で率直な喜びを表明することばをおのずと生み出し、それが生徒間で共鳴するような学校となるように、一人ひとりの必要に応える教育実践を創り出す努力が今後も常に求められている。

4. 夜間中学で鮮明になることばの教育の基礎的な意義

　人間は、他者とコミュニケーションをとったり、諸文化を学習したりする媒介としてことばを用いる。さらに、すべての人権行使は意見表明から始まると言われるが、その意見は、ことばを媒介にして形成され、表現され、他者に伝えられるのである。このため、人間が人間らしく主体的に生活していくためには、とりわけことばの学習権が必要である。

　たとえば、日本語を習得していない新渡日外国人にとっては、助けを求めたり、病院で問診表を書いたり、身近な日本人と交流したり、仕事の仕方を学んだり、実にさまざまな場面で日本語が必要となる。彼らにとって日本語を学ぶことは、自分の命や健康を守ることから円滑に日常生活を送って仕事をすることまで、あらゆることで必要なのである。

　また、日本弁護士連合会人権擁護委員会の調査による、日本語の読み書きができない中高年齢の人々の証言には、「役所に行っても、『手が震えるので、書けない』と説明して字を書いてもらったりした」、「孫に『あの字何て読むの』と聞かれたりして、孫に教えられないのをとても恥ずかしく思った」、「読み書きができないので、手紙も全て捨てており、人に説明するときなど、『情けな

くて生きている価値がない』と感じていた」、「父母会の役員を決める際、読み書きができないにもかかわらず、役員に指名されると困るので、いつも急いで帰っていた」など悲痛な思いが語られている。こうした人々は、生活を円滑に送れないだけではすまされず、人間としての尊厳が傷つけられている。

　夜間中学の中には日本語学級が設けられているものもあり、日本語を習得していない人は日本語から学び始めて、中学校段階の学習内容へ学び進めていく。さらに、数学、外国語（英語）のみならず国語では、習熟度別にクラスが編成されている。つまり、夜間中学では、一人ひとりのことばの習熟度に合わせた学習を保障しようとしている。

　そして、夜間中学の生徒たちは、日本語をとおして、中学校の学習内容としての知識や技術を学ぶことによって、自分の可能性を高めたり自分の希望を見つけたりして、社会に参加して自分の可能性を発揮する準備をしている。

5. 夜間中学の教室内でのことばの探究

　近年、夜間中学の生徒の年齢は15歳から80歳台までで、出身国は、日本のみならず諸外国に及ぶ。様々な世代の、様々な文化をもった人たちが在籍して、同一の学級や習熟度別クラスで学んだり、学校全体で行う教育活動に参加したりしている。

　松崎運之助は夜間中学の教室について、「そこでは異なった個性がごちゃまぜに互いを支え合っています。／そしてそのごちゃまぜが、人間は、知識や学歴などで飾らなくても、今生きている命そのものがスバラシイのだと、ザックバランに教えてくれます」『路地のあかり―ちいさな幸せ　はぐくむ絆―』（2014年9月、p.183）と述べている。この松崎の指摘する「今生きている命そのものがスバラシイのだ」という思いが一人ひとりに生じて共鳴していく条件やその理由と、その媒体となっていることばの特質や役割を明らかにしていくことが、一人ひとりの学習と生活を支える教育実践を確実に創り出すためには必要である。

生徒の学習は、それぞれのありのままの学力や教養に基づいて行われる。それゆえ、同一のスタートラインに立たされて同一のゴールに向かわされるのではないで、生徒間で敵対的競争は生じない。そして、一人ひとりの学力や教養に合わせて、それぞれのペースで学習が進められるので、安心して学ぶことができたり、「わかる」ことや「できる」ことが実感しやすくなったりして、学習が楽しくなり得る。さらに、そのために生徒間には切磋琢磨して学習に励むという雰囲気が生じやすくなる。

また、生徒は、様々な事情を背景に持ちながらも義務教育段階の教育を受けられなかったことに起因して、社会人として何らかのハンディキャップをもっている。しかし、実社会から一旦距離を置いていることと、誰もが何らかのハンディキャップを持っていることが前提となっていることで、他者とともに安心して学習できるので、肩身の狭い思いから解放されて伸び伸びと学習できて、ありのままの自分でいられやすくなる。

つまり、夜間中学では、生徒一人ひとりのありのままの学力や教養の状態の交流がされやすく、それに伴って、生徒一人ひとりのありのままの個性や生活の背景の交流も行われやすくなる。その際、共通語となる日本語が、たとえそれがたどたどしいものであっても、人間同士の交流の中心的な媒体となる。そして、このような人間同士の交流とその中心的な媒体となることばの特質を明らかにするという課題が浮上してくる。

おわりに

上述したように、夜間中学という場の一般的な特性に、「一人ひとりはみんなのために、みんなは一人ひとりのために」というような、一人ひとりの学習と生活を支え合う場のことばを生み出す条件やそのことばの特質を明らかにする手がかりがあると考えられるのである。（神郁雄）

＜参考文献＞

・松崎運之助『夜間中学―その歴史と現在』白石書店、1979年1月
・見城慶和・小林チヒロ『夜間中学校の青春』大月書店、2002年6月
・日本弁護士連合会「学齢期に修学することのできなかった人々の教育を受ける権利の保障に関する意見書」2006年8月
・松崎運之助『路地のあかり―ちいさな幸せ　はぐくむ絆―』東京シューレ出版、2014年9月

第7節　外国語母語話者におけることばと教育

はじめに

　国際化が大きくすすみ、人の交流が地球規模になると母語と第二言語の関係が複雑になってくる。

　多くの先進諸国が労働力として外国籍住民を受け入れ、生活や文化の融合が進んでいく。しかしそこには様々な問題があり、アメリカ合衆国、カナダ、ドイツ、オーストラリア、フランスなどで、こうした異文化間の軋轢が表面化することも少なくない。更に福祉国家といわれるノルウェーやスウェーデンなどでもこうした問題が表面化して、大きな殺人事件にいたることもある。

　ひるがえって日本の場合はどうなのだろうか。200万人を越えた外国籍住民の数も、東日本大震災と福島の原子力発電所の崩壊からくる放射能を恐れて一時は減少したが、また徐々に増えている。日本の少子化と高齢化、産業構造の変化を考えると、今後も増え続けるのは間違いない。日本人と外国人の結婚も増加しており、ことばの国際化もますます大きくなっていくであろう。

　ここではこうした外国籍住民とことばの問題を、日本の少数民族のことばの問題と絡めて考えていきたい。

1. 日本における外国籍住民の問題

　日本には2014年度末における法務省の報告で、外国籍住民は220万人にのぼっている。この中で最も多いのが中国人、続いて韓国・朝鮮人、更にフィリピン人やブラジル人、そしてペルー人へと続く。

　中国人が多いのは日本だけではないが、1972年の日中の国交回復を踏まえて1980年代以降急速に増加して、数年前に韓国・朝鮮人の数を越えて最も多

くなったが、今後も増え続けていくだろう。中国人の特徴は、家族として日本に来ているよりも個人として働きに来ている人が多いと言われている。東京などの大都市郊外にアパートを借りて住み、そこから都心の仕事に通っている姿が多々見受けられる。

韓国朝鮮人の問題は在日朝鮮人を抜きに語ることはできない。外国籍でありながら日本で生まれて日本で育っている二世、三世、そして四世なども含めて外国籍として扱われる。日露戦争勝利後における朝鮮半島の植民地化によって日本語を強制したり、日本人の名前を名乗らせたりしながら、第二次世界大戦では、日本防衛と労働力確保のために大量の朝鮮人を強制的に日本につれてきたが、それが現在の在日朝鮮人問題の原因である。日本の敗戦後、多くの朝鮮人が祖国に戻ったが、長年の戦争と日本在住により、帰国ができなかった人々を中心に在日社会が形成されていった。そして米軍占領下に差別選別の仕組みがつくられ、投票権や行政サービスなど日本に居ながら日本の法律から除外される状況が作られてきている（水野・文、2015）。最近では在特会によるヘイトスピーチ等、事実をゆがめた宣伝や暴力的行為によって差別を助長する動きも出てきている。もちろん朝鮮半島、とりわけ韓国からはニューカマーとして入ってくる人々もいるが、数的にはそれほど多いわけではない。

その他フィリピンやブラジル、ペルー等は労働政策として外国籍を受け入れる条件が緩和される中で、日本とかつて関係があった国として優先的に受け入れが認められたことによる増加である。これらの国では家族としてやってくるケースが多く、日本社会の中でどう交流を進めていくのかも課題となる。全ての地域に国際交流協会が作られているのはこうした問題に対応することが求められているからである。

外国籍住民の問題として、日本人と結婚して日本に在住する人々の問題をことばの面から考える必要がある。特に在宅する女性の場合は、夫である日本人との関係では言語的にはクリアできるが、その親戚や地域、あるいは子どもの学校などとの関係ではコミュニケーションを取っていくのがむずかしく、しばしば自宅に引きこもりがちになる。ことばは生活しているだけではその生活に

必要な範囲を越えて上達はしない。意識的な学習が必要である。しかし毎日の生活の中できちんと言葉を学ぶゆとりがなく、10年以上たっても生活言語でとどまってしまうことも多い。そのことによって子どもとのコミュニケーションが十分とれなかったり、子どもをめぐって学校との連携ができないという問題が生じている。

2. 外国籍住民とことばの問題

(1) 在日朝鮮人（以下「在日」）とことばの問題

　生まれた時から日本語の世界で育ち、多くの人間関係において日本語で過ごす在日の人たちにとって日本社会で生きていくのに必要な日本語はそれなりに身につく環境がある。とりわけ「聞く」「話す」ことについては日本人と遜色ない状況にある。むしろ自分たちの母国語をどのように身につけるのかの方が困難な課題として出されており、在日の組織をあげてこの問題に取り組んできているのではないか。日本の幼稚園にあたる幼稚部時代から朝鮮語を聞いたり話したりする取り組みが始まり、初等部や中等部では授業などを朝鮮語で行いながら、学内では朝鮮語での会話をすすめるなどしていく。日本における唯一の大学（ただし日本の中では各種学校扱いで大学卒とは認められていない）である朝鮮大学校では英語など特別な授業、あるいは日本人講師による授業等を除いて全ての授業や学内での会話が朝鮮語で行われ、ほぼ全員がいわゆるバイリンガルである。

　しかしこうしたバイリンガルも、100％のバイリンガルということは難しい。朝鮮大学校では在学中に実習や研修として祖国（朝鮮民主主義人民共和国；以下「共和国」）に行くことになっているが、現地では自分たちの身に着けてきた朝鮮語が通じないこともあると学生たちは語る。一方日本語においても「聞く」「話す」は日本人と同じイントネーション、用語を使うので、まず困ることはないが、「読む」「書く」になるとなかなか難しいところもある。それは日本人がテレビなどのメディアだけでなく、家庭での会話や新聞、あるいは読書

などあらゆる情報を日本語で取り入れるのに対して、在日の人々は朝鮮語でとりいれるところもあり、その点でのハンディがある。日本の資格試験を受けるにあたってはこうした日本語の不足が問われることになる。それを乗り越えて試験に合格しなければならないのでかなりハードルの高いものとなる。

(2) 中国人住民とことばの問題

1972年の日中国交回復後、中国在留日本人孤児の問題が表面化し、日本政府の責任で日本への帰国が進められた。こうした人々は日本において日本語の研修と職業訓練が行われ、日本人としての生活が保障されえた。ただしあくまでも制度的な問題であり、それで充分であったというわけではない。その後家族として日本にやってきた中国人妻や夫たちは文化も言語も違う生活の中で孤立し、学校に通う子どもたちもことばの問題から学業についていけないということも出てきている。

日中国交回復と1980年代以降の労働政策の変化によって、中国人が日本にやってくるのが劇的に増えたことは触れたが、その彼らの「ことば」はどのようになっているのだろうか。中国からやってくる人々の多くが「日本語を学ぶ」「日本の学校で学ぶ」という形をとることが多く、就学ビザで入ってくる。現在でも日本の大学において、多くの中国人が在籍しているところもあり、彼らは形式的には日本の大学の授業を受けるという形をとる。そのために一定の日本語力が問われ、来日当初は日本語学校に通ってことばを身につける。したがって日本の中で単独で生活するに必要なことばについてはそれなりに身についているというのが実態であり、そのことが中国人住民のことばの問題として浮上してこないことにもつながっていると思われる。また中国人は家族や知り合い同士の助け合いの力が強く、困っていてもそれを支援する関係があるのではないか。

もう一つ言えるのは、中国語は漢字が母体である。日本語も漢字を母体とした言語であり、お互いに言語を学ぶにあたってハードルがそれほど高くないということもあるのではないか。アメリカなどの第二言語習得の研究においても、

英語との距離が問題になっている（白井、2013）が、日本語と中国語の言語の距離が近いということもあると思われる。日本では小学校終了までに1000の漢字を身につけることになっているが、アルファベットを主体とした欧米の言語を使っている人々にとって、多数の漢字を学ぶこと、とりわけ読み書きは極めて困難な取り組みとなっている。

(3) 労働政策で受け入れた外国籍住民とことばの問題

　1980年代以降の労働政策の変化で、一定の職業について外国人労働者の受け入れが緩和された。そしてブラジルやペルーから数多くの労働者がやってきた。戦前日本から大量の移民が受け入れられた国々である。日本人や日本語に対しての理解があるということも緩和の条件となっていたと思われる。

　こうした人々を必要としたのは日本の中小企業であり、日本に来れば即戦力として各職場に配置される。もちろん一定のことばの研修などもあったが、働きながら身につけるというスタイルが多く、学ぶ内容は仕事に必要なものが中心となった。しかし日常生活においてはそれだけでは不十分であり、身近で日本語を豊かにするには環境も時間もなく、母語を基本とした家族での生活を行わざるを得なかった。家族で来日するケースが多いと書いたが、妻は仕事場でのことば研修もなく、日本社会の中できちんとした日本語を学ぶ機会もなく、生活に必要なことばを耳から学んでいくという形になる。日本語の文の仕組みもわからないまま過ごしても、自分の意志を伝える日本語は身についていない。同じ母語を持つ人々との交流が中心にならざるをえない。

　各自治体に配置された国際交流協会は、その自治体の外国人状況によって活動が異なるが、外国人労働者をたくさん雇っている会社がある地域では積極的に取り組む。そうでないところはそれほど取り組んでいないというのが実状である。2006年に総務省が「多文化共生推進プラン」を発表し、各自治体が「市民の主体的な活動を支援し、国際交流事業及多文化共生事業を総合的かつ効果的に推進するための横断的な連絡調整組織を設置する必要がある」としたことによって、多くの自治体で外国籍住民の調査を行ったことなども、外国籍住民

のことばの問題を解決するための力となっているが、やはり限界がある。

なお子どもたちは日本の幼稚園や保育園、小学校、中学校、あるいは高校などで学ぶことができるが、一部を除くと母語と母国語の狭間で、どちらも十分に使えない「セミ・リンガル」となってしまう懸念がある。それは日本人が学校だけでなくメディア、友達関係、あるいは家族関係の中で豊かな日本語を身につける条件があるのに対して、外国籍の児童・生徒にとっては学校以外の条件が極めて不十分だからである。そのことが学力形成にも影響を与え、いわゆる「おちこぼれ」になっていく条件ともなっているのではないか。

3. 外国籍住民のことばの問題にどう対処するか

それでは以上のような外国籍住民のことばの問題に対してどのように対処していったらよいのだろうか。簡単に言えることではないが、いくつか指摘しておきたい。

(1) 在日問題

現状でも触れたように、在日朝鮮人にとっては「聞く」「話す」も、あるいは「読み」「書き」も一定の水準があり、日常的に使っている状況の中でより豊かにするとすれば、もっと日本人との交流を通して、お互いの文化を伝え合うことが必要なのではないだろうか。ことばの問題は単に文字や音声だけではなく、そのことばの背景にある文化や歴史が含まれているからである。ことばの背景にある文化や歴史を知ることによって、より高いレベルでのことばの活用と交流が進められれば、本当の意味での共生が実現していくのではないかと考える。

日本人にとっては、有史からの朝鮮半島とのつながりを踏まえ、とりわけ1905年の朝鮮半島の植民地化以降の歴史を学ぶことによって、共生の道が開けるのではないだろうか。

(2) 中国人問題

中国との関係でも明治以降の日中関係をしっかりと学び、戦前及び戦中において日本がどのようなことを行ってきたという事実を知っていく必要がある。近現代史を学ぶことによって中国の文化を理解し共生の視点を作り出すことになる。

在日中国人の数は多く、身近なところで日本人と接することも少なくない。そして他の外国籍住民に比べて日本語の学習を積んでいるケースが多く、こうした中国人たちは地域交流などを行っても十分対応できる力がある。家族でいる場合はできるだけ地域の行事に参加してもらい、お互いの文化を伝え合うことで言葉も豊かになっていく。個人の場合でも多くの中国人が自分の住む地域と関わりたいという意識を持っている。周りからの働きかけが望まれる。しかし他の外国籍の住民と違って、見ただけでは日本人と区別がつかないので、地域住民としても外国籍であるかどうか見分けにくい。日常的な声掛けを通じて「ことば」を理解していく必要がある。また自治会などが積極的に外国籍住民を受け入れていったり、地域の国際交流協会と行政が連携して地域への関わりをつくっていく必要がある。

(3) 労働政策問題

ブラジル人やペルー人は労働政策として日本にやってきているケースが多いと触れたが、その結果いくつかの企業に複数で就職し、一緒に生活することになる。愛知の豊田市、群馬の大泉町、長野県の上田市等がその例である。こうした所では日本の学校に通いながら母語であるポルトガル語で生活ができる状況も生まれてくる。そのことがより豊かな日本語の獲得に結びつかない懸念もあるが、逆に母語を身につける環境として生かすことができる。

こうした外国籍の人々が将来的に日本に住むということであれば、より豊かな日本語を身に着ける必要があるし、いずれ帰国して母国での生活をするならば、しっかりとした母語を身に着けなければならない。いずれにしても日本の行政や企業がこの問題を保障する体制を作らない限り「使い捨て」の状況が続

くことになる。多くの自治体が国際交流協会を通じて「日本語教室」を平日開催していることはあるが、休日や企業内での「教室」開催も視野に入れなければならない。

　もちろん地域社会として受け入れる取り組みも必要で、上田市等は積極的にこうした取り組みを行っている。（瀧口優）

<参考文献>
・白井恭弘 2013 ことばの力学 岩波書店
・白井恭弘 2004 外国語学習に成功する人、しない人 岩波書店
・瀧口優・瀧口眞央 2013 小平市における多文化共生の特徴と提言 白梅学園大学教育福祉研究センター年報 No.18
・田中宏 2013 在日外国人（第三版）岩波書店
・筒井淳也 2015 仕事と家族 中央公論新社
・水野直樹・文京洙 2015 在日朝鮮人－歴史と現在 岩波書店
・師岡康子 2013 ヘイトスピーチ 岩波書店

第8節　大勢順応主義とマニュアル人間
――自分のことばと考えを持つということ――

　古くから「長い物には巻かれよ」とか「泣く子と地頭には勝てぬ」という諺があった。前者は「強い相手には逆らうことなく従っておいた方がよい」という意味であり、後者は、「地頭」（地方の権力者の呼称）のような権力者には道理では対抗できないといった意味で使われることが多い。いずれも時の流れに身をまかせて状況に追随的に生きていく姿である。現代の大勢順応主義に対して、加藤周一は次のような定義を与えている。「大勢順応主義の『大勢』とは、集団の成員の大部分が特定の方向に向かう運動である。その方向に明瞭な目標があることもあり、目標が定かでないこともある。いずれにしてもその方向の是非曲直ではなく、多数がその方向へ動くということのみによって、運動に加わり、同調し、付和雷同するのが大勢順応主義である。大勢順応主義が大勢に順（したが）う者が多くなればなるほど、さらに多くの人々が大勢にまきこまれる。すなわち大勢順応主義は常にいわゆる『雪ダルマ効果』をともなう」（加藤周一『日本文化における時間と空間』2007年、121頁）
　ここでは、状況追随主義が、個人の場合でなく、集団の成員の行動様式に現れた現在中心主義の特徴としてえられている。このように、是非曲直を問わず「現在の大勢」になびき、同調する傾向は近年の情報化社会の進展にともない、まさに「雪ダルマ」的に加速しているからである。例えば選挙予測と結果、健康食品の誇大宣伝効果と売れ筋、ベストセラーとツイターのつぶやきの伝播、そして米大統領選挙後のトランプ現象など枚挙にいとまがない。しかしこれらの「雪ダルマ」的効果のもとを探ってみると虚実が入り乱れ、事実・真実に基づく理性的判断と検証に耐えられるものは少ない。つまり、情報授受と伝播をめぐる現代社会の非常に大きな病理現象であり、「ことばと教育」はこれにどう立ち向かい克服すべきか。
　次にマニュアル人間とは、どういう病理現象か。昔から技術のあるところマ

ニュアルは常に存在した。一般にマニュアルないし手引書とは、ある条件に対応する初心者に対して教えるために標準化して作られた文書である。パソコンやカメラのような機械・器具には必ずマニュアルがついているし、ホテルやコンビニや多くのサービスは一定のマニュアルに基づいて供される。マニュアル化は現代の日常生活のすみずみにまで浸透しているといえるだろう。このマニュアル化は、現代人にとって不可欠であり、また便利で効率的であるのはいうまでもない。その反面、可能な限りのマニュアル化によって深刻な問題現象を惹き起こしていることも間違いない。例えば電子器具としてのパソコンやデジカメに不具合が起こったとしよう。製造元のサポートに電話してもすぐ解決することはまずない。かなり待たされたあげく最初に応答するのは自動仕掛けの音声であり、1から5番ぐらいの問い合わせ事項の分類に応じて選び、ここでまた待つことになる。やっと人間の肉声につながってホッとしたら、ちょっとした担当違いで、また振出しからやり直すことも多い。以前のように最初から人と人とのつながりであれば、互いの肉声の要点を推し量って瞬時に解決することでも数時間のイライラを経験するはめになる。サポートする側ではマニュアル化された部分を自動仕掛けに移すことによって人件費を極小化できるだろう。しかし利用者側の待ち時間の総量と、目に見えないストレスはかなりのものである。これは何もサポート体制の不具合にとどまらない。銀行の窓口、ホテルのフロント、サービス業の接客体制などはほとんどマニュアル化されており、これに従わなければ一歩も進まないのが現状である。繰り返すがマニュアルは積極面では不可欠で便利であり、これに従っておれば順調に機能していく。しかしその反面他人の定めたマニュアルのみに従って行動していれば、想定外の事態に対して臨機応変に対応できないいわゆる「マニュアル人間」を多く生み出すことになる。

「マニュアル人間」が自動的な操作環境のなかで仕掛け通りに動く人間ロボットの側面をもつものとすれば、その対極にあるのは自らの生活の立脚点をもち自由な思考と想像力と判断力をもつ人間、そして先の接客の例でいえば、他人の問いかけに対して相手の立場や内面の心の動きを理解する人間的感性と知恵

をはたらかす自主的な人間ということになるだろう。現代社会にはいかに多くの「マニュアル人間」を生み出す危険が潜んでいるか、そしていかに多くの若者が自分の日々の行動がマニュアル化されてしまっていることに実は悩み、その心の奥に自由への強い渇望をもっているか、その痛切な悲鳴は水面下でうごめいているといえるのではないか。

　ここで、マニュアル化のプラス・マイナスの両面をもう一歩掘り下げてみよう。日本のことばである「わざ」（技芸）には技術と芸術の両側面の意味がある。『素晴らしい匠（たくみ）のわざ』という時、そこに見事な芸術と技術の結合を見ているのである。英語の art にも語源的に技術と芸術の意味があるのと同様である。何故そうなのか。実は人間の生活・行動様式は、一定のモデルとして標準化し典型化する時、技術となり、独自に個性化する時、芸術となるのではないか。例をとって見よう。タイプライター（typewriter）は印刷文化、読書文化の普及拡大に絶大な役割を果たした。その理由は、A.B.C…などの互換可能な個々の印字が標準的（typical）な活字として制作され、それらを機械的・効率的に組み合わせることによって、素早いスペリングと文章化ができるようになったのである。技術の粋を集めて標準化されたタイプライターによって、私達は文学の香り豊かな文章を生み出せるのはこのためである。この標準化のプラス面が、同時に機械的マニュアル化という両面をかかえていることに重ねて注意しておきたい。それは現代の病理の切り口を用意しているといえるだろう。

　ところで、何故「大勢順応主義とマニュアル人間」という項目をたてたか。二つの問題現象はいっけん関連がないように見え、しかも共に昔からあった現象である。しかしそれぞれが現代において全生活面で加速していることは見たとおりである。そしてこの二つの病理において共通なのは何か。個人の生活者としての立脚点が曖昧なこと、いいかえれば主権者としての立場が明確でないこと、人間の自由で独立した個性的な感性と思考のすじみちが見えないという点では全く共通であるといえる。自ら主体的に判断することを好まないマニュアル人間が増えれば増えるほど大勢順応主義的傾向はますます強まるだろう。

放置しておけば民主主義の社会・政治・文化の基礎を脅かす深刻なものとなるだろう。私たちの「ことばと教育」の創造は、広くはこの点を克服することを目標としており、本書の以下の各章は序章の問題提起に対応するものである。
（志摩陽伍）

　＜参考文献＞
・加藤周一『日本文化における時間と空間』2007 年
・ルイス・マンフォード『芸術と技術』（Art　and Technics）1952

第Ⅱ章　ことばの本質をとらえる

第1節　言語と言語活動の本質

　言語とはなにか。その本質はなにか。それは一言でいえば、個と個、個と集団の間でのコミュニケーション手段であると共に、思考の基礎であり、行為・行動を調整したり、コントロールする手段であるといえる。

　このことを人間のことばの起源と進化の観点から、簡単に整理してみよう。人間の言語の起源の問題は古くから最も興味を引く問題ではありながら難問中の難問であり一時は公式には解答不能として公的研究組織では放棄されるほどであった。しかし1990年代以降、人類学・考古学・心理学・遺伝子学・脳科学などの各分野から人間のことばの誕生の秘密と仕組みはあくなき追求の的となっているといってよい。その解明は各分野の連携を以ってしてもどこまで可能かはなお霧の中にあるにしても。ここでは2017年現在の最新の成果を参照してもっとも有力な仮説について述べてみたい。

　約250万年前に東アフリカに現れた原生人類（ホモ・サピエンス）は、約200万年前までに、北アフリカ、ヨーロッパ、アジアの広い範囲に進出し住みついた。技術的には火の使用は30万年前にその痕跡があり、最初の石器は15万年ほど前である。しかしこの頃ことばがあったという確たる証拠はまだない。またその後の長い年月、人類は各大陸への移動のための舟や狩猟のための矢を作ったとしても他種族に勝り、強力で敏捷な他の動物を従えて生態系に君臨できた能力をもったという証拠もない。しかし7万年前前後から突然の変異がおこった。約7万年前から3万年前に起こった「認知革命」という新しい思考と意思疎通の登場である。それは、たまたま何らかの事情によって遺伝子の突然変異が起こり、サピエンスの脳内の配線が変わり、それまでにないかたちで考えたり、まったく新しい種類の言語を使って意思疎通することが可能になったとするものである。つまり、「人間のことば」としての言語の誕生である。（志摩陽伍）

第2節　人間のことばと動物言語

　ここであえて「人間のことば」という表現を使ったが、それでは動物は言語を持たなかったのだろうか、もしあるとすればそれと「人間のことば」とどう違うのだろうか。言語の定義を情報の伝達手段一般にまで拡張すれば、もちろん「動物のことば」は存在する。蜜蜂のフェロモンは蜜のありかをしらせ、鳥の鳴き声は外的の接近に対する警戒信号を群れのなかまに知らせ、オウムに至っては人間の話し声を音節通り真似ることもできる。しかしその意味内容をつかんでいるわけではない。著名な動物行動学者、K. ローレンツは生物主体が環境の中で生きていくために不可欠な「適応」という概念について、次のように洞察している。「ある生物の環境世界を巧く扱う新しい可能性を彼に供給する遺伝的変異のすべてが意味しているのは、この環境世界についての新しい情報がその有機的システムの中に達したということにほかならない。適応とは本質的に認識の過程なのである」(K. ローレンツ『人間性の解体』51-52頁)

　例えばカメレオンが周りの環境世界の情報をすばやく感知・認識して変色し生存をはかっているのは、その分かりやすい一例であるといえよう。こう考えると「人間のことば」と「動物（一般）のことば」は、主体と環境ないし事物との間のコミュニケーション手段であるという点では全く共通である。しかし決定的に異なるのはまさにそのコミュニケーション手段の進化の過程で、音声と音声の流れを区分する音節に特有の意味を持たせたことである。ここでの意味とは何か。ことばの意味とは、特定の事象を指示し、同種のものをカテゴライズして一般化すること、いいかえれば概念化することに他ならない。ある物質を指さして石と名づければ、それは石以外の何ものでもなく、動物や水ではなく金剛石や石灰石などと同種に共通な石に属するものであることを指し示す。いいかえればこれは、ことばによる認識の事例を示すものであり、このようにことばにより抽象化された概念が生まれることにより、時空を超えた概念的思考が始めて可能になる。

もう一つの「人間のことば」の目覚ましい特徴は何か。それはことばによる「虚構の力」であり、現実に存在しないものを想像する「夢みる力」ともいうべきものである。進化の過程で人間は、「いま、ここに」存在しないものを想い描き、希求する願いをもつことができるようになり、これこそが他の動物になく、進化の過程で人間能力を飛躍させるものであった。それは人間主体の「自由の意識」の光の下に「人間の生活の昨日・今日・明日」の世界を連続的にとらえ、目標を立て計画的に遂行する人間的行為の源泉にはこの力がはたらいている。しかもこの「夢みる力」「虚構の力」は人間によることばの意味づけと不可分である。

　例えば古代の諸部族諸民族の神話の存在はその恰好な例証である。そしてその成り立ちからして、神話は必ずことばによって語られると共に、全能の神や神秘的な悪魔に対する怖れのように、現実に対して虚構の願いやイメージが込められている。以上に述べたように「人間のことば」は思考する力、概念的に考える力、論理的なすじみちを通す力という特徴と、「虚構の力」「夢みる力」の特徴という両面をもつものであり、それらが遥かなる時を経て科学や文学となって花開いていく原動力となるものである。ここで「虚構の力」のもつ比類なき生産性と共に次のような影の部分にも触れておく必要があるだろう。それはことばによる「騙（だま）す力」というべきものであり、ありえないことを現実として描き出す力は、獲物や敵を罠に仕掛けたように、生存のための、人間のサヴァイヴァルのための不可欠な知恵を生み出すと同時に、自分と相手も含めて嘘や詭計のとりこにする危険性もある。かっての国定教科書時代の「国産みの神話」や「天孫降臨神話」が天皇制信仰のファシズムの信念を支えたように、現代の「原発神話」が虚偽の科学主義を支えて未曾有で不可逆的な危機へ導く可能性をなしとしない。言語能力は人間を生態系の頂点に押し上げると同時に、まかり間違えばその行く手に人類を破滅に追い込む危険性も秘めているのである。

　ところで、人間の本質についてのとらえ方については、古くからホモ・サピエンス（Homo Sapiens 知性人）の他に、ホモ・ファーベル（Homo Faber 工

作人)、ホモ・ルーデンス（Homo Ludens 遊戯人）ホモ・ロクエンス（Homo Loquence 話す人）といったとらえ方があり、これらを通じて「人間は社会的動物」であり、したがってまた「政治的動物」であるとも考えられてきた。これらの諸性格の相互の関連をとらえることは重要であり、「人間のことば」の誕生と共に、個と個、個と集団の相互のコミュニケーションが可能になったことが、家族、部族、種族成立以降の社会的諸集団の成立と、その中での社会的生産労働に不可欠であることは明らかである。人間の進化の過程とその後の歴史的展開の中での上記の人間の諸規定と言語活動との相互関係は今後も綿密に追究される必要があるだろう。（志摩陽伍）

＜参考文献＞
・Seven Roger Fischer: A History of Language ,1999
・K. ローレンツ『人間性の解体』（谷口茂訳)、1985
・ユヴァル・ノア・ハラリ『サピエンス全史上・下』（柴田裕之訳） 2016

第3節　言語と言語活動

　今日の言語研究でもう一つ最初に留意しておくべきことは、一般に言語学では言語と言語活動は区別される用語であるということである。その場合の言語とは、たとえば辞書に記載されている文字・発音・語彙・文法のように、人間の歴史の中で蓄積され、客観的に文化財として取り出せる書記体系に属するものをさす。日本語には日本語の、外国語や民族語にはそれぞれ独自の言語体系がある。この言語を使って、人間が生活の中で、聞き、話し、読み、書きなどをしているのが言語活動である。進化の過程ではもちろん言語活動のはたらきがあって後に言語体系として整理される。フランスの言語学者、ソシュールが、言語をラング（langue）、言語活動をパロール（parole）と区別してから広く使われるようになった。この両者の基底にあるのが、人間の言語能力（language）であり、それは人間がことばを使うことによって可能となった普遍的な抽象能力、象徴能力、カテゴリー化の能力をさす。（志摩陽伍）

　＜参考文献＞
・ソシュール『一般言語学講義』（小林英夫訳）1940年
・マンフォード『機械の神話——技術と人類の発達』（樋口清訳）、1971

第 4 節　人間のことばとコミュニケーション
——その認識論的把握と行為論的把握——

　コミュニケーションということばは、語源的には、ラテン語の comminis, 英語の common（共有の）からきており、互いにシェアするという意味からきている。確かなコミュニケーションのためには、個と個、個と集団の間にことばや情報の意味が相互に承認され確認されていることが前提となる。先に触れたとおり動物一般にコミュニケーションは認められるが、人間固有のすぐれたコミュニケーション手段は、事象の意味とはたらきを相互に伝えるものである。言語を含む文字・記号・図案など人間の発明したシンボル形式の総体については、E. カッシーラーの『シンボル形式の哲学（1～4）』（木田元訳、岩波文庫）（原著、1923～1929）が、全文化領域とかかわらせつつすぐれた洞察を行っている。それは、言語と数による認識、時間と空間の認識の多様なかたち、神話的思考から現代の科学的認識の形式に至るまでを発展的にとらえ、コミュニケーション手段が全文化領域に及ぶ姿をとらえて示唆的である。ことばのはたらきが文化の総体とどのようにかかわるかについては、各文化領域の特徴に分節して第Ⅴ章で触れてみよう。ここでは、私達の日常の生活世界で経験する言語活動の本質についての行為論的把握に注目して整理してみよう。それは先にコミュニケーション手段としての「人間のことば」は思考や認識の基礎であるばかりでなく、行為・行動をコントロールし調整するものであると述べたが、その実相をさらに深く吟味することにもなる。

　ドイツの哲学者、J・ハーバーマスは、言語が認識・思考の基礎であるばかりでなく、日常の生活世界でのことばのはたらき方に注目し、認識と行為、理論と実践がどう具体的にかかわるかという問題を詳細に分析した第一人者といえる。彼は誰もが日々経験し体験する生活世界では、読書のように読み手と作者や作品の登場人物との間の孤独な対話ではなく、まわりの生活経験や体験を共有する対話の形式と内容に注目した。その説く内容を日本の教育実践に引き

つけてイメージしやすいように次の例をあげてみよう。

「子どもは、コトバによって自分の行動を認識する。コトバによってもう一人の自分を見つめ、自分と対話していく。コトバによって思いや願いを自覚していく、だから、子どもたちは話さなければならない。そしてまた、書き綴らなければならない。子どもが自分の本音を語る、あるいは書き綴るためには、心と体をひらいていくことができる"学級集団"が必要である。バラバラな一人ひとりを結びつけていくコトバ、『連帯』と『自治』を日々のこまかな出来事、級友との深いつながりの中で学習していく働きとしてのコトバを大事にしていくことである」（青森県国民教育研究所「いま、教師の仕事をみつめなおして」1982、志摩陽伍『生活綴方と教育』1984参照）

　日常の「生活世界」、いいかえれば学校や職場、地域やサークルの中での顔の見える face to face の関係の中での言語活動は、一般に人は発話主体であると同時に行為主体であり、その集団の中での話し合いと協議は、相互の「了解」を最終の目的とする。ここで「了解」とは「言語能力と行動能力とをそなえた主体の間で一致が達せられる過程」と定義されてよい。上記の引用は、子どものコミュニケーションの在り様を、学級集団の文集活動を手掛かりに生き生きととらえたものといえるだろう。ハーバーマスは、コミュニケーションの相互行為の内容を分析して、発話と行為の動機は①合理性、②正当性、③演劇性、の三つの要求に分けてとらえられると主張した。①の合理性は、知性の力で事実とすじみちに即して語られること、②正当性は、当然こうあるべきだという権利と正義の問題であり、モラルと道徳性に関する要求である。③演劇性は、自己に対する思いと共に自己のふるまいや願いを外にどう表示するかという問題であり、一般的に演劇的表示はその個性をどう演出するかにかかっているが、人間性と人格にかかわる要求といってよいだろう。例えば異性間の間で半ば無意識的にも互いの魅力をどう表出するかはその一例である、

　以上に分節された三つのコミュニケーション行為を頭において、一般に集団内での討議、例えば学級の討議、あるいはまた文集での各自意見や主張を内容的にみると「〇〇だから理にかなっている」「〇〇だから私にはその権利がある」

「私は○○でありたい」という先の三つに分類される中のどれかに属するものであり、それ以外にないことがうなずけるものとなるだろう。発話の動機のこのような三つの区分を頭において、全人類のコミュニケーションの歴史を想い描いてみると、まさに行為的言語活動が行われた人間関係のあり方の問題が、社会ないし社会性の問題として問われ、コミュニケーション行為の蓄積と伝承の問題として文化の真理性の内容が問われ、さらに発話主体の正当性要求とかかわって道徳とモラルの問題が問われ、最後に、古くから「人となりはことば遣いに顕れる」といわれてきたように、それは人間性と人格そのものとして現れてくるのである。以上を一言でまとめれば、生活世界での言語活動は、社会・文化・人格のアイデンティティ形成と深くかかわるものであるといえる。（志摩陽伍）

<参考文献>
・J. ハーバーマス『コミュニケーション的行為の理論』（上・中・下）（河上倫逸他訳）1985-87
・J. ハーバーマス『道徳意識とコミュニケーション行為』三島憲一他訳、1991
・志摩陽伍『生活綴方再入門──自己表現力と認識の形成──』1992

第5節　母語の発達と国語教育

1. 母語と母国語

　フィンランドの国語の教科書の表紙に「母語・言語」と記されていた。日本では「母国語」以外ありえないと思う一方で、西欧で「母語」という考え方が完全に市民権を持っていることを痛感した。

　一般に国語科では、「母語」というとらえ方はあまり見かけない。「国語教育研究所」が編集した『国語教育研究大辞典』には、「母語」という項目は無い。「国語学会」によって発行された『国語学大辞典』を見ると見出し語にも無いが、「母語」の内容は「国語教育」の説明中に散見できる。一方で、「母国語の習得」は「応用言語学」の項目の中に記されている。なお、これらは、この辞典が「国語教育」の目標として「国家・民族の成員として社会生活・社会的活動に必要な言語能力の習得」をあげていることに関連しているだろう。明治維新以来、国語科教育は国家との関連を強く押し出して進めて来たのである。このことばと国家ついては、イ・ヨンスクの「『国語』という思想—近代日本語の言語認識」が詳しいことは近現代を考える場合の常識だが、「国語科」の教師は、「記号論」「読者論」と異なり、あまり問題にしてこなかったことに関連がありそうだ。

2. 「国語」をめぐって

　「母語」について、国語の教師は知る機会が無かったのではない。私個人で言えば、田中克彦の『言語の思想』『ことばと国家』で知ってはいた。ただそれを、どう発展させればよいのかがわからなかったのである。しかしそこで語られていたことから私は、平和の問題を生徒に伝えるためには、正しい母語教育が必要だという思いを強く持つようになった。しかし、それを授業の中でど

う進めればよいかという具体的な課題に発展することは無かった。

　私がことばの問題の深さに驚いたのは、府川源一郎のドーデーの『最後の授業』の分析に触れた時である。フランス語の教師アメル先生が、アルザス人からアルザス語を奪う授業をしていてプロシャ軍に追われる時、最後のフランス語の授業をして「フランス万才」と叫んで授業を終えて、生徒が感動して授業を受けたという、まったく現実性の無い話が長いことフランス語に感動するアルザス・ロレーヌの美談として教科書にのっていて、生徒もそれに感動していた。それを現実にはありえない作り事であると実証し、母語の持つ重さから作者ドーデーの思想性まで分析する見事さは、学問研究の切れ味の鋭さを私に教えてくれた。

　府川の主張は、教材の真実性の探求から授業の思想批判に発展し、教科にひそんでいる「自国中心主義」を告発するものとなった。こうして教科名を「国語科」から「日本語科」へ変えるよう主張し、母語としての日本語の学習を行うよう主張して行くのだった。ただしこの論争は、国語科の中では、「英語と同様に日本語とすることは自然な感じだが、国語で日本語ということがわかるのだから変えなくてもよいのだろう。ナショナリズムに通じると言うのは大げさすぎる」といった変な常識論で、科目の変更には至らなかった。（ただし日教組の教研の分科会名は、以後国語から日本語となった。）

3. 国語科と母語

　国語科の中では母語を考える動きは地道に続いて行った。私がその後に意識したのは浜本純逸である。氏は「全国大学国語教育学会」で編集した大学の教育実習生のテキスト『新国語教育学研究』の中で、「国語科教育の目標」を次のように記している。「人間がことばを使いはじめた太古の時代から母語の教育は存在した。生活に必要なことばと民族の歴史や文化を継承するためのことばが、母から子へ、あるいは祖母・祖父から孫へと伝承されてきた。このように、母語教育は家庭と社会で自然に行われて来た。」本稿では、母語を学校教

育の対象として自覚していく歴史をたどることによって、「目標」をとらえていきたい。

「母語」ということばをはじめて見る生徒にとっては、何が語られるのかわからなかったかも知れない。ただ、上から言われたことをその通りに伝えるのが授業だと信じて来た学生にとっては、現実の教育は矛盾と混乱に満ちていて、「言語」や「母語」はその中で教師から生徒に伝えられたということだけはわかったはずである。その内容を、ごく簡単に略述して紹介する。

1. 学習の道具としての母語

古代の意図的計画的な言語の教育で、教養としてギリシャ語、ラテン語、漢文を教えた。文法中心の学習。

中世から近代の国民国家が形成される中で、母語の教育は初等教育から必要と自覚された。チェコスロバキアのコメニウスは、民衆に母語を学ばせて普遍的な知識を獲得させようと、男女、貧富の別なく、平等に普遍教育を受けさせようとした。

2. 国民の紐帯としての母国語

国民性を自覚した本居宣長らの国語学者は、古代人の生き方を身につけて日本人らしい日本人になるため「やまとことば」を学べと説いた。ヨーロッパでも国民国家が形成される中で、ナポレオンの遠征は民族意識を刺激し、フィヒテは「人間はことばによって作られる」と考えた。

だがこのように国民の紐帯としての母国語をとらえることは、排他的ナショナリズムに転化しやすい。宣長は漢意や仏教に否定的な見解を示し、フィヒテは「生きた言語と死んだ言語」に分類し、フィクションだがドーデーは国語愛に溺れたフランス人教師を描いた。

3. 読み書き能力と智徳の啓発

江戸時代の庶民の教育機関は寺子屋で、1872年には1万5千あったと言われる。明治以前の庶民の母語の教育では、いろは文字の学習と、手習い読本で、生活に必要なことばと知識を教えていた。

ロシアでは日曜学校で庶民の学習が行われ、ウシンスキーは1864年に国語

教科書「母語」を編集し、生活の知識を与えると共に母語の学習を行おうとした。

1900年の「小学校令」の改正によって、国語科が成立した。「小学校令執行規則」第三条には、次のように記されていた。

> 国語ハ普通ノ言語、日常須知ノ文字及文章ヲ正確ニ表彰スルノ能ヲ養ヒ兼テ智徳ヲ啓発スルヲ以テ要旨トス

ここには、言語の知識・能力を育てることと、「智徳を啓発すること」との二つを国語科教育の目標としている。言語・文字・文章についての知識及び理解力と表現力だけでなく、生活していく上での教養や徳性を養うことの二側面を統合して目標としているのである。国語科をとおして「智徳」をも養うとするところに近代国家を担う国民を育てようとする、啓蒙主義的な教育思想を見ることができる。また、国語を対象とする限り包含しつづけなければならない、形式（形）と内容（意味）、言語の習得と人間形成という二面の統合がなされている。この時に近代的な母国語教育の目標が定まったといえよう。

1941（昭和16）年に「国民科国語」に切り替えられ、その目標は次のように定められた。

> 国民科国語ハ日常ノ国語ヲ習得セシメ其理解力ト発表力トヲ養ヒ国民的思考感動ヲ通ジテ国民精神ヲ涵養スルモノトス

これは、太平洋戦争を目前にした政府が国民を軍国主義思想へと統制していくために作成されたものである。

4. 言語活動の経験

　民俗学者の柳田国男（1875〜1962）は、1935年の講演「国語教育への期待」（柳田国男著『国語の将来』1939 創元社）において、昔の家や村で行われた母語の教育のよさを振り返ったあと、当時の国語教育が「読み書き」の文字・文章の教育に傾きすぎていることを指摘し、「平日の入用」に役立つ「言ふと聴く」の教育に力を入れるべきことを説いた。西尾実（1889〜1979）は、1937年の論文「文芸主義と言語活動主義」（『岩波講座　国語教育』1937・3）において、文字以前の言語活動に注目して、言語生活の地盤を国語教育の対象とすべきであると説いた。

　戦後、アメリカ占領軍の指導を受けて作成された1947年版第一次学習指導要領の小学校編は、国語科教育の目標を「聞く・話す・読む・書く」の活動を経験させることによって言語活動の能力を育てるとした。

5. 言語の教育

　国語の教育を「言語の教育としての国語教育」という時には、「言語」の意味を単なる「語句や文法」という狭義に解することなく、ソシュール再評価以来の、言語は文化の枠組みを創りだすという言語観を生かして、世界を構造化してとらえ、自己の生き方を探求し、社会の在り方を創造的に構想するエネルギーとなる言語として広義に解していくべきであろう。

　今後の目標を考える時の留意点は、子どもにとって、国語は「人間の言語としての国語」と「日本人の言語としての国語」という二つの性格があることである。幼児にとっての言語は「人間の言語」であり、言語を習得していくことによって人間となっていく。ところが児童にとっては、しだいに「日本人の言語」となり、国語の学習によって日本文化や日本人の世界観が同時に習得される。教育においては、国際化の時代に排外的にならないために「人間の言語」

としての側面に重点を置くべきであろう。

6. 国語教育の展望

　2002年「全国大学国語教育学会」から「国語科教育学研究の成果と展望」が出版された。この中で「国語科目標論の成果と課題」を執筆した田近洵一は、戦後あげられた六つの目標論の最後のものとして「＜母語あるいは日本語＞の教育の視点からの問い直し」をあげている。

　ここではまず、1900年に「国語」科が成立したことの歴史的な意味が論じられてきたことが述べられる。まず、イ・ヨンスクが、「小学校に＜国語＞の理会が浸透し」「＜国語＞がすべての国民」の「規範的価値となるための制度」が形成されたと指摘していることを取り上げている。そしてこの「国語」という語については、古田東朔が述べた、「一般的には自分たちの使っている日本語を習慣的にさして言っていて、『国家語』という意識はあまり強くなかったように思われる」が、「明治になってから、新しい日本国における『国家』の『言語』という意味で意識されるようになった」という考え方を紹介している。さらに教科としての国語の性格については、先に述べた府川源一郎の「日本人としての同一性」を作り出すことを優先しがちになることを紹介したのに続けて、松崎正治が、「国家」には「国民を国家がつなぎ止めておく」ための「単一の文化、単一の言語としての性格」を強めていく方向と、「多文化、多言語へとひらかれていく」方向があることを指摘している。

　続いて村上呂里の「生活語」という概念が、「新たな共同」をひらく展望を志向する「ポストコロニアル時代の」「ことばの教育を構想する」として、柳田国男の「活きて働くことば」に通じるもので、「リアリティのある生活のことばを国語教育の基盤とするということだ」と肯定的に評価している。

　田近自身の考えとしては、2001年の日文協の「＜外国語＞としての日本語」のシンポジウムで、「近代日本の国語科教育は、言語が規範であるがゆえに、母語を『国語』化する道を歩んできた。一国家一言語の枠組みを倒壊せしめる

には、母語＝日本語による言語生活のリアリティーを高め、改めて母語の可能性を掘りおこしていくしかないだろう」と述べた部分を引用している。
　そして、この考え方の源は、柳田国男の「活きて働く言葉の教育」だとしている。そして柳田国男が、理解中心の国語教育を批判し、「其のまゝ文章に書き表はしても判るやうな物の言ひ方」、「是まで児童の須進み来った路に、逆はぬ」「言葉に興味を抱かせる方法」によって自然にみにつけさせるような教育」を提唱したことを、高く評価している。
　一方で日本語の国際化については、かってのコロニアリズムの時代に、田中克彦の言う「宗主国家語」として海外進出して「規格儀礼日本語」と「儀礼的、国有文化的側面」の普及に陥ったことの克服が述べられており、その基本的な視点としての母語の重要性が述べられている。
　目標論について述べた後に、「今後の課題」として、「①到達度の明確化」と「②認知科学からの問い直し」の二つが語られているが、その後者の所で、「国語の教育」だけでなく、「母語の教育」という枠組みをはずし、「認知科学」の視点から考えることが「言語の教育」の本質を問い直すことだと述べていて、「母語」の問題の方向性を示して、論述をしめくくっている。

7. 母語の発達とことばの教育

　「認知科学」については、国語科の多くの教師は、私同様にほとんど知識が無いはずである。国語教育の研究者では、「母語」についての発言をしている難波博孝の論文にでてくるので、その度に「母語」の将来のテーマかと思っている程度だが、それよりも多くの国語の研究会で、まず「母語」の視点での考察や研究が進むことが大切だと思っている。
　そのためには、「母語」ということばが使う人によって、自分の主張を展開するための便利な述語として登場してきていることを考えるべきである。一般に、①「国家語」の対義で語られる、②「母国語」とほぼ同じような意味で使われる、③「第一言語」の意味で主に英語と対比して使われる、④母親や家族

などに教えられたことばの面を強調して使われる、等の状況の中で、さけられた面もあったと思われる。

　ただ、教科研の「ことばと教育」の分科会では、他の研究団体があまりふれることの無い「母語の発達」ということばを、分科会の柱の一つとして何年にもわたって討議を進めて来た。

　「母語」ということばには、それが象徴的に「母」と示されているように、子どもと身近に生活し保護してくれる、もっとも身近な人が伝えたことばという意味がある。一度身につけた母語は、発音、文法、意味をはじめ、認識や思考の型まで、その人の行動と生活を支配してしまう。したがって、国家語や、第二言語に対して、拒否反応を示す。子どもの日々の生活と結びついているので、母語は方言であり、俗語である。――このような母語は、TVのことば、ITのことばにどう反応するのか、これらについては研究が進んでいないのでわからない。だが、生徒集団の生活や、ことばが壊れつつある現在、母語の実体をしり、母語の発達を保障することは、重大な課題である。「ことばと教育」の分科会も、これまでの実践報告を、「母語」という視点からまとめて見る時期が来ていると思う。（森本真幸）

第6節　外国語教育の意味と展望

1. 外国語とは何か

　「外国」とは「自国以外の国」、「自国」とは「自分の国・自分の生まれた国」、外国語とは「外国の言語」とある（広辞苑）。この定義からすると一般的には日本で生まれ育った日本人にとって、日本語以外のことばが外国語として位置づく。しかし日本に生まれ育った朝鮮人、中国人、アメリカ人にとって外国語は何になるのだろうか。

　一方で母語の問題がある。日本で生まれて日本で育った日本人にとっては日本語が母語であるが、アメリカで生まれ育った日本人にとって、母語は何になるのだろうか。中国の少数民族にとって母語は中国語なのか、それとも生まれ育ったところで使われている民族語なのだろうか。

　英語では外国語を foreign language といい、母語のことを mother tongue というが、なぜ外国語の時は language で、母語のときは tongue になるのだろうか。英和辞書『ジーニアス』（大修館）では tongue のことを「特定の言語を話す民族・国民」とある。

2. 日本人にとっての外国語

　95％以上が母語として日本語を使っている日本人にとって、外国語は数多い。いつも話題になるのが英語であるが、むしろ中国語や朝鮮語の方が外国語として正統な位置を占めるものであろう。なぜなら歴史上もっとも多くの関連があり、日本に多大な影響を与えた経過があるからだ。文部科学省をはじめとした行政が出す様々な文書には「外国語」と「英語」が混在して使われており、明らかに外国語は英語しかないという意識が見えている。

しかしながら国民のレベルでは外国語を広くとらえて、様々な外国語と交流する機会も持たれている。そして冒頭の辞書の定義に従えば、「外国の言語」には少数民族なども入れてよいことになるのであろう。

3. 外国語を学ぶことの意味

　ある国の人間が外国の人々と交流を行うとき、かなりの部分は「ノン・バーバル・コミュニケーション」（非言語での意思交流＝動作や物など）でお互いの意思を伝達しあっている。海外に出かけて買い物をする時には、既に「あるものを買う」という条件で相手のフランス人や中国人と前提ができており、何を買うのか、もっと狭く見れば衣服のうちのどれなのか、帽子の中のどれなのか、それがいくらなのかを決めるだけであり、日本語だけでも十分に通じる場面である。実際私と一緒にヨーロッパの各国を回った小学校の先生は、全ての地域で日本語で通して十分用を足すことができた。文部科学省が中学校の英語において「言語使用の場面」の例として取り上げる「買い物・道案内・電話…」の前者2つはこのレベルのコミュニケーションである。ただし次にある電話というのは逆に言語によるコミュニケーションの支えがないとしばしば困難に陥る。相手の表情もなく、手に持っているものもなく、声は回線を通したこもった声という「三重苦」の中でコミュニケーションをやらなければならないという問題がある。

　こうした中で外国語を学ぶことの意味は何か。「外国語教育の目的」のところでもう少し展開しているので、ここではごく簡単にまとめると、ゲーテの言葉を引用するまでもなく外国語をまなぶことで母語である日本語を見直し、母語をより豊かにしていく機会になるということである。もちろんことばをその国や地域の中から理解することは、本来の意味でのコミュニケーションになることを意味することがもっとも大きな理由ではないだろうか。

4. 外国語教育の目的について

(1) 外国語教育とは

　日本において「外国語」の存在は決して新しいものではない。古くは奈良時代以前にさかのぼり、大陸をわたって漢字とともに日本にやってきた。世界的に見ても「外国語」を早くから意識した国の一つであろう。イギリスやフランスではラテン語を経て母語が成立する過程もあり、「外国語」として相互を意識するのは 10 世紀以降であろう。まして北米においてはネィティブ・アメリカンとの関係において外国語を意識したとしても 15 世紀以降である。

　外国語が意識されてはじめて「外国語教育」という概念が生まれてくる。日本においては漢語などを外国語教育として取りいれてきたことを踏まえると、15 世紀以前から外国語教育が成立していた数少ない国と言えるのではないだろうか。一部ではあるが、漢語以外の外国語についても江戸時代の初め頃からごく一部ではあるが行われており（長崎の出島など）、500 年からの歴史を持っていることになる。

　「外国語教育」は日本以外の国を対象として、日本語以外のことばを話している人々の文化を含めて、その人々が使用している言語を学ぶことを通して、豊かなコミュニケーションの可能性を提供すること、と考えられる。

(2) 目的論をめぐって

　「外国語教育の目的」を大上段に構えて論を展開する研究者は意外と少なく、歴史上の議論を元に「英語教育の存廃論」（藤村作：1927 年）や「平泉・渡部論争」（1974 年）などに収斂される傾向が強い。

　しかし学習指導要領レベルでも、初期のものにはしっかりとした目標が掲げられ、その目標を実現するためにどうすればよいかが書き込まれていた。例えば戦後すぐの試案では次のようになっていた。

> 「以上の目標のすべてに浸透しているものは、生徒をして平和を愛する個人および公民に発達させるという目標である。言い換えれば、平和への愛なくしては、列挙したその他のいろいろな目標を達成することは不可能であろう。ゆえに平和のための教育は、英語教育過程をも含めた全教育計画の条件であり重要な部分である」（文部省 1951）

日本における外国語教育の目的は、学習指導要領の「目標」が位置づき、日本の英語教育を左右してきた。詳細については展開しないが、最新の指導要領では次のようになっている。

①小学校外国語（英語）活動（2008 年 3 月）

> 「外国語を通じて、言語や文化について体験的に理解を深め、積極的にコミュニケーションを図ろうとする態度の育成を図り、外国語の音声や基本的な表現に慣れ親しませながら、コミュニケーション能力の素地を養う」

②中学校学習指導要領（2008 年 3 月）

> 「外国語を通じて、言語や文化に対する理解を深め、積極的にコミュニケーションを図ろうとする態度の育成を図り、聞くこと、話すこと、読むこと、書くことなどのコミュニケーション能力の基礎を養う」

③高等学校学習指導要領（2009 年 3 月）

> 「外国語を通じて、言語や文化に対する理解を深め、積極的にコミュニケーションを図ろうとする態度の育成を図り、情報や考えなどを的確に理解したり適切に伝えたりするコミュニケーション能力を養う」

これが日本の外国語教育の「目標」として、教科書をはじめとして影響を与えているものであるが、いかに「浅薄」なものか並列してみればわかるであろう。

民間教育運動関係では、外国語教育の目的を人格形成と結びつけて理解し、

取り組んできた。パターンプラクティス全盛の1960年代はじめに「外国語教育の目的は何か」を問い、4つの目的を掲げた。それを三次にわたる改定で以下のような目的ができている。

＜外国語教育の四目的＞

> 1. 外国語の学習を通して、世界平和、民族共生、民主主義、人権擁護、環境保護のために、世界の人々との理解、交流、連帯を深める。
> 2. 労働と生活を基礎として、外国語の学習で養うことができる思考や感性を育てる。
> 3. 外国語と日本語を比較して、日本語への認識を深める。
> 4. 以上を踏まえながら、外国語を使う能力の基礎を養う。

(3) 私たちの目指す外国語教育の目的

教育研究集会の「外国語教育の四目的」には多くの人々の積み重ねと議論があり、それはそれとして尊重することはもちろんであるが、私たち一人一人はどのような目的を持つのかが授業を進める上で重要である。外国語教育をことばの教育の一環として位置づけ、人間教育のもっとも重要な柱と考える立場から以下のような「目標」を掲げてみたい。

①外国語教育を通じて世界の人々との交流と連帯を目指すこと
②外国語教育を通じてより良い社会や世界を目指すこと
③外国語教育を通じて人格形成を目指すこと
④外国語教育を通じて豊かな言葉の獲得を目指すこと

①「外国語教育を通じて世界の人々との交流と連帯を目指すこと」とは

外国語教育は文字通り日本以外で使われていることばの学習であり、当然のことながらその外国語を使用する人々との交流や連帯が求められるし、外国語を学べば当然のこととしてその言葉を話している人々とのコミュニケーションに発展する。

②「外国語教育を通じてより良い社会や世界を目指すこと」とは

　「外国語教育は平和教育である」という言い方がある。これは外国語を使って多文化や他言語の人と交流することそのものが「平和をきずく」ことであり、非暴力を広げることにつながっていく。「相手を知る」ことは平和の第一歩だからである。

③外国語教育を通じて人格形成を目指すこと

　全ての教育が人格形成につながっていることから考えると、とりたてて外国語教育で人格形成を行なうことを強調する必要はないのかもしれない。そもそも文部行政は外国語（英語）教育をスキルの教育と考えてすすめてきた経緯があり、あえて人格形成を主張することについて疑問を持つ人もいる。

　だからこそ人格形成を柱にした「ことばの教育」を進める必要があるのではないか。現行の学習指導要領では全ての科目に「道徳」が押しこまれたが、それを受けて立つためにも「人格形成の視点」が求められている。

④外国語教育を通じて豊かな言葉の獲得を目指すこと

　これは単に英語の点数が取れることをめざすのではなく、また同様にただ単に国語の力を高めるものではない。外国語にしても国語にしてもそれぞれ豊かな体系と音声を持っているものであり、外国語を学ぶことによって日本語の豊かさを再認識したり、日本語にないものを見つけたりすることがもとめられる。

（瀧口優）

＜参考文献＞
・文部省　1951　中学校・高等学校学習指導要領　外国語科英語編
・文部科学省　2008　小学校学習指導要領・中学校学習指導要領・高等学校学習指導要領
・瀧口優　2003　苦手を好きに変える英語授業　大修館

第7節　ことばと生きる力

はじめに

　「生きる力」は1996年の中央教育審議会答申の中で「改革のスローガン」とされることによって大きな注目を浴びるようになったが、もともと民間教育研究団体においては使われていたことばであり、ことばとの関連ではこうした民間教育研究の流れを重視しなければならない。さかのぼれば1970年代の高度経済成長時代に、子ども達の生活が奪われ、生きる力が身についていないことへの憂いが噴出し、生きる力を問う実践などが紹介されてきた。その経過からすれば中央教育審議会答申では20年遅れて提示されたことになる。

1.「生きる力」とは何か

　それでは生きる力は何をさしているのだろうか。文部科学省が中央教育審議会の答申では以下のようにまとめている。
①いかに社会が変化しようと、自分で課題を見つけ、自ら学び、自ら考え、主体的に判断し、行動し、よりよく問題を解決する資質や能力
②自らを律しつつ、他人とともに協調し、他人を思いやる心や感動する心など、豊かな人間性
③たくましく生きるための健康や体力
　この定義によれば「生きる力」は、いかにして社会に適用し、その中でうまくやっていくための人間性や健康を身につけるか、ということになるのであろうか。なお答申に基づいて出された学習指導要領では「生きる力を育てるために子ども達の生活にゆとりを持たせることが必要である」ということで、次の改定において総合的な学習の時間が設けられ、生きる力を育てることが目標と

された。

　しかし1970年代からの民間教育研究の分野では、「人類が蓄積してきた豊かな教養を身につけ仲間とともに自分の人生を創っていける」力を「生きる力」と呼び、「①生理的・身体的力、②認識力、③行動力、④人格力」（梅原2008 p.89）の組み合わせとして提示している。言い換えれば「社会を変革してよりよいものにつくりかえ、それを通じて自己実現をはかる」ということになるのであろうか。

2. 生きる力におけることばの役割

　「生きる力」を「社会を変革してよりよりものにつくりかえ、それを通じて自己実現をはかる」とすれば、その中でことばの果たす役割はどのようなものであろうか。

　第一に、社会をしっかりとつかみ、変革していく手がかりを手に入れるための読み取る力（リテラシー）がまず考えられる。音声や文字、文章を正しく読み取り、それを自分の意識や知識に結び付けていくことである。

　第二として、自らの意識や要求、あるいは他人の意識や要求を代弁してことばによって表現していくこと、このことによって社会を変革していく手がかりとする。

　第三として、ことばは硬直化したものではなく、環境や社会の変化によって代わっていくものであり、したがって本人自身が変わっていかなければならない。

　携帯電話などがメディア化し、コミュニケーションのとらえ方、はかり方が複雑になってきている中で、更に整理を進めなければならない。（瀧口優）

＜参考文献＞
梅原利夫　2008　学力と人間らしさをはぐくむ　新日本出版社
日本の教育をともに考える会　2000　人間らしさあふれる教育をめざして　フォーラム・A
森上史朗　2004　保育用語辞典　ミネルヴァ書房

第8節　ことば・自己表現・アイデンティティ・世界認識

　普通にいって、自己表現とは、自分のことばで認識したことがらを語り、書くことによって表現することであるといってよいだろう。この場合表現手段をことばだけに限らず、記号や象徴（シンボル）にまで含めて広くとらえ、数や音符や、動作まで含めて考えると、数や公式による数学的表現や音符による音楽的表現、身体、動作による舞踊的表現まですべて広い意味での自己表現と見なすことができる。その中核にことばによる自己表現がある。そして人間はこの自己表現によって、世界と自己とのかかわりという両者の関係をとらえるのである。ここで「自己」とは何か、世界でただ一つで、他人とはとりかえることはできない独立した主体としての「自分という個人」とは何かについては、後に「ことば・意識・自己・人格形成」（第Ⅳ章第10節）で考察している。ここではこの問題と密接な関係にあるアイデンティティという概念についてまず整理しておきたい。

　アイデンティティ（identity）は、普通は「自己同一性」と訳されるが、分かりやすくは「身元保証」のことであり、例えば、アイデンティティカード・カードは、そこに記載されているとおりの間違いなく本人であることを証明する身分証明書のことである。人文・社会諸科学でこの概念が何故重要になったかは、現代社会の激しい社会変動にともなう環境変化、諸文化の錯綜、さらに青春期や老年期の著しい心身の変化が重なったりすれば、人間は自己を見失い、昨日の自己と今日の自己とが全く変わってしまったという迷いのはざまで揺れ動く。ほんらいの自分を見失うアイデンティティの危機（identity crisis）が訪れ、その克服が課題となる。この研究に着手し、アイデンティティという用語にはじめて明確な定義を与えたのは、フロイド派の心理学者、E.H.エリクソンであり、「アイデンティティとは、自分自身の中に保たれた斉一性（sameness）と、この自己同一性を根本的に特徴づけるようなんらかの性格に一致

する他者との共存である」(1940)とのべた。この定義には、次の三つの原理が含まれている。

すなわち、①斉一性（自分について自分も他人も同一の人格であると認めること）②連続性（昔の自分も今の自分も一貫して同じであること）③帰属性（自分自身は何らかの集団に属し、それと一体感を持っていること）の三つである。アイデンティティの概念はその後も多様な展開を見せるが、この創始期の規定はとりわけ含蓄が深いと思われる。例えばグローバリゼーションとナショナリズムの風潮と思想がいよいよはげしく交錯する中で、今日から将来に向けて、日本人とは何か、その中の教師の一人としてのアイデンティティとは何かという問いは、自らの生き方を見通す上での中心課題であり、その自己表現には、文化と社会と人間性とのかかわりが横たわっている。

ところで、すでに見てきたように動物と異なり人間が人間であるという性格が、進化の過程で創発した（emergent）基軸には、人間だけが「自由な意識」をもつこと、そして「対象的活動」を行うことができるようになったことが根底にある。そして人間が「意識」をもつようになったことと、ことばを持つこととは同じように古い。そしてここでの「対象的活動」とは人間の心（＝意識）が事象を対して能動的に、つまり意志をもって働き、働きかえされることを意味する。ここでの対象的活動は、マルクスがみごとにとらえたように「対自然・人間・社会および自分自身とその意識」とをその対象に含むものである。（マルクス『1844年　経哲草稿』（全集40））この対象的活動でことばは中心的役割を果たすことはいうまでもなく、だから自己表現はまさに自己と世界認識の結び目となるといえる。（志摩陽伍）

<参考文献>
・E.H.Erikson; Problem of Infancy and Early Child, 1940
・E.H. エリクソン『アイデンティティ』（岩瀬康理訳）　1973
・マルクス『1944年経哲草稿』（全集40）
・マルクス・エンゲルス『新訳・ドイツ・イデオロギー』（服部文男監訳」1996

第9節　キー・コンピテンシーとことば

1. キー・コンピテンシー（Competency）とは何か

　英語では the ability and skill to do what is needed（何か必要なことを＜状況に応じて＞実施する能力やわざ＝人の根源的特性：立田 2006）とあるように、人間が生きていく上で求められている「能力や可能性」のことを言っている。最近この言葉が使われるようになったが、まだ辞書にも載っていないことがある。
　Organization for Economic Co-operation and Development（以後 OECD：経済協力開発機構）は「各国や企業、組織、そして各個人がどのようにコンピテンシーを選択していけばよいかという問題に答えるため、国際調査に共通する能力の概念を一つにまとめる事業を提案し、その結果としてキー・コンピテンシーをまとめ以下の3点にその「能力」をまとめた。
①個人が、その環境と効果的に相互作用するという広い意味で、道具を活用することである。ここで道具とは情報テクノロジーのような物理的なものや、言語のような文化的なものとの両方を含む。
②いっそう助け合いの必要が増す世界で、人が、他の人々との関係をうまく作っていくこと。
③一人一人が、自分の生活や人生について責任を持って管理、運営し、自分たちの生活をより広い社会的な背景の中に位置づけ、自立的な活動をすること。
（立田 2006、p.4）
　更に上記の「能力」をそれぞれの項目について細分化して以下のように提示している。
①について
A. 言語、シンボル、テクストを相互作用的に用いる能力

B. 知識や情報を相互作用的に用いる能力
- 何が分かっていないかを知り、決定する。
- 適切な情報源を特定し、位置づけ、アクセスする（サイバースペースでの知識と情報の収集を含む）
- 情報源に加えてその情報の質、適切さ、価値を評価する。
- 知識と情報を整理する。

C. 技術を相互作用的に用いる能力

②について

A. 他人といい関係をつくる能力
- 共感性－他人の立場に立ち、その人の観点から状況を想像する。これは内省を促し、広い範囲の意見や信念を考える時、自分にとって当然だと思うような状況が他の人に必ずしも共有されるわけではないことに気づく。
- 情動と意欲の状態と他の人の状態を効果的に読み取る。

B. 協力する能力
- 自分のアイディアを出し、他の人のアイディアを傾聴する力
- 討議の力関係を理解し、基本方針に従うこと
- 戦略的もしくは持続可能な協力関係を作る力
- 交渉する力
- 異なる反対意見を考慮して決定できる包容力

C. 争いを処理し、解決する能力
- できるだけ異なる立場があることを知り、現状の課題と危機にさらされている利害（たとえば、権力、メリットの認識、仕事の配分、公正）、すべての面から争いの原因と理由を分析する。
- 合意できる領域とできない領域を認識する。
- 問題を再構成する。
- 進んで妥協できる部分とその条件を決めながら、要求と目標の優先順位をつける。

③について

A. 大きな展望の中で活動する能力
・パターンの認識
・自分たちが存在しているシステムについての理想を持つ（たとえば、その構造や文化、実践、公式・非公式なルールや期待、その中で果す役割を理解し、法律や規則、また文書化されていない社会的規範や道徳作法、マナーや慣習を理解する）。こうした行為を制約する知識を持つことで権利についての理解を補う。
・自分の行為の直接的・間接的な結果を知る。
・個人及び共通の規範や目標に照らして起りうる結果を考えながら、違う道に至る行為から選択する。

B. 人生設計や個人的プロジェクトを設計し、実行する能力
・計画を決め、目標を定める
・自分が利用できる資源と必要な資源を知り、現状評価する（時間、お金など）
・目標の優先順位を決め、整理する。
・多様な目標に照らして、必要な資源のバランスを取る。
・過去の行いから学び、将来の成果を計画する。
・進度をチェックし、計画の進展に応じて必要な調整を行なう。

C. 自らの権利、利害、限界やニーズを表明する力
・選挙などのように自分の利害関心を理解する。
・個々のケースの基礎となる文章化された規則や原則を知る。
・承認された権利や要求を自分のものとするための根拠を持つ。
・処理法や代替的な解決策を指示する

2. コンピテンシーと今後の課題

「キー・コンピテンシー」を読むと、それなりに積極的な面がある。これをどのように生かしていくのかが我々に問われている。中央教育審議会答申及び

新学習指導要領においても、部分的にあるいは言葉としては取り上げられているので、行政の中では意識されていることとして考えなければならない。

とりわけ大きな柱となっているのは、①道具を活用すること、②他の人々との関係をうまく作っていくこと、③自立的な活動をすること、である。いずれもペーパー1枚まとめればよいというものではなく、その人の生き方から考え方、そして日常的な文化までが問われる評価である。

今までは「学力」や「能力」を数値化して他人が評価することが行なわれてきたが、このキー・コンピテンシーでは数値では表すことのできない力を人間の持っている「力」として認めていくことが提起されている。これをどのように日常の学習や生活に生かしていくのか、とりわけ言語に関わる問題について考えなければならない。（瀧口　優）

＜参考文献＞
・立田慶裕他訳 2006　キー・コンピテンシー（ドミニク・ライチェン他 2003）明石書店
・村川雅弘他 2004　「確かな学力」としての学びのスキル　日本文教出版

第Ⅲ章　ことばの発達をとらえる

第1節　ことばの発達と遊び・手の労働

1.「あそび」をどう定義するか

①人間にとって不可欠なもの

　「あそび」という言葉には何となく、本質的ではないというイメージが伴う。しかし保育の世界では遊びは子どもの発達にとっての本質として位置づいている。あそびはその行為を通して「創意工夫や創造性を生み出し、自主性や自発性を養い、身体的諸力の発達を促し、知的諸能力を発達させ、人と人とを結び、交友性や社会性を形成する活動である」（勅使2007）とあるように、人間の生活や発達に密接な関係を持っている。そもそも伝統文化は生活の中の遊びから始まっているのである。そういう意味で人間にとって遊びは不可欠なものと言える。

②子どもにとっては遊びがすべて

　とりわけ子どもにとっては遊びが全てであり、その遊びをどのように体験するのかは人間の発達に影響を与えるものとして考えなければならない。遊びについて、とりわけ乳幼児期の遊びについてはヴィゴツキーをはじめとして、様々な研究者がそれに言及しているが、ある意味で子どもの研究から遊びを取ってしまったら何も残らないほど重要な位置を占めている。子どもたちは遊びを通して人間性を発達させているのである。

③成人にとっては仕事と遊びの両立を通して人間らしい生き方が可能

　子どもにとっての遊びは絶対的であるが、成人にとってはどうなのだろうか。学習や労働、あるいは生活という要素が加わり、時には「仕事」に対置される

のが「あそび」となってしまうこともある。しかし一方では、仕事だけでなく遊ぶことを行うことによってより人間としての成長がある、ということも言われている。

④高齢者にとっては社会貢献と遊びの両立ができて生きがいになる

高齢者にとっては仕事から解放され、より本質的に「生きる」ことが問われてくる。その結果人間が持っている「遊びごころ」がどのような形になっていくのかが問われることになる。自分がこの世界に生まれてきてどんな意味があったのか、それを自らに問いかけながら、社会への貢献を考えることになる。社会貢献とあそびが両立されることによって、自分の生きがいを見出す高齢者が見えてくる。

2.「遊び」は人間にとってどんな意味をもっているのか？

では「あそび」は人間にとってどんな意味を持っているのだろうか。1でも触れたがそれを少し整理しなおすと以下のようになるのではないか。

第1に、あそびは人間らしい心と体を育てるものであり、身体力あるいは精神力を育てるものと言える。遊びの中で自分のできること、できないことを理解し、自分が今までできなかったことができるようになる喜びと同時に、できないことへの挑戦の場ともなる。

第2に、あそびは豊かな人間関係を築くものであり、交流や連帯する力を育てるものである。遊びの中の役割分担などを通して、人との良好な関係のあり方を体で学んでいく場となっている。特に異年齢の場合は年長者がリーダーシップを発揮してまとめていくことが期待される。

第3に、遊びはイメージする想像力やものをつくっていく創造力を育てるものであり、それは認識力を高めることにつながって行く。どんな遊びをするか、何を使うか、どんなルールで遊ぶか等は子ども同士の話し合いの中で決まっていく。

第4として、あそびは総合的な発達のためのツールであり、生活力や情動力を育てるものであるということである。子どもにとっては遊びが全てであり、

その遊びを通して発達を克ち取っていく。昨日は木に登れなかったのが今日は登れるようになり、数日すると人に教えるほど上手になる。

3. 就学前の子どもにとっての「あそび」

　もう少しあそびの意味を年齢に合わせて考えてみたい。同じ子どもでも乳児や就学前と児童期、あるいは思春期などとは違った意味合いが出てくると思われる。ここでは就学前の子どもにとっての「あそび」を考えてみたい。
　就学前は保育園や幼稚園、あるいは認定こども園等、施設の中で集団として行われている場合と、そうした施設に預けないでいる場合と少し違いがあると考えられるが、それらについては別にまとめる必要がある。
　「乳幼児のことばの教育への配慮」（第Ⅶ章第2節）でも触れているように、乳幼児期にとって遊びは全てであり、子ども達は遊びを通して様々な力を身につけていく。保育所保育指針や幼稚園教育要領では分野を整理して提示しているが、遊びはそのすべてに共通するものである。
①人間への理解をすすめる（保育原理）
②自然への理解（保育内容環境）
③人間らしいからだをつくる（健康）
④人間関係を豊かにする（人間関係・保育内容ことば）
⑤表現力を高める（保育内容表現）

4. 児童期の子どもにとっての「あそび」

(1)「児童期」（7歳から12歳）の特徴
　児童期は基本的に小学校時代である。教科としての理科や社会、あるいは体育などの学習や演習が多くなり、メディアを含めた様々な文化が影響を与える。そして「あそび」を通して様々な能力を身につけていくことが困難になってきている現在である。そうした中で児童期の「あそび」についてまとめると以下

のようになるのではないか。
① 「能動的学び」から「受動的学び」への転換
　基本的に遊びを中心として生活してきた幼児期から児童期に入ると「授業」が多くなる。授業というのは教師が子どもを対象として「知識を与える」場として設定されているため、どうしても学びが受動的になりがちである。そのことが子どもたちの発達に影響を与えることになり、体験の無い、経験の裏付けがない知識が増えてきた。「体験的に学ぶ」ことによって自分の中に「経験」が蓄積され、そのことが授業のなかにも生かされるのである。児童期の「受動的な学び」は幼児期の「能動的学び」に支えられて成果を上げてきたが、児童期の子どもたちの生活が大きく変わり、体験を通しての学びが後退する中で新たな展開を考えなければならない。
② 文字の獲得とその活用
　基本的には乳幼児期は文字を扱わない。とりわけ「書く」という点ではハードルが高くなる。一方、音声の「ことば」としては、様々な表現を身につける機会がある。児童期の特徴は文字を獲得して、その文字を活用して自らの思いや感覚を人に伝えることが可能となる。まずは読めるようになることであるが、「読める」ということと「書ける」ということは文字の獲得の重要な要素である。児童期、特に低学年期に、音声の文字化と文字の音声化（いわゆる音読）をしっかりと積み上げることはその後の発達に大きな力となる。「あそび」にも文字に関連した室内あそびが提起されることが多くなる。
③ 身体的な発達とダイナミズム
　学童期には大きな発達の節がある。「10歳の危機」「10歳の壁」等として10歳が意識されることが多いが、この時期を境に抽象的な思考や男女の身体的な発達（第二次性徴）や意識の変化などがおこる。当然遊びにおいてもそのダイナミズムが加わることになる。身体的なあそびの中に知的な要素が強くなり、きまりも複雑になっていく。
④ 集団性の発達（組織化）
　幼児期にも集団は形成されるが、本格的な集団づくりは児童期であり、とり

わけその後期になると複雑な組織化もすすむ。結果としていじめなどが本格的に進むのも児童期の後期からである。遊びも集団で行うことに喜びを見出し、ルールも集団を意識したものが多くなる。学校のレベルで考えると、小集団からクラス集団への発展が期待される。

⑤精神的な発達（幼児期から青年期への橋渡し）

幼児期は個人の確立が基本であり、集団があるとしてもそれはあくまでも個人の確立に根ざした「自己中心」的なものである。一方、青年期は個人の確立はもちろんであるが、その個人というのは集団の中で位置づくという視点から、「他者意識」を強く持つことになる。児童期はこうした2つの時期に挟まれて、幼児期から青年期への橋渡し的な要素が強くなる。しかも6年間という幅の中で、低学年と高学年では大きな差が出てくるので、その指導においては幅広い視野の中で行わなければならない。遊びを考える上でもこうした視点が重要になってくる。

(2)「あそびの原風景」

では実際に「あそび」を考える上で、どのようなくくりが考えられるだろうか。仙田満は『子どもと遊び』（1992）の中で、つぎのような分類を紹介し、そのくくりを「スペース」と表記している。

①自然スペース（生命の重さを学ぶ：魚とり、虫とり、木登り…）
②オープンスペース（自由に遊べる空間：鬼ごっこ、陣取り…）
③道スペース（子どもたちの出会いの空間）
④アナーキースペース（想像力の刺激：廃材置き場、工事場…）
⑤アジトスペース（子どもたちの共同体：隠れ家、屋根裏…）
⑥遊具スペース（集約的なあそび場：児童公園…）

(3) 児童期の「あそび」の分類－その1

同じく仙田満は『子どもと遊び』（1992）の中で、児童期の遊びを次のように分類している。それから既に四半世紀が過ぎていて、小学校の子どもたちを

取り巻く環境も大きく変化してきている中で、彼らはどのように対応しているのだろうか。ファミコンやゲーム等に熱中し始めた世代（かつて小学校ではほとんどの子ども達がゲームに熱中しているという時代があった）から、現在はスマホなどを使ったSNSが遊びの世界を侵略している。
①虫あそび（生命の大切さを学ぶ）
②草花あそび（自然の豊かさを学ぶ）
③鬼ごっこ（役割が変わって、変化に富んで、運動量も多い）
④模型あそび（想像力、科学的認識を高める）
⑤人形あそび（色彩感覚、造形感覚を豊かにする）
⑥すべり台あそび（集団で遊ぶ力を高める）

(仙田満『子どもと遊び』岩波書店より)

(4) 児童期の「あそび」の分類－その2（1970年代）

1970年代の子どもと遊びの関係を初見健一は『子どもの遊び黄金時代』（光文社）の中で以下のように分類している。仙田の分類に比べてさらに「自然」を生かした遊びが主流を占めていたことを物語っている。
①鬼ごっこ系（高鬼、どろけい…）
②「ボール遊び」系（草野球…）
③「ブランコ遊び」系（石拾い、靴飛ばし、ブランコジャンプ…）
④その他の外遊び系（缶けり、だるまさんがころんだ、馬乗り…）
⑤室内あそび系（イス取りゲーム、フルーツバスケット、伝言ゲーム…）
⑥手あそび系（指相撲…）

5.「あそび」が子どもの発達に持っている意味

以上のような過去を含めた遊びの分類をふまえて、「あそび」は子どもの発達にどのような影響を与えているのだろうか。いくつかのポイントを指摘したい。詳細については省くが、幼児期・児童期の遊びは人として生きていく上で

重要な発達を保証していることになる。
①子どものコミュニケーション能力を高める
②子どもの協働・連帯意識を高める（「遊びの中で子どもは、集団的行動の最初のまじめな学校に通うのである」（ヴィゴツキー『学童期の児童学』より）
③判断力や決断力、分析力を育てる
④自己表現力を高める
⑤学習力や身体力を高める

6. 現代の子どもが抱えているあそびをめぐる課題

　以上のように幼児期・児童期の遊びは、子ども達に人間的な発達の「素地」や「基礎」を身につけることを保証している。しかし、日本においてこうした遊びの果たす役割が時代と共に失われていることも事実である。そのことが子ども達に様々な影響を与えていることは間違いない。以下2017年という時点で、子どもをめぐってどのような変化が起きているのか簡単にまとめてみたい。
①あそび環境の変化
　かつては子どもを取り巻く環境そのものが全てあそびにつながっていて「近所あそび」として自然に行われていた。それが路地裏から公園へと遊びの場が移り、やがて自分の通っている学校の校庭ならば遊ぶことが可能という時代になってきた。遊び環境が個人の工夫や創造性を許さないものとなってきている。なお現在でも車の通行を一時規制して、道を子どもの遊び場にする「遊戯道路」が東京都内でも841箇所残っている（東京新聞2017年5月5日）という報告もあり、子どもの遊び環境を考える上で貴重なデータを提供している。
②外あそびから内あそびへ、そしてゲームあそびへ
　かつては「あそび」といえば外でやるものとなっていた。それが①の環境で示したように、遊びの場が自由空間から公的空間、そして私的空間へと変化する中で、「外遊び」が「内遊び」へ、そして「ゲーム遊び」へと変化してきている。子どもたちが体を使わなくなってきているということから、体力の低下

につながっているのではないか。
③人間関係の喪失
　子ども達は（人間として）あそびを通して様々な人間関係を確立し、遊びを通してその人間関係を発展させる機会となっていた。1980年代から顕著となったいじめや不登校は、人間関係が喪失される中で増えていったとも言える。一方では塾通いや少子化という中で、家庭の中でも人間関係が難しくなっていることもある。
④自然環境の喪失
　①の環境のところでも触れたが、この30年を区切ってみても子どもをめぐる遊び環境は年々低下し、自然が自然でなく人工的に作られ、その人工的に作られた公園等の自然が「再開発」等の理由で無くなっていくということが出てきており、自然はもはや「野外活動施設」や「水族館」「動物園」「植物園」等に収斂されていると言わざるを得ない。
⑤「体験」そのものの不足
　かつては子ども達が家の中で自分の「持ち場」というものがあった。例えば風呂に入るためには薪を燃やさなければならず、毎日責任を持ってそれを行ってきた子どもの姿があったが、現代ではボタン１つ押せば風呂が沸いてしまうので、子どもの出番がなくなってしまった。同様に生活の中から便利さの追及の結果として体験を通した学びの場が失われてきている。この体験の不足によって学習理解がすすまないという結果にもつながっている。様々な体験を持っているということがあらたな学びの保証になっているからである。救急法の学びにもみられるように、ただ見ていただけでは実際に対応することがむずかしく、実際にやってみることが必要になっている。「百聞は一見に如かず」から「百見は一体験に如かず」という状況になっている。
⑥あそびそのものを知らない
　子どもたちの縦のつながりが失われ、体験的あそびが影をひそめる中で、遊びそのものが伝わっていかないという状況が生まれている。現在多くの地域で子育て広場等が行われ、伝承遊びなどを楽しむ場が設定されているが、父親・

母親世代が遊びを知らないという状況に直面している。学校の中で教師が教える機会も少なくないが、その教師自身が遊びを知らないという状況の中で、講師等を依頼して子どもたちに伝える機会も増えている。
⑦「あそぶ」時間がない
　子どもたちは小さいころからの塾通いやクラブ活動、そして最近のSNS等のメディア依存の中で、創造的なあそびを知る機会が失われている。

7.「あそび」をめぐる今後の展望

(1) 人間生涯発達の立場からの「遊び」をおさえること
　　＊人間としての必要な能力を育てる環境が失われてきている中では意図的に「遊び」を設定する必要がある
(2) とりわけ乳幼児期、児童期の遊びの重要性を認識すること
　　＊人間の総合的な発達を保障するものとして
(3) 今までの遊びの中で「使えるもの」を生かすこと
　　＊伝承遊びの再評価（けん玉、お手玉…）
(4) 新しい遊びの創造とメディアの役割

8. 手の働きと言葉の発達の関連

　人間が他の動物と違って特別な力を持っているとすれば、その一つはことばを持っていることであり、それに関連して自由になった手がものを作ることを通して脳の発達を促しているということがある。手は第二の脳ともいわれ、乳幼児期に手を使って創造的にものを生み出していくことが脳の発達にもつながっている。
　ここでは手の果たす重要性を指摘するにとどめるが、遊びの中で手を創造的に使うことが人間としての発達につながるという視点から、もう一度遊びを捉えなおして行く必要がある。（瀧口優）

<参考文献>
- 『保育小辞典』(宍戸健夫他編集) 大月書店 2007
- 『子どもの遊び空間』(藤本浩之輔) NHKブックス 1974
- 『遊びと労働の教育』(須藤敏昭) 青木書店 1978
- 『人間―過去・現在・未来(上)』(マンフォード・久野収訳) 岩波書店 1978
- 『子どもの発達とテレビ』(子どもの文化研究所) 童心社 1979
- 『乳幼児のあそび』(勅使千鶴) ミネルヴァ書房 1981
- 『子どものあそびと発達』(河崎道夫) ひとなる書房 1983
- 『乳幼児の遊び―その発達のプロセス』(高橋たまき) 新曜社 1984
- 『こどものあそび環境』(仙田満) 筑摩書房 1984
- 『子どもと遊び』(仙田満) 岩波書店 1992
- 『遊びの心理学』(エリコニン、天野幸子他訳) 新読書社 2002
- 『遊びが育てる世代間交流』(多田千尋) 黎明書房 2002
- 『子どもの「遊び」は魔法の授業』(キャシイ・ハーシュ他、菅靖彦訳) アスペクト 2006
- 『子どもの遊び黄金時代』(初見健一) 光文社 2013
- 『遊ぶヴィゴツキー』(ロイス・ホルツマン、茂呂雄二訳) 新曜社 2014
- http://www.kodomo-next.jp/plays/category コドモネクスト(児童館)
- http://goodtoy.org/ 日本グッドトイ委員会
- http://terouken.jp/ 子どもの遊びと手の労働研究会
- http://www.blog.crn.or.jp/lab/asobilist.html チャイルド・リサーチ・ネット
- http://www.blog.crn.or.jp/kodomogaku/index.html 日本子ども学会
- http://www.play-dev.jp/coordinator/ 子どもと育ち研究所

第2節　ことばの発達と家庭環境・家庭教育

1. 家庭とは

　ことばの発達にとって家庭のもつ意味は決定的である。どのような家庭環境に育ち、どのような家庭教育を受けてきたのか、それはある意味でことばそのものであると言っても過言ではない。ただし近年のマスメディアからの情報時代に入って、言葉や文化における家庭の持つ意味が大きく揺らいできていることも確かである。そうした変化の中でもう一度、そもそも家庭とは何かを議論しなければならない時を向かえている。

　資本主義がすすみ、大量生産時代をむかえるまで、家庭というのは労働と学習が統一され、子どもたちは親の生活を見ながら育ち、その中から言葉の獲得も行なってきた。つい150年前までのことである。明治時代に入り欧米から進入した資本主義は、家庭から父親を切り離し、賃金労働という形で子どもに働いている姿が見えないという状況をうみだした。またその賃金によって生活に必要なものを作ることから購入するようになり、二重の意味で家庭における父親の姿を変えて行った。母親は家事労働という形で、かろうじて子どもたちに労働の姿を示すことができていたが、文明の発達が引き起こす家事労働の縮小に伴い、徐々にその力を失っていく。

　戦後高度経済成長期と並行して家庭にテレビが普及する1970年代以降、家庭生活はメディアの影響を大きく受けるようになり、家族の言葉を交し合う機会が更に大きく奪われる時代がやってくる。子どもたちにとっては、家族のことばよりもメディアから流れてくることばの量の方が圧倒的に多くなる。学校に通うようになると、子どもたちはメディアから得たことばや文化を交流し合い、それを力にして家庭のことばや文化を組み替えていく。その子どもたちが親になり、次世代の子どもたちは更にメディアの影響を受けていく。21世紀

をむかえて家庭における「ことば」はメディアそのものと言っても過言ではない。

2. 家庭における豊かなことばづくりを目指して

氾濫するメディアのことばと文化に対して、親として子どものことばの発達にこころを砕き、絵本の読み聞かせやことば賭けなどを丁寧に行なうなどすることに無力感を持ってしまうということも考えられる。

しかしそういう状況だからこそ少しでも取り組むことがマイナスを少なくし、長い目で見れば結果として子どもの豊かなことばの発達を保証することにつながると思われる。ことばの発達に関わって家庭でできること、それを考えながら「豊かなことばの発達」について整理したい。

（1）メディアとの付き合い方を考えること

アメリカ小児科学会が1999年に「2歳未満の子どもにテレビを見せない」ように勧告を出したのを受けて日本小児科学会はメディアに関連して次のような見解を発表している。いずれも子どもがメディアの影響を受けて心身の発達に問題を引き起こしていることに対する警鐘である。常に一方的なコミュニケーションになりがちなメディアに多く接することは、人間同士の適切な距離を保ちながら良い関係をすすめていくことにマイナスの影響を与えているという認識に基づいているものと思われる。

① 2歳までのテレビ・ビデオ視聴は控える。
② 授乳中、食事中のテレビ・ビデオ視聴はやめる。
③ すべてのメディアへの接触時間を制限する。1日2時間を目安、テレビゲームは1日30分を目安。
④ 子供部屋にはテレビ、ビデオ、パーソナルコンピューターは置かない。
⑤ 保護者と子供でメディアを上手に利用するルールをつくる。

社団法人日本小児科医会（http://jpa.umin.jp/media.html）より 2017年5月

31 日 DL

＊同メディアに関する提言（http://jpa.umin.jp/download/media/proposal02.pdf）

(2) 乳幼児期に豊かなことばのやり取りを親子を基本とした家庭で直接的に行なう

　子どもが生まれてからほぼ1年で最初のことばを表現し、以後人間生活に必要な数多くのことばを学んでいく。しかし現在はそのことばの獲得に体験やそれに基づく感性の豊かさが伴わないことが多い。ことばだけが先行してしまい、こころから自己を表現することばを持てないでいる状況がある。

　かつては意識しなくてもことばの一つ一つの獲得が実感や体験をともなっていたが、現在では意識的に実感や体験を重ねないと本当の意味でのことばの獲得ができない状況になっているとも言える。親子による絵本の読み聞かせ体験は親にとっての子どもへの愛情を実感する場であり、子どもにとっては親のあたたかさ、声のやさしさを伴ったことばの獲得になっている。

(3) 子どもがことばを発する機会を豊に広げる

　ことばの獲得にとって自己を表現することは決定的に重要である。保育園や幼稚園、あるいは小学校においてそれなりに場は提供されるが、家庭で得る表現の機会に比べると極めて限られたものである。家族の中で自らことばで表現する機会をえることは豊かなことばの獲得につながっていく。

　そのためには親の傾聴が重要である。子どもが感じたことをことばで表現するのを聞取ってあげることは、次のことばの表現につながっていく。安心して喋れる空間としての家庭もまた重要な要素である。

3. まとめとして

　親子の関係では年々「手作り」が失われていく。子どもたちへのことばがけさえ電子機器によるものも多用される中で、本来のコミュニケーションの母体

としての「家族」をもう一度見直さなければならない。離婚率の上昇や国際的な結婚によることばの環境の難しさなどを今後更に体験する日本として、豊かなことばの獲得における家族の実践的な役割をもっともっと重視していいのではないか。(瀧口優)

<参考文献>
・岩立志津夫他 2005 よくわかる言語発達 ミネルヴァ書房
・心理科学研究会 2000 育ちあう乳幼児心理学 有斐閣

第3節　ことばの発達と人間発達資源
　　　　：ソーシャルキャピタル

1.「人間発達資源：ソーシャルキャピタル」とは何か

　人間が生まれてから発達していく上でどのような条件や環境が必要なのか、それをソーシャルキャピタル（Social Capital）ということばで表現したのはアメリカの教育学者J.デューイであるといわれている。ソーシャルキャピタルは日本語では一般的に社会関係資本と訳されるが、人間関係資本、社交資本、市民社会資本と訳されることもある。ここでは「人間発達資源」としてとらえたい。
　ソーシャルキャピタルとは人間が持っている社会関係や人間関係の総体であり、このソーシャルキャピタルが豊かであればあるほど人間の発達が豊かに展開されると考えられている。デューイが『学校と社会』の中で「それら（読み・書き・算）は子どもの限られた個人的経験の及びうる範囲を超えて存在するところの社会的資産の富への扉を子どもに開かしめる鍵を意味している」（デューイ 1957、p.116）として位置づけているが、その人間が持っている社会的な人間関係、近いところでは近所づきあいや地域のつながり、広くは区域や自治体などの人間関係などが人間の発達にとって極めて重要であることを意味している。

2.　人間発達資源とことばの関係

　上で述べたように、デューイは読み書きのことばの発達と人間発達資源の関係を結び付けていたが、実際にどの程度の関係があるのだろうか。地域社会で孤立して人間関係をもてなくなっている人にとって、ソーシャルキャピタルは

極めて低いものとなる。何か困ったことがあっても聞くこともできず、自分のこどもについては「自己責任」で育てることを余儀なくされ、結果として虐待や過保護につながることが多い。大人同士のことばのやり取りも無いので、子ども達が豊かにことばを発達させることはむずかしい。

一方ソーシャルキャピタルの高いところは、何か困ったときに近隣で頼むことができ、ことばの交流が人間の交流につながる。子どもとの付き合い方も意識的にあるいは無意識に調整されることになり、そのことが子どもの発達にも良い影響を与えることになる。何よりも人間に対する信頼を拡大することにつながることになる（瀧口・森山2009）。

3. 豊かな人間発達資源をきずくために

人間の発達、とりわけことばの発達に欠かすことのできないソーシャルキャピタルを豊かにしていくためにはどのようなことが必要なのだろうか。

第1に身近なところで話し合いや交流ができる関係や場をつくることである。自己責任と個人情報主義の中で隣の人とも話ができない状況が作られているが、かつてはその地域で誰が住んでいてどのような状況にあるのかお互いに知り合っていたのである。親が見ていなくても何かやれば地域の大人が注意してくれた。反対に親がほめてくれなくても近所の大人が自分のことをほめてくれたことが大きな影響を与えたという体験もある。こうした過去の事実に学び、まずは身近なところで話し合いや交流ができる関係をできるところから築いていくことが今求められている。

第2として協同の活動を通してお互いの信頼感を高めることである。話し合いや交流だけでも他人に対しての安心感を持つことができるが、それが信頼として位置づくためには協同の活動が求められる。子供同士が学校における協同の作業を通して豊かな人間関係を発展させるという事実から、地域の大人同士がともに活動することを通して、お互いの人間性を確認し、信頼へと発展する。

第3として子ども（すなわち学校）を柱にした人間関係づくりをすすめるこ

とである。かつてはコミュニティーとしての村や字（あざ）があり、人間関係をつないでいくシステムが存在していた。核家族化と文明の進化によって、人間が協力して行うことが少なくなり、生活の場での人間関係がつくりにくくなっている。今それを補うことができるのは子どもが存在する学校である。子育てを個人の責任から社会や地域の責任に拡大し、学校を地域全体で作っていくというシステムを通してソーシャルキャピタルを拡大していくことが求められているのではないか。

　第4として世代を超えた人間関係づくりをすすめることである。上述したように核家族化の中で、子ども達が過去の世代と接する機会が失われ、そのことが子どもにとっても高齢者にとっても豊かな発達を奪われている。「生活主体発達論」（金田利子 2004）の視点からすれば、人間は生まれてから死ぬまで発達する存在であり、決して一方的に学んだり教えたりするものではない。相互に学び発達することが本来の姿である。多くの世代が一緒に集うことによってソーシャルキャピタルも高まることは言うまでも無い。

　最後に第5として、多文化、多言語など異質なものとの関係作りをすすめることである。

　国際化している社会においては、様々な外国籍の人々が同じ地域に暮らすようになり、言語や文化が違う中で、ややもするとお互いに孤立した状況に追い込まれることが多い。こうした人々と子どもを柱にして結び付いていく、あるいは結びつけていくことがこれからの時代には求められるようになるであろう。地球規模でのソーシャルキャピタルを視野に入れることが求められる。

　現在全国で100万人近い若者が社会との交渉をやめて「自宅」に引きこもっているといわれている。こうした人々もソーシャルキャピタルの立場からすれば、高めなければならない存在であり、外から関わりを持っていくようなシステム作りが必要である。国や自治体がこうした取り組みを進めない限り、日本全体が変わることは無い。文明や文化の進展という視点から考えれば、いずれは世界的に問題になることは間違いない。具体化が急がれる課題である。（瀧口優）

＜参考文献＞
・金田利子 2007 生活主体発達論 三学出版
・草野篤子、瀧口眞央 2009 人間への信頼とソーシャル・キャピタル 白梅学園大学・短期大学紀要 45 号
・瀧口優,森山千賀子 2009 社会的ネットワークとソーシャル・キャピタル 白梅学園大学・短期大学紀要 45 号
・デューイ、J 1957 宮原誠一訳 学校と社会 岩波書店

第Ⅲ章 ことばの発達をとらえる　91

第4節　マンガ・アニメとことばの発達

1. マンガをめぐる状況

　現在高校生までを対象としたコミック雑誌は50をはるかに越える種類が出ている。数年前の調査で少年コミックが30種類、少女コミックにいたっては50種類出ていた。これは月刊、隔週刊、週刊などの雑誌のことであり、それぞれの雑誌には10を越えるストーリーが展開される。
　一方雑誌以上に読まれているのが単行本であろう。書店のコーナーでは単行本が広い売り場面積をとっていることも決して珍しいことではない。むしろ書店にしてみれば売り上げに貢献しているコーナーであることは間違いない。
　高校生や大学生は言うまでもなく、社会人になってもマンガを読んでいることは珍しくない。最近で歴史書や自伝書、哲学書などもマンガで表現されることが少なくない。「三国志」などのように古典文学などもマンガで書かれている。

2. 問題の所在について

　マンガを読むことが即「悪い」という評価を下すことは正しくない。むしろなぜこれだけ多くのマンガが読まれているのかをさぐり、「よりよい文化」としてのマンガと想像を豊かにするマンガという視点で考えて行く必要がある。
　まず考えなければならないのは、マンガというものはストーリーの展開を考えるときに、自分の頭の中の世界とマンガで表現されている世界が重なり、やがてマンガの世界の映像が自分の想像力を押しやって行くことになっていくということであろう。つまり自分で文字からそこに表現されていることをイメージして想像の世界を作りながらストーリー展開を読み解いていくのではなく、映像は提示されている「絵」に頼っていくことになる。そのことが豊かな想像

力を奪っていくことにつながるのでないかという危惧である。

　第2として、その裏返しにあたることになるが、想像の世界をマンガに任せることによって、ストーリーの展開や登場人物の特徴などを映像として記憶することができるということになる。

　第3として、生の人間では表現できない特異な表情や動作などに接することによって、知らず知らずのうちに現実離れした場面を想像していくことになるということである。これはゲームの場合も同じことが言える。

3．どう考えてどのように対処すれば良いか。

　スーザン・ネイピアはその著書の中でアニメを日本の文化遺産と評価し、「日本のポップカルチャーの中でこれほど力強く根付いているのはなぜか？」(スーザン 2002)と問いかけ、2つの指摘をしている。一つは「扱われる題材の広さ」、もう一つはそこから発生する「読者の幅広さ」であるという。とすれば、マンガを一つの文化として位置づけ、よりよい文化を創造して行く「道具」として利用して行くことが求められる。かつて週刊誌「少年マガジン」(講談社)に「よごれた弾丸」というタイトルでマンガが掲載されたことがある。イラクでの劣化ウラン弾によってどれだけ多くの人々が被害を受けているのかという内容である。大学のゼミで読み合って感想を出版社に届けたことがある。漫画家の良心として受け止めることができた。こうした漫画家を育てて行くことが読者の役割りでもある。裏をかえせば、問題のあるマンガに対してもきちんと意見を伝え、著者に考えてもらうようにすることが必要である。

　第2の視点は、映画やテレビの番組に比べて、マンガで表現することは極めて手近であるということである。女子高校生などはマンガを書いて表現することも得意で、それらを発信するメディアの一つとして活用するという姿勢である。(瀧口優)

　　＜参考文献＞
　＊スーザン・J・ネイピア　2002　現代日本のアニメ　中公叢書

第5節　ことばの発達と玩具・教育玩具

1. 玩具・教育玩具とは何か

　玩具は「子どものもてあそびもの。娯楽を助け、また活動を誘導するのに役立つもの。」（広辞苑）とあるように、子どもが「もてあそぶ」ものを玩具と表現している。「おもちゃ」ということばも「もちあそび」からきており、「もてあそび」を「おもちゃ」の意味で使っているのは古典にも見られるようで、古くから使われていることばである。英語では「an object for children to play with」となっているのでほぼ内容が合致している。
　教育玩具という場合はしばしば「知育玩具」と同じ意味で使われている。知育玩具の概念は、もともと児童心理学に関連して触れられるが、明確な定義がある訳では無いので、以前からある玩具が知育玩具として見直されることもある。
　なお、玩具は子どもが使用するものではあるが、その入手については親や保護者が決定するので、知育玩具のように子どもの成長や発達を願う親からすれば好ましい影響が期待されるものは積極的に与えられる傾向もある。

2. 玩具の種類

　玩具と言っても様々種類があり、それらを分類するだけでも大変な作業である。知育玩具にはじまって、独楽、凧等などの郷土玩具あるいは自然玩具、最近の子ども達で言えばキャラクター玩具やマスコミ玩具（テレビ番組・雑誌・映画・漫画・小説・演劇など、メディアに登場するキャラクターを起用した玩具）鉄砲などの戦争玩具や有害玩具、調理玩具や交通玩具などなどである。自然玩具なども全くそのまま使えるものから加工しなければ「玩具」として位置

づかないものまで多岐に渡る。

　一般的に玩具の種類といえば、室内玩具と室外玩具に分け、それぞれに特徴や分野で分類するようである。対象は基本的に乳幼児向け、いくつか例示すると
(1) 語学教材：日本語だけでなく外国語も含めて
(2) 数学教材：足し算や九九などを覚えるためのもの
(3) パズル：幼児向けのパズル玩具。ジグソーパズル、立体パズル（組み立てパズル）
(4) 組み立て玩具：手を使って組み立て、何かの形をつくる玩具、ブロックや積木など
(5) 操作によって音声の出る物：絵本などの読み聞かせ玩具
(7) ゲーム教材：テレビゲームなどで学習を含めたもの
(8) メディア教材：ビデオ、CD,DVD など

3. ことばの発達における玩具・教育玩具の果たす役割

　さて子どもの発達における玩具、あるいは教育玩具の果たす役割はなんであろうか。玩具を個人的に利用している1歳から2歳では「自分との対話」によって玩具を利用することになるが、2歳を過ぎると集団が意識され、玩具を使った集団的な遊びなどによってことばが広がっていく。その点から、玩具あるいは教育玩具はこどもとこどもをつないでいく手段ともなっていく。当然の事ながら玩具の種類も変化していく。一人で遊ぶ玩具から多数で遊ぶ玩具へと広がっていく。

　子どもにとって玩具は自分の思いを伝える道具であり、物の組み合わせや組み立てなどを理解して数量的あるいは空間的感覚を身につける道具である。玩具が人をつなげるものであればあるほどその玩具はことばの発達に重要な役割を演ずることになる。

4. ことばの発達に資する玩具・教育玩具

　さてそれではことばの発達に資する玩具とは何であろうか。上述のように多くの子どもをひきつけるもの、あるいは交流を求める玩具は、ことばの発達にプラスの影響を与えることになる。その点では室内の玩具は工夫をしないと個人使用のものになってしまうこともあり、ことばの発達に必ずしもプラスにならないこともある。メディア等はその最たるものと言えるのではないか。

　基本的には子どもにとって回りにあるあらゆるものが「玩具」の対象となりうる。市販されているおもちゃがなければあそべないかというとそうではない。身の回りにある物、木切れや木の葉なども「玩具」として位置づくのである。それを前提にしてどのような玩具がことばの発達に必要なのだろうか。

　乳幼児のことばの発達でまず重要なことは「考える」ことである。ことばとして表出していなくても、考える機会が多くなればその思考が「内言」化され、やがてことばとして表現されることになる。したがって子どもたちに「なぜこうなるのだろう」「どうしてこうなるのだろう」と疑問をもたせるような「現具」がことばの発達に必要である。

　第二として、2歳を境に子どもの生活は集団化していく。集団化するということはコミュニケーションが豊かになり、それを引き起こすような「玩具」は、ことばの発達に寄与するものとなる。

　第三として、乳幼児期には豊かなことば賭けにつながる「玩具」が求められる。具体的には絵本やその絵本にかかわる音声教材、あるいは歌や楽器なども音楽を通じてことばを豊かにするものである。

　第四として、創作を通じて作り上げる感動をともなった「玩具」である。自分が苦労して作り上げたものは誰かに評価してもらいたいという気持ちにつながり、必然的にことばを発することになる。

5. 現代に生きることばの玩具

　文化や文明の発達は人間の生活を便利にするという一面、人間同士のつながりを奪っていくという課題を背負うことになる。意図的につながりを作らないと、いつの間にか孤立した状態に誰もが追い込まれる環境になってきている。携帯電話の進歩で、テレビを一緒に観ることもなく、コミュニケーションは常に1対1という狭いものになっていく。

　これからは人間の交流を意図的に作っていくような「玩具」を随所に配置しないといけないし、だからこそ「玩具」の役割はますます大きくなってきていると思われる。人間がことばとして自分のものにしていくためには、そのことばの背後にある様々な体験が裏打ちされている。その体験がないところでことばを発しても、それは相手に届かないものとなり、コミュニケーションの不全を招く。

　そこで特に事実や体験を共有するということを通してコミュニケーションの不全を乗り越えていくことが必要であり、何かを一緒に作り上げる「玩具」が子どもだけでなく大人にも必要な時代になったのではないか。（瀧口　優）

＜参考文献＞
・齊藤孝　遊ぶ力は生きる力　光文社　2015
・近藤幹生　保育は何か　岩波書店　2014

第Ⅲ章　ことばの発達をとらえる　97

第6節　ことばの発達と読書文化

はじめに

　ことばの発達にとって読書は重要な意味を持っているという論について、否定的に答える専門家はいないと思われる。そして現実的に読書の効用を知って「朝読書」や「読み聞かせ」を行っている学校、とりわけ小学校は少なくない。文部科学省は、2001年を「教育新生元年」と位置づけ、「21世紀教育新生プラン」として、あいさつのできる子、正しい姿勢と合わせて、朝の読書運動を三つの柱のひとつとして取り上げた。そして5年計画で1,000億円を図書購入の費用として支援した。

　教育活動の歴史をたどれば、この読書活動を授業や学級活動に位置づけて、毎日という形ではないが年間目標や月の目標を掲げたり、教師自身が読み聞かせを行うということも行われていた。教室に本を置いていつでも読めるということで取り組んだ例も少なくない。

1. 子どもの発達における読書の意味

　子ども達は乳幼児期にたくさんの絵本に出会う。保育園や幼稚園では読み聞かせや紙芝居を含めて子どもたちの想像力を豊かにしている。文字が読めなくても、表現されている絵や表情からストーリーを読み取っていく。文字が読めないということでは「読書」とは言えないかもしれないが、子ども達が「その世界に浸る」という点では「読書」として位置付けても良いのではないかと思う。

　カナダやアメリカでは、幼稚園年長組から高等教育に至るまで、どの学校でも図書館学の修士号を持つ学校司書が図書室に配置されている。とくに小学校

では担任が管理する学級図書（Classroom Library）が重視され、小学校のほぼ全教室に設置されていると言われている。それほど「読書」が重要な意味を持っているということの裏返しでもある。

　児童・生徒個人の能力に合わせた読書訓練をレベル・リーディング（Levelled Reading）というが、これは学級全員が宿題として同じ本を読むのではなく、それぞれが自分にとって難しすぎず簡単すぎない読書レベル（90％理解できる）の本に挑戦することで少しずつ語彙や読解力を身に付けていくという方法である。読書レベルは、語彙量、文法知識、文の長さ、内容などを基本に本の難易度を設定している。

　翻って日本の学校教育ではどうなっているのか。21世紀をむかえて文部科学省が学校図書館の充実をすすめようとしたことは前述の通りであるが、それ以降十分な施策が行われているというわけではない。小学校や中学校においては図書館の司書は特に必要とされず、国語等の教員が代用されている。高校でも国語の教員と掛け持ちというケースも出てきている。

　公共図書館においては、正規の採用は司書免許が要求されるが、派遣等の非正規では必ずしも必要とされない。

　読書が子どもの発達にどれだけ意味をもっているのかという問いに対して、明確な根拠を示すようなデータは少ないが、ベネッセが行った第4回学習指導基本調査では次のようにまとめられている。「平日の朝読書」は、小学校では94.3％、中学校では86.6％の学校で実施されている。実施している学校での週あたりの実施回数をみてみると、小学校では「週1回」「週2回」実施する学校の合計が61.0％なのに対して、中学校では「週5回」、つまり毎朝実施している学校が60.5％と、週あたりの実施回数には小学校と中学校で違いがみられる。また2015年の第5回調査では「文学作品や小説を読む」中学生や高校生の数が増えており、インターネットでのニュース視聴の増加と合わせて、子どもの発達に影響を及ぼしていることは想定される。

2. ことばの発達と読書の関連

「朝の読書推進協議会」によれば、全国で朝読書に取り組んでいる学校は、平成28年現在、小学校で16,578校、中学校で8,529校、そして高校で2,223、合計27,330校となっている。この運動が始まったのが1990年代の初めであることを考えると長足の進歩である。しかしそのことが子ども達のことばの発達にどれだけ成果を上げているのだろうか。広島大学の山崎博敏教授とその研究グループは、「朝の読書」が学力に与える影響について調査・研究をし、「朝の読書」が学力に与える効果をはじめて数値で明らかにしているという(「学力を高める「朝の読書」」メディアパル出版)。ただしこれは「学力」という観点からの分析であり、「ことばの発達」という視点からは関連はあるが少しずれる。

また東京工業大学大学院連携教授の茂木健一郎氏は『脳を鍛える読書のしかた』(マガジンハウス)の中で読書が子ども達に与える影響を同じく「学力」という視点から、学力が高い子は読書好きが多く、勉強が苦手な子は読書の喜びや楽しみを知らないとして、脳にとって読書が「総合的かつ抽象的な刺激」であるとする。これは五感の記憶が総合されて言葉になるので、言葉を通して世界を知り整理するという脳の一番高度な働きとして、読書がことばを通して想像力を育むことによって抽象的な思考能力を高めるともいう。このことは読書がことばの発達に寄与していることにつながると考えられる。

3. 新しい時代の読書文化

21世紀をむかえて、インターネットやスマートホンによる「電子データ」文化が大きく広がり、紙製の本が脇に押しやられる懸念が広がる中で、人間が読書を通じて行う「世界を知り、整理する」ことを通して言葉を豊かに発展させていくということは、むしろ重要な課題として提示されるのではないか。『ハリー・ポッター』シリーズが世界中で空前の広がりを見せたのは、文字を通じ

て豊かに想像する力の魅力である。絵が一切描かれていない作品ゆえに、読者の想像力でそれを補うことによってより印象の強いものになっている。

　読書の何よりの基本は、本を読む楽しさを大事にすることである。読書という行為の中には、自分が今まで知らなかったことを自らの本を開き、文字を読むという能動的な行為によって学んで行くという流れがある。これがインターネットやスマートホンでは味わうことの出来ない感覚で、だからこそ読書を豊かに行うことが知的な発達だけでなく人格的な発達にも寄与することになるということでもある。

　読書によって論理力、思考力、判断力、そしてイメージ力などの能力が発達すると言われている中で、読書文化の持つ意味、重要性について再度顕彰する必要がある。朝読書の運動などが進んでいる中で、それが本当に子どもたちの力になっているのか、それを確認しておくことも重要である。更に読書への関心は、文字が読めること、あるいは書けることとの間の相関性があることは想定できるが、どのようなつながりがあるのかについても明らかにする必要がある。

　まとめると、実践的にも理論的にも、読書がことばの発達に寄与するということが理解されてはいるが、今後の「読書指導」においてどのように展開されるべきなのかが問われてくるのではないか。（瀧口優）

＜参考文献＞
・山崎博敏　学力を高める「朝の読書」メディアパル出版 2008
・茂木健一郎　脳を鍛える読書のしかた　マガジンハウス 2009

第7節　ことばの発達と語彙の獲得

はじめに

　ことばの発達にとって「語い」の獲得は欠かせないものである。子どもが生まれてからことばを獲得し始める1歳過ぎまで、全ての子どもたちがその準備をしているのである。その獲得の問題は別に触れるので、ここでは「語い」にしぼりたい。「語い」とは「一つの言語の、あるいはその中の特定の範囲についての、単語の総体。また、ある範囲の単語を集めて一定の順序に並べた書物」（広辞苑）となっているので、「一つの言語の単語の総体」というのを大方の理解としていいのではないか。

1. 発達段階と獲得「語い」の関係

　外国語、とりわけ欧米の言語では「語い」の数を算出するのはそれほど困難ではないが、日本語では単語の区切りがなく、研究としてもまだまだ多くはない。何よりも時間がかかるからである。ここでは日本語と英語の調査研究から発達段階と語いの数の関係を考えていきたい。
　下記の表は古いものであるが1962年に時実氏が取り上げたものと、2002年にオーストラリアで調査されたものとの比較である。英語の場合は「使える語い数」だけでなく「理解できる語い数」も調査されている。
<時実『脳の話』（1962年）P.113／PRO-ED inc in Australia >

	1歳	1歳半	2歳	3歳	4歳	5歳	6歳	7歳	
日本語	5	40	260	800	1600	2000	2400	……	使用
英語	3〜20	50	200	800	1500	2000	……	……	使用
			(500)	(1200)	(2500)	(2800)	(13000)	(20000)	理解

比較してみると、人間は地域や言語が違っても語いの獲得については同じような経緯を辿っていることが分かる。使用可能な語い数はほとんど同じと出ている。更に「理解できる」数では学童期に入る6歳から7歳になると爆発的に増えることも示されている。これは「文字」の獲得が力になっていることが背景にある。

2. 発達段階と語いの種類

子どもが語いを獲得する順序としてはまず事物の名前、つまり名詞である。身の回りにある物がどんなものであるのかは目で見ているものは分かり、それが名前を持っていて、何と呼ばれているのかを繰り返し聞いていくうちに、ものと言葉の関係を理解していくのである。ひとたび「全てのものが名前を持っている」ということを理解すると、子どもたちは身の回りの物の名前を急速に理解し始める。ただし子どもの生活範囲内でのことばに限られることは言うまでもない。

名詞からやがて動詞を理解し、形容詞や副詞などを理解するようになると1語文から2語文、あるいは多語文に発展していく。動詞や形容詞、副詞などは具体的なものがない場合が多いので、その獲得はゆっくりとしたもので、聴覚を介した語いの獲得は生活の広がりとともに拡大し、保育園や幼稚園の集団生活の中で更に発展していく。

3. 語いの獲得にあたっての問題

21世紀を迎えた今日の日本において語いの獲得で問題となっていることがいくつかある。まず第1にテレビやビデオなどのメディアの影響である。子どもから発せられることばがマスコミのバラエティ番組の影響を大きく受けていたり、その時代しか通用しないことばが使われていたりという状況が生まれている。

第2として、幼稚園の年長から小学校入学後の数年に爆発的に語いが拡大するのは、絵本や教科書などの文字情報を取り入れるからである。しかし現在はその基本となる読書が後退しており、とりわけ家庭における読書時間は限られている。

　第3として、子どもの豊かな体験が不足していることである。語いを豊かに獲得するためには、様々な体験を通して表現したいことを蓄えなければならないが、子どもの体験の場が奪われている。

　第4として、語いを獲得する上で子どもたちがどのような集団の中で過ごしているのかということが問われている。人間関係が希薄になっていることが語いの獲得にも影響を与えている。（瀧口優）

＜参考文献＞
・時実利彦 脳の話 岩波書店 1962
・岡本夏木 子どもとことば 岩波書店 1982

第Ⅳ章　ことばの発達と脳のはたらき

第1節　人間の発達とことばの習得

はじめに

　人間がことばを獲得することは、人間としての発達に不可欠なものであることは自明のこととなっている。では人間がことばを獲得するためにはどんな能力が必要なのだろうか。鳥居次好氏は障害を持って生まれた孫の観察を通して「歩行と言語」（p.26）の中で次のように整理している。

①聴取能力（ものを聴き取るための感覚が正常であること）
②弁別能力（使われている言語で記号の最小単位となる音素のみを聴きわけ、他は無視できること）
③知覚能力（音素の結合によってできる意味の最小の単位すなわち形態素と意味とを結びつける能力）
④概念化能力（知覚によって得たものを総合したり分析したりすることができること）
⑤判断能力（上の総合・分析によって得たものと、過去の経験とを照合して、結論をだすことができること）
⑥意思決定能力（こうしようと決心することができること）
⑦情動能力（美しいものを見たら「美しい」と感じることができること）
⑧表現能力（頭の中で考えたり、決心したり、心で感じたりしたことを、表現できること）

さすがに英語教育の研究者だけに専門的な用語も並んでいるが、人間がことばを獲得するということがどれだけ大変なことなのかを示している。そしてインドで発見されたアマラとカマラでは、言葉の獲得期を失った二人が最後まで人間になりきれなかった例などは、人間にとってことばが決定的な意味を持っていることも示している。

1. どのように言葉を獲得するのか

この地球に生まれた人間はどの地域に生まれてもその地域のことばを身に付けている。チョムスキーが人間は生まれながらにして言語を習得する能力を持っているということを示したが、それに従うまでもなく人間が誕生してからずっと言葉は存在している。むしろ言葉があるからこそ人間になっているともいえる。

では人間はどのように言葉を獲得していくのだろう。ほとんど例外なく1歳を過ぎるとこどもは言葉の存在を認識し、やがてそれを表現するようになっていく。その1年間あまりに、周りの大人たちが話していることばを聞きながら、一つ一つのことばが何を意味しているのか理解し、はじめの一言が発せられる。人によって違いはあるが、そこにたどり着くまでに一人の子どもが母語としてのことばを耳にするのは1日5時間として2000時間程度である。同じ言葉が何回も繰り返され、物と意味の関係が徐々に見えてくる。

一番最初に覚える言葉、それは母親を表す言葉、もしくは食べるものを表す言葉になることが多い。ものと言葉の関係が常に子どもの前に映し出され、しかも繰り返し音声化されるからである。

2. ことばの獲得と人間の発達

人間はことばを獲得することによって自分の気持ちや思いを表現できるようになり、人とのコミュニケーションを豊かにしていく。ことばの獲得によって

「人間」になるとも言える。ヘレンケラーがサリバン先生の努力によって言葉を獲得し、人間としての尊厳を回復したという話があるが、ことばの獲得は人間にとって不可欠なものである。音声化できるかどうかも重要であるが、障害のために音声化することが困難であっても、物とその名前の関係が理解できることによって言葉を獲得していくのである。

なお別のところで展開されるが、こうした母語の獲得期にテレビやビデオなどのメディアに多くの時間を奪われると、ことばと物とのダイナミックな関係が理解できないまま形だけのことばの獲得をしたり、ことばの獲得が遅れたりする状況が70年代から紹介されている。現在は更に事態がすすんでいるので、人間の発達への影響が懸念される（清川2003）。（瀧口　優）

＜参考文献＞
・鳥居次好 1981 歩行と言語　三友社
・ヘレン・ケラー 1966 わたしの生涯（The Story of My Life）　角川書店
・清川輝基 2003 人間になれない子どもたち 柾出版社

第2節　脳科学の発展とことばの教育

　前世紀のとくに1980年代以降の脳科学の発展は目ざましく、今世紀に入っては一部では「脳の世紀」と呼ばれるほどであり、各国のこの分野の研究予算は飛躍的に増大すると共に実験の成果も積み上げられている。「ことばと脳のはたらき」の基礎を解明するものとして多くの期待がかけられている。「心や意識は脳のどこにあるのか」「言語はどうして生まれたか」「『知る』とはどういうことか」「思考と情動はどう関係するか」「空間や時間の感覚、音感やリズムの感覚、そして言語能力はどのように発達するのか」といった古くから問われてきた根源的な問いに対して、最新の研究は一定の確かな基盤を築きつつあるかに見える。しかし一方では言語起源の問題にしても人間のもつ高度な認知能力の問題にしてもその仕組みの肝心のところは今日は無論のこと、50年先でも解明できないとまで予想されたりしている。現代の脳科学の急速な進展の主な理由は二つある。

　一つにはこれまで思弁的な哲学や認識論が入りこめなかった知覚や認識のメカニズムの解明に乗り出したことである。例えば、ものの形を認識するときその縁取りをどう認識するかが決め手になるが、その際の視覚のメカニズムが実験的に明らかにされつつある。また脳の神経細胞や神経組織は、多くの処理機能を組み合わせて使うことで、知覚・記憶・思考を行っているが、その活動状況を示す電気的現象を客観的にとらえる技術が開発されたからである。例えば、人間の大脳皮質の中の新皮質は、意思決定、記憶貯蔵、行動計画、価値判断といった高度の脳機能を司っているが、その働きを解明するために、「多次元生体情報記録手法」が開発されている。これはすでに脳の部位に電極を差し込む高度な画像技術と、ハイテク・コンピュータの結合による情報処理技術はすでに開発されていたが、さらに進んで、複数の部位から神経細胞を記録する新しい方法である。これにより、複数の脳領域、例えば前頭前野、運動前野、一次運動野、一次体制感覚野、頭頂葉、さらに基底核、扁桃核などから同時に多く

の単一細胞活動記録を記録することが可能になった。かっては、実験室内で飼育された動物を対象とする単一の細胞記録が分析されていたのに対して、生きている人間の現実の脳活動の複数活動分野を連関的にとらえる視点を提供したものとして、画期的な前進といえる。(志摩陽伍)

第3節　脳と意識・こころ

　脳は物質であり、意識や心のはたらきは物質ではなく精神である。脳と精神の違いは、レコードディスクという物質とその回転から生れ出る音楽との差のように大きい。しかしいま生きている私達人間の意識のはたらきは、脳が情報を表現するために脳の神経組織という物質のはたらきに依存している。これを物質と精神、脳とこころが相互に随伴現象として起こっているということができる。その際日常の体験ではどちらが先かを一義的にとらえることはできない。春先の環境条件に対応するからだの変化から意識が眠りに誘いこまれたり、逆にこころに浮かんだ突然の恐怖に直面して、脳神経のはたらきを興奮状態に陥れたりするからである。両者の関係についてあらかじめはっきりさせておきたいことは、相互に依存しているからといって、その内容・コンテンツの質まで規定しあっているのではないということである。

　物質であるデイスクの溝と音との関係という物理的性質は、客観的に測定可能だがその測定から音楽の個性をとらえることはできない。なぜならその個性は音符という象徴作用によって紡ぎだされた音楽文化という精神世界に属するものだから。このことは脳科学の豊かな可能性をとらえると同時その限界を示唆し、脳科学に過剰な期待をかけることを戒めるものである。では心はなぜ生まれたか。それは分からないし、謎は永遠に解かれないかもしれない。人工ロボットや人工知能は作ることはできるが、人間の心は自然が創出した（emergent）のであり、進化の過程で生まれ出たものである。ただ心の創出に不可欠であり、その領域をほとんど無限に拡大し豊富にしたのが、人間だけに固有な象徴化作用の出現でありこの象徴化の中心に言語の発明があった。このことは次のように要約される。

　人間の進化のもっとも基本的な一歩は、生命の長さに限られた個人的な器官である脳そのものの成長ではなく、純粋に電気化学的な変化に、永続的な象徴組織をかぶせる精神の出現である。それは、組織された感覚的印象と超感覚的

な意味を共有できる公的な世界を、そしてついには一貫した意味の領域をつくりだした。そしてこの「意味の領域」こそ、私たちの「ことばの教育」の研究対象なのである。「人生は短く、芸術は長し」（Life is short，Art is Long）ということわざがあるが、文学、音楽、絵画などの領域を問わず、それぞれの象徴表現、自己表現を通してはじめて人間の精神や魂の息吹きは時空をこえて普遍化されるといえるだろう。（志摩陽伍）

第4節　脳とこころのマッピング

　ここで次節以下の説明の基礎知識として、専門書の力を借りて、脳の構造と地図についての簡単な紹介をしておきたい。「人間の脳はココナツぐらいの大きさで、形はクルミに似ている。色は生レバーのようで、固さは冷蔵庫に入れておいたバターぐらい。二つの半球で構成されていて、大脳皮質という灰色がかったしわだらけの組織におおわれている。脳のいちばん後ろにたくし込まれたように位置しているのが小脳で、その一部は脳幹とつながっている。遠い昔、私たちの祖先である哺乳類はこの小脳が中心だったが、やがてもっと大きな大脳に役割を奪われた。大脳の左右は、それぞれ独自のひだがたついた四つの葉（よう）にわけられる。いちばん後ろにあるのが後頭葉、その下で耳の周辺に位置するのが側頭葉、てっぺんにあるのが頭頂葉その前にあるのが前頭葉である。後頭葉はほとんど視覚処理の領域で占められていて、頭頂葉は運動や方向、計算、ある種の認識を受けもつ側頭葉は音や言葉の理解、（通常は左側のみ）と、一部の記憶をつかさどる。そして前頭葉は、思考、概念化、計画など脳のあらゆる記号を統合するところである。前頭葉はまた感情を意識的に認識するうえで重要な役割を果たしている。」（リタ・カーター）（志摩陽伍）

＜参考文献＞
・リタ・カーター、藤井留美訳『脳と心の地形図』（1999）、同『新・脳と心の地形図』（2013）
・ラリー・R・スクワイア他『記憶のしくみ上・下』（小西史郎他訳）　2013

第5節　脳における進化と発達とことば

　人間の脳は、生物種としてどのように進化してきたか、そして胎児から成人へと成長する過程で人間の脳はどのように発生し、発達していくかという問題と、ことばの獲得・学習という問題を関連させて改めて考えてみよう。生物の進化の道筋をたどると人間の脳の発達と全身にはりめぐらされた神経系統の進化とが不可分であることがわかる。その根本には、生物の種や個体の生存という目的があったのであり、これは、実はことばの発生と習得も地球上で人間がどうやって生き続けるかという、サヴァイヴァルという問題が根底にあったことを示唆している。つまり、言語の学習、文学も国語教育も英語教育もその根本には、人間の生命と「生きること」が根底にあることをまず心にしっかりと留めておきたい。

　進化の歴史では、水に住む魚がコントロール中枢と身体の各部分を神経で結ぶために一本の管を発達させたのがすべてのはじまりであった。最初の脳は脊椎の先のふくらみに過ぎなかったが、やがて神経の役割を分担して、独自のモジュール（型）をつくるようになる。それは、いってみれば、情報交換（＝コミュニィケーション）の組織化でもあった。進化とともに神経の役割は分子に反応する臭覚や光に敏感な目と視覚というように役割分担を強めていく。さらに脳幹としての爬虫類の脳が生まれ、さらに脳幹の上に視覚、臭覚、聴覚を総合的につかさどる視床、原始的な海馬、視床下部など。

　これらは哺乳類が誕生するとまとめて大脳辺縁系とよばれる、もちろん以前からの小脳、脳幹、海馬は存続しているが、神経組織や皮質の機能は微妙に進化・調整されていく。ところでヒト科の先祖は、約400万年前に二足歩行を始めるようになった時、その脳は、類人猿とほぼ同じ大きさだった。しかし約250万年前に氷河期が始まり、今から15万年ほど前の間に驚異的な発達を遂げ巨大化していく。この間の人間の脳の急激な変化に応じ、頭蓋骨が外に押し出され、高く平たい額に半円形の頭という他の霊長類とは一線を画する形がで

第Ⅳ章　ことばの発達と脳のはたらき　113

きあがった。しかし手わざや道具作りはこの間に進むがまだ「人間のことば」は生まれていない。そして7万年前頃、同じ霊長類でもネアンダタール人と異なりホモ・サピエンスが何等かの事情によると突然変異によってコミュニィケーション手段としてことばが誕生する。そして人間だけに特有な認知、思考、計画、組織化、意思疎通を行えるようになった。その後長い年月をかけてつまり人間の生活様式の変化に伴って脳の進化と発達が徐々にしかし確実に進んでいった。その内容の説明、理解には現代脳科学の最前線でさまざまな異説、新説が試みられており、ここでは「ことばのはたらき」を中心に注目すべき見解を紹介しておこう。

　まず乳幼児からの発達の観点から大事な点をいくつか列挙してみよう。成長するにつれての子どもの単語や語彙の獲得状況の最近の調査についてはすでに別記した通りである。普通の子どもが話し始めるのは2,3歳になってからだが、赤ん坊が最初に発する音にもすでに言葉の特徴が現れている。赤ん坊の泣き声は万国共通に思えるが、詳しく分析すると母語のイントネーションが反映していることが分かる。妊娠後期になると胎児は外界で話されていることばを聞き、それを模倣しているからだと思われる。古くから胎教という言葉があるが、音感などに対する準備は早い時期に始まっていると見なければならない。そして言語の習練の原型的な情景は、母と子の関係である。身体の動きや声や、顔の表情によって、赤ん坊は、自分に最も必要な環境の一部である母親から答えを引き出す。そしてここに基礎的な対話がはじまる。脳のはたらきという観点から、発音された言葉の羅列から意味をとらえるのは、途方もなく複雑な作業である。まず脳は、入力された音声が言語であることを認識しなければならない。この一部は視床で行われ、一次聴覚野で完了する。次に発話は言語野に送られて環境音や音楽、それにうめき声や悲鳴、笑い、ため息、「うっ」といった声など、言語以外のメッセージは別の場所にいく。J.J.ルソーは、『言語起源論』の中で、最初のことばは感嘆詞のような叫びであるという説をといたが、それは言語以前の表現であるといえるかもしれない。現代に生きる人間の脳画像観察では、「文字を読むと視覚野の一部が活発になる」「発話を聞くと、聴覚野

が活発になる」「言葉について考えると、言語音の中枢であるブローカの領域が活発になる」「意味や発話について考える時は、広い範囲になって活発になる」ことなどが実験結果として報告されている。これは脳のはたらきがそれぞれの特定の機能を対応するそれぞれの分野を持ちながらも相互に連携して、ある時は統合的にある時は各部位が遮断されたまま、あるときは他の機能を補償しつつ活動しているからである。要するに人間の脳は進化を通じても発達を通しても新しい環境と局面に臨んで担い手の生存という目的に合わせて進行形で発達し続けているといえる。有機体としての人間の心身全体と脳のはたらきとの相互関係について、ここで詳しく触れないがさまざま脳の各部位の障害や損傷に応じた観察や記録は、貴重な知見を次々と生み出している。こうして言語の発生は、従来考えられていたようにある特定の部位に局限されるものでなく、有機的なある種の統合作用として一歩一歩解明されている途上にあるといえる。

（志摩陽伍）

第6節　記憶と想起

　記憶と、その再生としての想起は、脳の働きの上での最も重要な一つであり、この力を失うとき本人が生きていくうえでの人生としての連続性は成立しない。人が生きるということは幼児からの経験と記憶の連続に支えられており、例えば著名な長編『失われた時を求めて』（プルースト）には、自分がかって出会った人物、地域、情景、事件などが生き生きと回想され、重層的な物語を構成している。その際の記憶の種類には、ある海辺の美しい情景、恋人のなにげないしぐさ、コーヒーの香り、ピアノの調べ、隣室の物音と気配など、視覚、聴覚、触覚、味覚、臭覚、さらに第六感を加えて、思い浮かぶままに回想されているのに気づかされる。その際これらの記憶を相互に結びつけ統合するきっかけ（cue）として、また要石（key stone）としてもことばがあるといって間違いないだろう。いま、すぐ忘れ去られる断片的印象や記憶ではなく、細部までのはっきり残っている記憶であるところの、「エピソード記憶」という長期貯蔵記憶に注目してみよう。それは時間と場所に支えられ「ある日たしかにそこにいた」という事実と体験に支えられたものを指す。私達が文学を読みながら様々な情景を思い描くとき大きな力を発揮するものであり、これは生活綴方でいえば、「ある日ある時のことで、書きたくてたまらないことを、そのとおりに書く」という際の記憶に相当する。長期記憶となって貯蔵されるこの種の体験は、まず海馬におくられ、そこで記号化され二，三年間保存される。その間何度も経験を再現し、リハーサルを繰返すたびに皮質にしっかりと根をおろし深く刻まれていく。こうして私たちは想起を繰りかえすごとに記憶を強固にしていく。注目されるのは、この種の記憶がよみがえるときには、それが定着した時の心の状態が全体的に再現されることであり、その際の心の状態とはいわば全方位的な世界認識であり、感覚認知、思考、感情、記憶が切れ目なく一つに束ねられているということである。これに対してものごとや人名・地名など一つ一つの事実に対応するのが「意味記憶」であり、側頭葉の皮質で記号化

されそれらの記号の取りだしはエピソード記憶と同じく前頭葉のはたらきでよみがえる。これらの記憶の中心にはことばとその働きがある。これらと違って言語によらず、体が覚えている記憶、例えば自転車の乗り方とか、泳ぎ方のように、小脳と皮殻にたくわえられる身体にしみこんだ「手順記憶」と呼ばれるものがある。こういう記憶は人間に限らず進化した動物の道具の使い方や巣づくりにもみられるが、そこには自意識やことばが介在しないことが人間の記憶との決定的な違いである。言語による記憶の意識的再生は人間による文化の創出に中核的役割を果たしたことを再度強調しておきたい。そこで次節ではこの問題に関連のある重要な実践例の紹介から入りたい。（志摩陽伍）

第7節 「聞き書き」体験の思想化

　「歴史とは歴史家と事実との間の不断の過程であり、現在と過去との間の尽きることを知らぬ対話である」（E.H. カー『歴史とは何か』40 頁、岩波新書）という味わい深い言葉がある。物語として語られたもの、伝えられたものが書きことばとして記録・保存・蓄積されてぶあつい歴史となっていく。この一事を考えても「聞き書き」には豊かな可能性が予想される。誰が、何を、何のために、誰を聞き手として、どう文章を構成していくか。そこには さまざまな工夫がこらされてきた。綴方と共に「聞き書き」の歴史は古く、例えば昭和初年代の「調べる綴方」ではしばしばこの手法が用いられたし、戦後の小学生の「生い立ちの記録」［家の歴史］などにもよく活用された。戦後の相川日出雄『新しい地歴教育』（1954）は、身近な家・先祖・墓・地域の地形と産業の歴史の実像に迫る「聞き書き」の手法を駆使した実践であったいえる。そして、1980 年代に生まれた京都、北桑田郡八ケ峰中学校の戦争体験の「聞き書き」学習は、この頃「戦争を知らない子どもたちの世代」が増えていくなかで、祖父母・父母・子どもから孫へと、痛切な民衆の体験を、事実と、語り手の表情や心の奥に秘められた思いを重ねてとらえた作品「声なき号泣――中野トミさんの戦争体験の聞き書き」などのすぐれた作品を生んだ。そして今、国民の 8, 15 前後の戦争体験、原爆体験、さらに 3, 11 の大震災などの体験をへて、これらの体験を深くとらえなおし、その教訓を未来に生かしていくために「体験の思想化」の問題があらためて問われている。近年、この問題について系統的な研究を行った高校作文教育研究会は、「聞き書き」学習の教育的意味を次の四点にまとめている。①　生徒を主体的な学習に誘うものである。　②　生徒を事実と向き合わせる学習である　③　父母や地域の教育力に依拠した学習である　④　生徒たちに自分の生き方を考えさせる学習である。この 4 点は、情報化時代の、生活現実や、生の事物との交わりを欠きがちな今日の教育の歪みを克服するポイントでもある。とくに注目されるのは、聞き書きは「一見対象となる人や事

柄を理解する対象理解のように見えるが、対象理解を通して自己理解を深めるものであり、自分の生き方を考えさせる学習」であるとしている点である。そしてすぐれた「聞き書き」実践の本質的な特性として次の点が主張されている。「聞き書きは、聞き手だけでなく語り手にも影響する力を内在している。聞き書きは、語り手自身も話すことを通して自分自身を振り返り、経験が整理されたり、心が癒されたりする。同時に、語り手と聞き手とは、深く交流し、信頼のきずなが結ばれていくのを感じる」など。例えば、全校ぐるみで、世紀を超えて長期に父母の戦争体験の継承にとりくんだ実践の記録・作品集に『未来へのバトン―― 240 の戦争』(1986)『15 歳が受け継ぐ平和のバトン』(2004)『15 歳が聞いた東京大空襲』(2005) 共に女子学院中学校編、は 20 年をこえて学校ぐるみで取り組まれた実践であり、その過程で、聞き書きの構成と手法は次第に進化してとらえなおされている。

　ここで脳のはたらきの問題に戻ると、すべての実社会体験記、生々しい戦争体験記、上記のようなその「聞き書き」の記録は、脳科学的にはエピソード記録であり、それは時間と場所の感覚に支えられている。そこには「確かにそこにいた」という個人的記憶が含まれていて、「国会議事堂は東京にある」という知識や「リンゴは果物である」といった認識とは一線を画するものである。記録がよみがえる時、それが定着したと時の心の状態も再現される。心の状態とはいわば全方位的な世界認識であり、感覚認知、思考、感情、記憶が継ぎ目なく一つに束ねられている。

　誰しもが知っているようにいずれ長期記憶になることが運命づけられている強烈な体験はまず海馬に送られ、そこで 2 - 3 年間保存され、そして何度も経験を再現するリハーサルを繰り返すたびに、皮質に深く経験が刻まれていく。皮質にしっかりと根をおろしてしまうと、もう海馬の力を借りなくても思い出すことができる。

　ここで高齢化社会となり、多くの人が身近にかかわることになった記憶喪失や認知症の問題に触れてみよう。記憶喪失は痴呆の初期症状の一つだが、失われる症状は記憶の種類によって異なる。アルツハイマー病では、海馬が打撃を

受ける。短期記憶や空間記憶の取りだし、新しい記憶の定着に欠かせないのが海馬であり、ここに損傷を受けると、たった今食べた食事も、親しい肉親と話したことも思い出せない認知症患者との対面もしばしばある。「あなたはだーれ」の思いがけない問いかけにびっくりすることもあるだろう。

しかし幼い時に親しんだ懐かしい歌を共に歌いだすうちに、深く刻まれていた「エピソード記憶」がよみがえり暖かい表情で当時の情景を語りだし、その会話の中に「意味記録」として刻み込まれていた難しい「ことば」（語彙）が飛び出すということがある。それは記憶の連鎖が断ち切られる中で失われていた人間性が再起する時でもあり、人間にとって、ことばとかかわり、双方向的なコミュニケーション、記憶と想起が、仕事や労働と共にいかに原本的なものであるかを再認識することにも通ずる。後に最終節では脳とのかかわりで「人間が人間であるための」結節点ともいうべき問題を考察したい。（志摩陽伍）

第8節　手とことばと脳

　1970年代以降、教科研社会科部会によって「手の教材」が開発された。例えば小学校の低学年の授業で、手の指のはたらきを「投げる」や「つかむ」など思いつく限りできるだけ多く挙げさせたり、また親指と小指の対向性の仕組みを、小指を使わないでシャツのボタンをとめることを試したりして、授業のなかで、実演と話し合いを進めながら人間のからだの不思議さを体得させていく工夫であった。これを大学生に対して行うとそれなりのさまざまな発見があり、小学生低学年の場合、手のはたらきは通常15、6はでてくるのだが、大学生の場合は「手へん」の漢字を思い出すことを手がかりにして30以上の手や指の動作が書きだされることもあって人間の進化とわざの発達について活発な話し合いに進んでいくすぐれた教材ともなっている。手わざに関しては、日本人の器用さを示す「箸」の使い方は好例であり、また野球における好打者のバット・コントロールは、体がとらえる「わざ」の仕組みをとらえるわかりやすい例である。そこには予想される投手の投げる球種（直球・カーブ・スライダーなど）やスピードに応じて、とっさにバットの振り方をコントロールする適切な判断と身のこなしが必要だからである。生物教育学の開拓者である岩田好弘は『「人間らしさ」の起源と歴史』（2008）のなかでこれを「手―目―脳」システム（hand-eye-co-ordination）のわかりやすい例として紹介し、手の動作と、目のとらえる視覚と脳のはたらきの相互作用の形成を、樹上生活から直立二足歩行となり「自由な手」をもつにいたった人類の道具作りの重要な一歩としてとらえている。さて、ここでことばは、手わざや、道具づくりや、さらに身体の動作から独立した高度な技術を含めての技術一般にどのように介在していくのであろうか。

　ここで、進化と発達過程で、体やその一部の手と、脳とことばの関係をとらえるのにふさわしいものとして「身ぶり」の役割に注目してみよう。身ぶりは言語以前の言語として早くから重視されてきた。それはコミュニケーション手

段としてみれば、人間に限らず、危険や食物の在りかを伝え合う生き残りの方法として合図であった。現代人にも笑いや痛みの表情、肩をすくめるしぐさなど言語以上にその場の気分を雄弁に伝える手段となっている。人類の脳の進化の過程からみると、左脳にあった身ぶりを司っていた領域がのちに人間しかない言語野へと発展していった。しかし多くの人において右脳にはこの身ぶりの領域はそのままに残って機能している。つまりことばの誕生とともにそれを使いこなすに伴って言語野を中心とする左脳の言語野の拡大と視覚、聴覚触などの連携と統合が起こり、今日の人類特有の左右非対称の脳半球という脳の全体構造が出来上がったと考えられる。そういう仕組みの中で、「手─目─脳」システムも機能しているといえよう。しかも手や目、さらに身体の各部位は環境としての外界から情報を受け取る感覚受容器であると共に、それに対して生体からこれに働き返す作動器でもある。人間の手は箸で食べものの柔らかさを感じとりながら、それをつまんで働きかえすのである。それはちょうど大脳の中でことばの理解を司るウェルニッケの領域が、発話を司るブローカー領域と連携して、表現するのと同じである。その複雑な構造のいっそう微細で精細な仕組みについては脳科学の先端の研究においてもわかっていないが、概括的には以上のようにいえるだろう。次に注目したいのは手とことばと脳の間に介在する判断力の問題である。先の野球におけるバット・コントロールの問題で、どのようにバットを振るのが好打者になるかは、その際の打者の状況の読みと判断力にかかっている。そして一般的にこの判断力はとっさの判断にしろ、よく考えたあげくの判断力にしろ、人間としての知性とことばのはたらきにかかっている。（志摩陽伍）

第9節　脳と仮想とことば
　　——文学教育におけるイメージの問題に関連して——

　仮想とは、仮に頭のなかで考えることである。藤村の詩『千曲川旅情のうた』に「昨日またかくてありけり　今日もまたかくてありなむ……明日をのみ思ひわづらふ」の一節があるが、いま現在、過去を思い出して心にえがき、未来を推しはかる姿は仮想のはたらきである脳内現象である。E.H. カーは「歴史とは、歴史家と事実との間の相互作用の不断の過程であり、現在と過去との間の尽きることを知らない対話である」と喝破したが、そのことは歴史家に限らず、一般に人がえがく過去・現在・未来を通してのすべての物語（自分史を含む）は仮想であるといえる。そして仮に考えられた仮想は、「今、ここにある」現実と一致した時、それはほんとうの現実となる。

　関連していえば本世紀に入って「仮想現実」（virtual reality）という言葉がよく使われるようになった。その背景には、パソコンの急速な普及に象徴されるサイバー空間でのコミュニケーションの増大がある。そして英語のvirtualという単語には、「ほんとうの」という意味と「虚構の」（あるいは「作りものの」）といういっけん相反する二つの意味が同居していることに注目したい。形容矛盾だとも考えられるからである。そこには「仮想」と「現実」との関係を問う問いがあるといってよい。現実とは何か。今ここに生きている自分が目の前にあるものを五感でつかむ事実を意味するであろう。それは例えば生活綴方では「生活現実」と呼ばれ、題材指導で「自分のこころやからだを実際に動かしながら新しく気づいたり、発見したことを、自然のこと、社会のこと、人間のことのなかからひとつだけえらびだして書こう」という場合の現実のことである。

　そして仮に心に抱かれた仮想が「今、ここの」自分の五感がとらえたものと一致した時それは現実となる。脳内現象としての仮想が現実の事象と一致せず、むしろ絵そらごとの夢想として消え去ってしまうことが多いのは、仮想が一切

の時間と空間の制約を超えてどこまでも自由に、時には夢の中でのようにアト・ランダムに境界の仕切りを越えて羽ばたくことができるからである。そして人が何を心にえがきだすかという仮想の選択は、現代の脳科学では脳の扁桃体を中心とする情動系と、海馬を中心とする記憶系との相互作用によって行われていると考えられている。日常生活の中の喜怒哀楽や恐怖などの感情を引き金とし、あるいは五感のはたらきやことばなどを手がかりとしてさまざまな仮想を紡ぎ構想していく姿を私たちは日々体験しているといえる。その意味で日々の連続しているかにみえる意識の流れは仮想と現実とによって紡ぎだされている。仮想のなかでとりわけ目に見えるような姿かたちをなす像をもつものをふつうメージと呼んでいる。

　しかしイメージというコトバはよく考えるとあいまいな点があり、視覚的なイメージのほかに聴覚的、触覚的、身体的イメージなど多様だが、視覚を中心にした情景として日常的によく使われる。このイメージの問題に言及するのは、イメージをつくる想像力の問題が、文学作品の読み方においても、自分なりの文章を書き進める上でも重要な役割を果たすからである。例えばよく知られた幼児の絵本、『小さなおうち』の読み合わせ小学生低学年の『大きなかぶ』、高学年の『ごんぎつね』、中学から高校へかけての『山なし』『蜘蛛の糸』『山月記』など、どの一つをとっても、授業や話し合いのなかでのイメージの豊かさとふくらまし方が、その展開の決め手になることを誰もが気づいている。そこでは登場人物や情景の姿、形、色、動きなどが見えること、行動、態度、様子などが目に浮かぶこと、五感で匂いや触感、音、声色、姿、形など、さらに雰囲気などを感じとること、また、人物と人物、人物とものごと、自然や社会の事象や出来事との関係をとらえる想像力とイメージが重要になる。（志摩陽伍）

第10節　ことば・意識・自己・人格形成

　本章のまとめとして、これまで整理した脳科学的知見を基底に、表題についての言語学、哲学・思想史の成果、さらに私自身の身近な幼児のことばの発達に関する大学ノート7冊の観察記録を参照しながら、表題についての考察を試みてみよう。

　まず無意識、意識、自意識の相互関係はどうだろうか。私達は、石が飛んで来れば危険を避けてとっさに眼をつむる。先に例示したように「動作記憶」としての自転車のこぎ方は一度身につけると、無意識になんなく乗りこなす。これらの反応性は、私の行動に関わるほとんどすべてにゆきわたっている。意識は、それとはまったく別の、無意識の行動領域よりもはるかに狭い現象である。はっきりしていることは「意識できること」よりも「無意識のまま脳が実行していること」の方が多いのである。無意識の深層から夢がたち上り、また無意識の情動としての恐怖や快感が人間の行為・行動への契機となり、引き金となることが多い。

　では、その行動の選択を意図的に行う判断の主体はなにか。それこそが自己である。ではその「自己」とは何で、どこに実在するのだろうか。突きつめて考えていくとかなり曖昧である。人は貴方の自己はどこにあるのかと聞かれると、大概の人は、頭の前面の真中あたりを指すという。脳科学的には、自己は脳の各部位の神経間の電子エネルギーの相互作用を統合するする心の中枢を示す一種の「仮想」といえるものだろうか。この問題を発達的視点と思想史的視点から追究してみよう。

　まず発達的観点から考えてみよう。もちろんかなりの個人差があるが発話主体としての新生児に「ワタシ、ワタシノ」ということばが登場するのは1歳6ヶ月頃からである。その頃「ワタシ　トモダチトアソンデクルンダ」というように他人との相互関係が同時に芽生えているのも注目される。子どもが持っている人形を「ちょうだい」といっても「ワタシノモノ」として拒む所有観念が芽

生えるのも同じ頃であることを多くの母親は経験する。これはまさしく子どもにとっての自己意識の芽生えであるが、ことばとしての「ワタシ」(＝自己)が登場する以前に、母親をはじめ近親者との豊かな交わり、感情をかわしあい、経験を分かち合うという日常がある。新生児のごく初期から観察される「同期行動と共鳴操作」やそこにある通じ合うことへの要求は、一歳半頃になると「共感する」ことへつながり、他者の痛みや苦しみが分かり、ほとんどの場合にはそれを和らげようとする。ルソーのいう自己愛と他者への憐みの感情の初発が認められ、それはまた道徳的感情の芽生えでもある。そしてことばは、それを用いる本人自身の内面にも、内言として強い効果をもち本人の情動や、人形や赤ちゃんに対する「ナデ、ナデ」といったいたわりの行動にもつながってくる。ことばは対象の指示や事実認識だけでなく行動的、情動的側面とも全体的に深く関係していることが認められる。そして子どもが、概念的に自分を対象化し、「これは自分であり、自分以外の何ものでもない」という「概念的自己」が芽生えるのは２歳半頃であり、さらに４歳頃からは、自分が過去をもつこと、いいかえると昨日と今日を区別し、「想起可能な自己」を知り始める（これも大いに個人差がある）。こうして「記憶と回想」の節で述べたように「エピソード的記憶」が蓄積されていき、その歩みの中で大きくみれば「歴史的自己」、いいかえれば、"historical self"（ストーリーをもった自己）が成立する。そしてこの概念は、独自の個性をもったアイデンティティの成立の基礎にあり、学校の役割と教育課程の全体構造を考察する上でのキー概念となりうるだろう。ここでアイデンティティということばを使ったが、この言葉はかなり多用されるようになったものの分かりにくい点もあるので詳しくは第Ⅱ章第６節を参照されたい。

　次に、近代的自我の成立にいたる思想史的観点から、「自己」をとらえてみよう。例えば、「個人の尊重」に関して、日本国憲法第13条は「すべての国民は、個人として尊重される。生命、自由、幸福追求に対する国民の権利については、公共の福祉に反しない限り、立法その他の国政の上で、最大の尊重を必要とする」とあるが、この思想の根底には、近代における人間の自由と尊厳の

感覚、個の人権の自覚とその核心としての「自律」の思想がある。これをことばや表現との関連でもう少しかみくだいてとらえてみよう。個人の尊重は、その人間の生命と安全をまず第一義とするだろう。そしてそのことはまず苦痛を避けることを重視すると同時に日常生活の肯定、すなわち生産生活と家族の安全と保障を準備するものでなければならない。そしてその際「自由と尊厳の感覚」とはどのような権力によっても不当な圧迫や制限を受けないこと、尊厳とは、私達が自分自身を尊重に値する存在としてとらえる感覚を意味する。その感覚は、ある哲学者の表現を借りれば、いっそう深く次のようにとらえられるものである。

「私たちの尊厳は私たちの振る舞いそれ自体の中に深く折り込まれているため、その分だけこの不可避性もより明白にならざるをえない。私たちが歩き、動き、身振りをし、話をする仕方は、ごく早い時期から私たちの意識によって、他人の前に現れているという意識、この空間が潜在的に尊重あるいは軽蔑の空間、誇りあるいは恥の空間であるという意識によって形づくられる」(Charles Taylor; Sources of Self, 1989 p.17)

例えば、私たちは、どんな時に自分を誇らしく思い、どんな時に烈しい侮辱を受けたと感ずるのだろうか。沖縄県民はどんな振る舞いどんな話し方を侮辱と感じ、なにを県民として、また個人としての自由と尊厳の誇りの感覚として受けとめるだろうか。あるいはいじめや自殺問題と関連して、子ども自身の「自己肯定感」の重要性が指摘されているが、それは、「安定した日常生活」を通して子どもの中に「自分自身を尊重に値する存在としてとらえる感覚」が育つことを意味する。しかも自分自身が、生きる意味、その存在の意味をとらえるのは、自分の表現手段によってとらえる以外に道はない。たとえ他人によって励まされ、社会によって評価されることが不可欠であっても最終的には自己表現による確認と承認が必要なのである。その表現は、話すこと、語ること、書くことに限らない。音楽・絵画・映像・アニメなどあらゆる自己表現がこれに相当する。そのかなめにあるのが自由と尊厳の感覚であり、自分にとって人生にどれだけの意味が存在するかは、自分自身の自立的な表現力に依存するとい

えよう。だからここでもことばの教育は、自分の存在意義、一般的にいえば近代人のサヴァイヴァル問題にかかわっているといえよう。（志摩陽伍）

＜参考文献＞
・C. ティラー『自我の源泉―近代的アイデンティティの形成』（下川潔他訳）、2010

第Ⅴ章　ことばの教育の歴史を考える

第1節　日本語教育の歴史を考える
　　　　──自己表現の視点から──

はじめに

　1993年元旦、今は共に故人となった加藤周一と作家の井上ひさしは、「言葉と時代」と題する年頭対談で、日本人とアイデンティティの問題について次のように語っている。
「加藤　日本語はあいまいだという人がいますね。それには反対だな。使い方の問題なんです。あいまいな使い方をしても許されるという社会通念がある。少なくとも英語と同じ程度には日本語は正確に表現できる。日本語は表現力が幅広い言葉ですから。
井上　共同体意識が、今どんどんなくなっています。ただし辛うじてではあっても言語共同体はあるわけですから、使っていることばを大事にしながらレベルの高い共同体意識を持てないかという幻想が僕にはありあります。
加藤　日本人のアイデンティティとは何かというと、前は天皇や国家があったが、こうなると日本語が大事になってくる。ことばの危機は同時にアイデンティティの危機でもあるわけだ」(『朝日新聞』1993年1月1日)
　第Ⅱ章の「ことばの本質をとらえる」で触れたとおり、ことばの問題は社会・文化・人格の全性格にかかわり、国家や共同体の存立の意識や、日本文化の特徴をどうとらえるかという問題、さらに人格形成のあり方にかかわってくる。ここではこのような包括的視点をもちながら、日本語教育の歴史について、主として自己表現の歩みにピントを合わせて、今日に続く主要な論点をトピック

風に整理しておきたい。

1. 近代日本語の成立と国語科の教育

　普通には日本語とは日本の国のことばである。フランスには固有のフランス語があるように現代の日本には共通の国語・国家語（national language）としての日本語がある。しかし普通に「国語」としてイメージされやすいのは教科としての「国語」であり、学校現場ではとくにそうである。この場合日本語教育と国語教育はほぼ同義であり、どちらを選ぶかは慣用の問題でもあるが、日本語教育と外国語教育との間の言語としての教育の内的関連が問われるにつれて「日本語教育」という用語がよく使われるようになった。その問題を含め、近代日本語はどのように成立したか、「国語科」はどのようなかたちで成立し、展開したかをおさえておく必要がある。ここでは歴史的射程を長くとって日本語教育の歴史を考える。その際まず重要なことは、日本近代に固有な教科としての「国語」概念の成立過程と近代「日本語」の標準化の作業とがほぼ並行して進行したことである。江戸時代幕藩体制下の藩校・塾・寺子屋での漢籍・往来物などの輪講（りんこう）や手習いをへて、明治学制（1872）以後欧米に範をとった教育課程が試行錯誤を重ねながら進行した。その過程で言語を中心とする教科が「国語」科として今日まで続く名称を確定するのは1897（明治33年）、小学校令施行規則においてである。その趣意は、「国語ハ普通ノ言語、日常須知ノ文字及文章ヲ知ラシメ正確ニ思想ヲ表彰スルノ能ヲ養ヒ兼テ智徳ヲ啓発スルヲ要旨トス」（同第3条）とされた。このような規定が生まれる背景には、各地域「おくにことば」（地域語）ではなく、言文一致体であり、日本全国の共通語としての近代日本語の成立が不可欠であった。もう少し詳しくその過程をみると、山田美妙や二葉亭四迷に始まる言文一致体（口語体）の文学の成立と普及、文部省の標準語策定政策、国語読本の編集方針などが相互に影響しながら学校教育としての日本語教育を規定していったとみられる。そして近代日本の言語文化と近代文化、国家・国民意識、さらに日本人のアイデンティティ

の成立と国語教育とはつねに深いところで関わってきたのである。

　時期区分、まず大づかみに次の三つの時期に区分してとらえる。　①近代学校の発足前後から「国語」科の成立まで（1872～1896）②敗戦による国民学校体制の崩壊まで（1897～1945）③戦後教育の発足から現在まで、それぞれの時期の特徴について略説してみよう。その際指標として頭においたのは、1、基本の法制、初等・中等教育の教則・指導要領などに示された教科の目標と理念、教科の構造　2、教科書・教材の内容　3、それらの支柱となった言語思想と言語理論（和・漢・洋）4、教育実践の実態、の4点である。これらの観点がそれぞれの時期の特徴に影響を与えるものとして必ずしも整合的に対応しているものではないが、いっそう詳しい分析視点として有効であると思われる。

2. 日本語教育としての「国語」の成立過程

　この時期にまず特記されるのは、明治学制の発足期に文部省小学教則（1872）の中に、言語として、「綴字」（かなづかい）「習字」（てならい）「単語読方」（ことばのよみかた）が登場したことである。これが初等小学の最初に導入された経緯をみれば、これは西欧の言語教育の初歩としての、単語の教育に始まり、spelling, speaking, reading, writing, composition などの方式をそのまま参照したものであった。しかし当時の教育の実情は、なお従来からの漢文や手習い教材の「読むこと」「書くこと」の教育が普通であった。教科書教材は、開化期の翻訳教科書を含め文語体であり、範例主義、形式主義の教育方法が目立つ中で、師範付属の小学校では洋式の教授術が試みられた。日本語教育は試行錯誤の上で、やがて「小学校の学科及び其程度」（1886）の「読書」［作文］「習字」の三教科目構成となる。

　この近代教育の出発期にこれまでの教育伝統を受け継ぎ、欧米の教育課程を参照しながらどのような日本語教育・言語教育のあり方が模索されたかについては、あらためてその意味が問われてよい。近代学校発足期の教育課程と教科の構成は、幕末から明治にかけての洋学・漢学・国学派の抗争と、洋学派のリー

ダーシップの下に成立するが、各教科の成立と内容をめぐって今日問い直されるべき教訓は多い。またこの時期、翻訳語を通して新しい日本語の語彙が数多く誕生するが、それが日本語教育に与えた影響も軽視できない。関連していえば、この時期に国家主義教育体制の確立をリードした初代文相、森有礼（1847〜1889）が、教育政策の基本方針に、「外国ノ語ヲ学ブ者ハ、前途国勢ヲ左右スルニ至ルヤ必セリ。故ニ今ヨリ其教育ヲ正シクシテ、害ヲ未発ニ制スベキコト」（『学政要領修正本』1885）と強調していたことも注目される。

その後の日本語教育に最も影響を与えたとみるべきものは、「国語」科の成立と時期を同じくして発足した標準語策定政策（1902）に基づく次の方針である。

「①文字は音韻文字を採用することとし、仮名、ローマ字等の得失を調査すること
　②文章は言文一致体を採用することとし是に関する調査をすること。
　③国語の音韻組織を調査すること
　④方言を調査して標準語を選定すること」（文部省教科書局国語科『国語調査沿革資料』1949

この方針に基づく国語の近代化は続く国定教科書時代の編纂方針にも強く反映するものとなる。ただし小学「国語」の成立以前に「国語」という言葉や概念が全くなかったわけではない。古くから大国にしろ地域の小さな「おくに」にしろ「くに」という概念が成立するところにその言葉としての「国語」が使われる用法があり、日本語の公用語としても中等教育では「尋常中学ノ学科及ビ其程度」（1886）の中で、「国語及漢文」という教科名がすでに使われている。この名称はそれ以前の「和漢文」を言い換えたものであり、当時少なくとも「書きことば」としては、和文としての国文・漢文・口語体が多言語として日本の学校現場に併存していたことを反映していた。これに対する共通語としての日本語の近代的合理化として登場するのが国家語としての国語教育政策であり、その代表的なイデオローグが上田万年（1867〜1937）であった。

3. 国語教育の近代化とナショナリズム

　ドイツで近代言語理論を学び、帰朝後創設された東京帝大の国語学の教授となった上田は大正から昭和戦前の国語政策を文字通りリードする。上田没後、戦時の国語政策で主役を演じるのは、国文学者の山田孝雄（1875〜1958）であり、現場の教育に強い影響力をもった国語教育の理論家には、形象理論と国語解釈学で知られる垣内（かいと）松三（1872〜1952）がいる。また垣内理論と親和性をもつ著名な現場教育の実践家には『綴方教授』(1913)、『読方教授』(1916) を著し、『同志同行』誌を発行・主催しつつ全国教壇行脚をしたことで知られる芦田恵之助（1873〜1952）などがいる。そして重要なことは、戦前の国語教育の大勢は、明治以降の国定教科書制度（Ⅰ〜Ⅴ期、1904〜1945）発足以降、法令と教科書・教材、さらに教師用指導書によって、教科の目的・内容・方法がかなり細部まで支配・規定されていたことである。少なくとも公的には現場教師の裁量の余地は教授法、技術に限定されているのが普通であった。もちろん後に見るように、大正自由教育としての白樺派の教育や『赤い鳥』の児童文化運動、さらに昭和初期からの生活綴方運動やプロレタリヤ教育運動の自主的、創造的運動がなかったわけではない。しかし全国の公教育現場は帝国憲法・教育勅語体制の下、圧倒的な統制下にあり、最終的には戦時下の「皇国民錬成」のための「国民科国語」に収斂していった。その『教師用指導書』では、「国語は国初以来国民がなし来たった思考感動の結晶体であり、国語指導はこの思考と感動を一体とならしめることによって国民精神を啓培する」ものと説明されている。そこに至る経過をここで跡づけてみよう。

　もともと上田万年の国語近代化政策は二つの側面をもっていた。一つは前にも触れた言文一致体を基本とする近代日本語を標準化し合理化する側面であり、これは日本近代文化の創出と普及に大きな役割を果たしていく。もう一つは国語と「国家」ないし「国民」ないし「民族」との結びつき、つまり一般的には nationalism と近代におけるその発展との密接不可分な結びつきを強調し

た側面である。この後者の考え方は、近代における母国語とナショナリズムとの結合というそのこと自体は、母国語の成立と政治や文化、とりわけ国民文学の成立と深くかかわるという意味で、言語とナショナル・アイデンティティの成立との不可分な関係は世界的にも共通な現象であるといってよい。しかし日本の国語教育政策の場合、国語と日本特有の「帝国的国家」観（＝帝国的・国権的ナショナリズム）は当初から結びついており、「日本語は日本人の精神的血液にて主として維持せられ、日本人の人種はこの最も強き最も永く保存せらるべき鎖のために散乱せざるなり、故に大難の一度来たるや、此の声の響くかぎりは四千万の同胞は何時似ても耳を傾くるなり、何処までも赴いてあくまでも助くなり、死ぬまで尽くすなり」（『国語と国家』1894）という国家主義的精神に同化していくことを意味していた。そのナショナリズムは神聖にして不可侵なものとして絶対化されていた明治帝国憲法と国体主義に抵抗なくつながっていくものであった。この種の言説は、上田の国語教材の批評などにもよく表れている。

　昭和の国語国文学会の重鎮であり、古典研究では緻密な業績の多い山田孝雄が昭和のファッショ体制を準備した教学刷新評議会（1935年）で強く答申した主張も、基本的には上田の後者の側面に連なるものであり、いっそうその精神を徹底したものであった。そこでは「国語科ニツイテハ、我ガ国民性ヲ具現セル国語国文ノ愛護醇化ニ意ヲ用ヒ、外国語ノ濫用ノ近時ノ浮薄タル傾向ヲ排除スルコトヲ要ス」（「学科目ニ関スル事項」の二）とある。これは、教学刷新評議会における「我が教学は源を国体に発し、日本精神を以って核心とする」という趣意に基づいて起草されたものである。（山田孝雄『国語尊重の根本義』1938）
これらはいまから80年ほど前に広く最も権威をもっていた主張である。

　ここで「国語」成立以降の現場教育の実際に目を向ければ、明治末期から昭和前期にかけて活躍した芦田恵之助は、綴方、読方教授に関する三部作を発表し、従来の定型的な教授法を打破し、主体的な立場を強調して、「読み方は自己を読むものである。綴方は自己をかくものである。聞き方は自己を聞くもの

であり、話し方は自己を語るものである。即ち読み方、綴方、聞き方、話し方と作業は四つに分かれているが、自己という見地からはまったく一つである。」（『読み方教授』1916）とのべた。この主張には折からの大正自由教育に通ずる子どもの側からの「発動的学習の態度」を尊重する面と、無定見な教育の西欧化を批判し、東洋的な内省による修養や思惟、例えば道元禅師のいう「佛道をならうというは自己をならうなり。自己をならうというは、自己をわするるなり。自己をわするるとは万法に証せらるるなり」（『正方眼蔵　第三現成公案』）に通ずる内発的思考に回帰する態度が見られる。このならいや学習において、自己を核心として、しかも自己を忘れるほどに徹底し万法に通ずるほどの学びの道は、後に芦田が師と仰ぎ精緻な近代的国語解釈理論を展開する垣内松三においては学びとしての「読むこと」が次のようにのべられている。

　「『読むこと』は野を走る水のように、その赴くままに文化の各方面に向かうのであるから、その領域を局限することなく、できるだけ文化意識の各系素の結晶である読み物を読破して、経験を多様にすると同時にその統一を求めて、自己を確立し、修正し、充実する精神を生かす作用たらしめねばならぬ」（「野を走る水のように」『国語の力』1922）これは、「読むこと」による経験と文化の自己における総合を希求した戦前の国語教育学の到達点と見なしうるほどのものであろう。だがそれは、どのような制約と問題点を抱えていたか。これを具体的な教材論で見てみよう。垣内の国語解釈学における「読むこと」による解釈とは読み手の側の理解を意味し、今日の言語教育でいう「表現」と「理解」と「言語（事項）」の三分野の中の「理解」に当たる分野に相当する。ここで分かりやすい例として戦前・戦後を通じて共通に採用されている中等教育教材としての漱石の『坊ちゃん』や鴎外の『高瀬舟』の場合の「理解」と垣内の「解釈」について考えてみよう。垣内は、「一教材の解釈において、指導者が確実な解釈を把握することなくして、学習を指導する任務を遂行しえないことは明らかである」から解釈こそ学習指導の核心であるとし、その上で一般の文学作品の解釈や批評と、教育の場における解釈や批評との間に本質的な差異があるかどうかと問いかけている。もちろん「読む」とは「自己を読むこと」であり、

自己とのかかわりで作品を読む場合、ある時代環境の下で作者の個性によって「表現」された作品を、個性をもつ自己によって「解釈」（＝理解）される時、「表現と解釈とのさまざま」な多様性」が成立するのであり、さまざまに個性的な『坊ちゃん』と『高瀬舟』の読み方が生まれる正当性に言及した上で、しかもなお「それらの間の同一性」は成立しないのであろうか、と問いかけている。ここで、明白な誤読や恣意的な解釈、文脈からそれた想像や拡張解釈は斥けられる。そしていったん成立した文学作品の作者と読者の意識から独立した作品そのものの自律性、さらに作品の本質を作品に描かれた対象や事態の原型から相対的に区別するという立場を明確にしている。しかしながら、重要なことは、この国語解釈学は、「解釈と表現との間には種々の交錯があるのであるが、解釈及び表現、いずれも個人的な意識主観の活動にまつものであり」先の「表現と解釈の相関の同一性」についてのこれ以上の考察は避け、「芸術作品としての文学作品の価値の本質に関する一般的な疑問はすべて分離しなければならぬ」としている点にこそあったといえるだろう。ではなぜ「分離しなければならぬ」のか。ここには学問・芸術・文学の自律性や「読むこと」や批評の自由を百も承知しながら、一般の文学理解と、教育の場における「解釈」とは異なること、すでに戦前教育体制では学問（芸術）と教育との間に厳然たる区別があり、その制限された「教育」の中の解釈という限界内にとどまった理由があるといえよう。「半ば学問、半ば教育」とされた中等教育ではなおある程度の教材解釈の自由があったが、「臣民タルノ訓練」の場とされた初等教育では、国定小学教科書教材の解釈、その価値的解釈は、国定の「指導事項」をそのままに対応するものであった。この点は芦田の教材論も同様であり、芦田の教師修養論は、国語教育の徳育主義的性格にいっそう親和的なものであったといえよう。

4. 大正自由教育から昭和の民間教育運動へ

戦前の公教育体制と国定教科書制度の下にあっても、学習主体としての子ど

もの登場と自己表現を柱とすることばの学習はさまざまに展開されていった。その主要ないくつかにここでは触れておく。

　文芸思潮として、「自己の文章は自己の生活の表現である」という主張は、明治末年に自然主義文学の拠点となった田山花袋らの『文章世界』に現れる。そこには文章表現は技巧の巧拙よりも、生活の真偽が問われねばならないという近代の自然主義の思想の目が顔を出しているが教育界ではまだ深く問い直されることはなかった。なぜならすでにこの頃自発的学習や教授法の上での「個性の尊重」はすでに叫ばれているが、自己表現が、子どもを含む人間の自由と尊厳の自覚の上に、そのことを明確に示すものとして把握されていなかったからである。田山花袋に影響を与えたフランスのゾラの自然主義文学における自己表現は言論の自由と文化的自由、さらに当時のフランス社会の政治的自由の問題と密接にかかわるものであった。

　日本では、子どもの自己表現が人間の自由と尊厳、その人格の独立と明確に関わるものとしてとらえられた事例は、今日、生活綴方の父と呼ばれる小砂丘忠義が「私の出発点はここです」として文集『山の唄』（第1巻、2号、「主張」1918）に掲げた次の一文がおそらく最初のものと思われる。

　「私達はまず第一に、この世に生まれたことをよろこばねばならない。そうだ。たのしいことだ。生まれた時には無論両親もよろこんだことだろうが、それにもまして私達にはよろこぶべき理由がある。親がいくらうれしいといって、所詮、生まれたものは私達だ。親のためには子でもあろう。しかし私達が新しくできたというのだ。他の誰の所有物でもない自分が出来たのだ。奴隷でなしに君主に生まれた。私達の路はここから開けてゆく。自分達が君主である所から生殺与奪、自分の思いに任される自分である。……私達の出発点はここです。」

　なぜ、この主張が、近代教育史上や日本語の歴史を考える上できわめて重要なのか。一言でいってここには自己表現の主人公は自分であるという明瞭な認識がある。この表現には当時の国家主義道徳としての忠孝道徳に対して不孝・

不忠や反逆を説いているわけではない。しかし親権や君主権に対して教師としての自分も一人ひとりの子どももそれらから独立した明瞭な人権の独立の意識がある。そういう人間がことばを学び自己表現をしていく上での出発点となっている。この独立不羈の思想があったからこそ高知時代の小砂丘等青年教師の同人誌に国定の修身教科書や歴史教科書の根底的批判を行った論文（田辺清春「小学校教科書批判」『地軸』第一巻第三号、1924）が登場した理由があったといえるだろう。つまりここには、自己表現主体が自分の外の事象・対象・世間から独立して存立し、それらを対象化して見つめる合理性、いわば真の批判の眼が芽生えていたのである。ここにみる人権の独立と自由の意識とそれにともなう批判の眼が、同じことばでも「自己を読む」という芦田の読み方教授や垣内国語解釈学における自己の意味理解とは決定的に異なっている。後者の場合には自己に関わる主張や近代化に対するある範囲内での合理性や時には精緻な理論を含みながら、当時の支配的な国家主義的教化の思潮に対するオブスキュランティズム（obscurantism＝権威と結びついた既存の非合理的思想を擁護し、自由で合理的な思想に反対する態度）が濃厚であることを何人も否定できないであろう。

　次に大正自由教育に関して白樺派の教育、『赤い鳥』文学運動、その最盛期を『児童の村』小学校の教育において迎えるリベラルな教育運動の成果、さらに昭和のプロタリヤ教育運動、生活綴方運動などの推移と成果については別項で扱うことにしてここでは触れない。

5. 8.15敗戦前後におけることばの教育の連続と断絶

　第二次世界大戦の未曾有の惨禍を経て8.15敗戦後の廃墟の混乱の中から日本の教育が新しい6・3体制として再出発するために1年8ヶ月の歳月を要している。それは、明治の帝国憲法、教育勅語、勅令主義の教育から、日本国憲法、教育基本法に基づく平和と人権のための教育への根本的転換であった。国語教育の転換もその例外ではない。例えば戦時下の国民学校令（1941）の第一

条が「皇国民の錬成」を目的とし、その「国民科国語ハ日常ノ国語ヲ習得セシメ其ノ理解力ト発表力トヲ養ヒ国民的思考感動ヲ通ジテ国民精神ヲ涵養スルモノトス」するものであったのに対して、教育基本法（1947）の第一条は、周知のとおり「人格の完成」をめざし、平和・真理・正義・個人・自主的精神尊重を説くものであった。この教育目的条項に現れた教育全体をつらぬく思想・理念のレベルでの大転換があったことはいかに強調しても強調しすぎることはない。つまり思想・制度のレベルでの戦前と戦後の間での断絶があったのであり、その断絶を可能にした批判すべき対象は何であったのか、また批判する責任主体は何であったのかが歴史の中で見定めねばならないであろう。ここであえてそのことにふれたのは、例えば戦前・戦後を通して歩む一人ひとりの人間、国民、教師、子どもの生き方はそれぞれ連続しているのであるが、その思想や理論、実践や価値観が、戦前・戦後をつらぬいてどのように批判され再生していくかが重要なポイントとなる。このような見方は以下の諸項目をみる際につねに意識されている。

6. 主権者を育てる日本語の教育

　1945年の敗戦によって、日本の教育は大きな転換を迎える。それは一般的には明治憲法と教育勅語体制から憲法・教育基本法体制への転換といわれるものだが、教育の理念と目的・制度・内容・方法の全面に及ぶ。そして現場の教育実践の実態の変化は、日本の地域のすみずみまであるいは徐々に、あるいは急速に起こっていく。旧制中学四年生の時にその変化を目の当たりに体験した筆者は、戦時の勤労動員から教室に復帰したある日、昨日まで大切にしていた教科書を、先生の指示通りの個所を墨くろぐろと塗りつぶした午後の教室での気持ちを忘れる事はできない。同じ頃、級長の軍隊式の「起立！着席！」の号令と挨拶に始まった授業は、これも突然、何やらぎこちない先生と生徒の会釈の交換に切り替わり、やはり軍隊的に組織されていた「学校報国団」という名の全校集団はやがて生徒会と変わり、任命制で実質は教師の指示の補佐・伝達

役だった級長は選挙制となった。この敗戦の年の11月に私達が自主的に開いた全校討論会のテーマの一つは「天皇制は是か非か」であったが、そこに教師の出席はなかった。後で聞いたところでは、先生たちは傍聴の是か非かよりもむしろ自分たちの組合の結成に忙しかったのである。

　ことばの問題でいえば戦時下の私達の多くは「国家主義」「軍国主義」ということばをまぎれもなくプラスイメージで使っていた。これに対して「自由主義」「民主主義」「共産主義」はマイナスイメージであり、それは文部省編纂『国体の本義』（1937年、当時年間100万部を超えるベストセラー）が主張するとおりである。明治憲法では「臣民の諸権利」については、「統治の客体」としての臣民の定義が「臣民タル性格ハ、絶対ニ国家ニ従属シテ其ノ権力ニ従属スルコトヲ本質トス」（穂積八束『憲法提要』上）と解釈されており、人権の主体としてのことばの教育を発想する余地は全くなかったのである。こうみてくると敗戦における教育の大転換は、公教育の理念と目的における転換と制度や法規における転換と断絶であるが、教育の実態における戦前・戦後の連続と断絶はどのようであっただろうか。

　すでに、見たとおり子どもを生活と学習の権利主体とみなし、中でもその自己表現を重視する思想と運動は生活綴方運動をはじめ自主的、民主的運動に芽をだし根を下ろし始めており、それらの戦前と戦後の理念や制度における断絶と国民の生活や教育実践における連続面を考察することは重要であり、そのことは日本語の教育を考える上でも例外ではない。戦後初期から1950年～60年代にかけて「生活綴方の復興と前進」の名の下にこの思想と運動が自主的な教育・文化運動の分野でかなり広範でリーダーシップをとりえたのは、戦時中の過酷な弾圧をくぐり抜けて遺産の継承と発展に力を注いだ関係者の努力とそれを支える国民意識があったからであろう。

　以上に述べたことを頭において戦後の日本語の教育を考えると、これを従来の「教科としての国語科」ないし「国語教育研究」の枠内に限定せず、マクロな社会状況の変化と、全文化領域とのかかわりを視野に入れて考察することがとりわけ重要であると考えられる。

その上でまず、学習指導要領と国語科の変遷はどうか。初回は新学制の6・3体制の発足と共に出され、以後　指導要領は変動の激しかっ初期は頻度が高いが、ほぼ10年ごとに改定され2020年度から小・中・高と順次実施される次期改定で9度目となる。その間の主な出来事について、国語科の教科目の構造や内容の変化を中心に教育課程全体との関連にも気をつけて見てみよう。発足期の指導要領が（試案）として示され「教師用の手引き」として刊行されたことが重要である。その意味は現場の教師はかなり弾力的に教科書・教材を自主的に選ぶ自由があり、国定教科書制度に代わって登場した多様な検定教科書を採択する自由があったことである。この初期の国語科はアメリカの経験主義的言語活動主義の影響を強く受けていたが学校単位のカリキュラム運動も盛んで、その目玉となった社会科の新設ということもあり、全教育課程の中で言語活動のあり方を模索していたといえる。しかし高校の場合にはその影響を受けながらも戦前からの「国語」「漢文」の枠組みは古典の尊重という意識のもとに「国語」の中には古文も戦前通りに引きつがれていた。

　1958年の第3次の改訂は「国家基準性」と「法的拘束力」の名の下に指導要領による縛りが強化される始まりであり、「国歌」斉唱、「国旗」掲揚を強制する問題の始まりでもあった。他方、この時期には1950年代後半から広く問題視されていた基礎学力低下や文化遺産の系統的学習の軽視という欠陥を改め、加えて高度成長に向かう産業社会の要求にこたえる「教育内容の現代化」問題が登場する。これに少し遅れて高校国語では「現代国語」が教科目として誕生し、それと近代以前の言語文化としての古典　（国文・漢文）とをどう区分けし、さらに生徒の学習においてどう結びつけるかが今日まで続く課題が生まれた。

　すでに民間教育運動の中では「言語と言語活動」を区別し言語それ自体の学習を特立して日本語の文字・発音・単語・文法・文など系統的に教えることを提案していたが、指導要領にも「聞くこと・話すこと・読むこと・書くこと」という言語活動の学習に加えて「言語事項」が特立され、以後今日まで日本語の学習を、小・中・高を通じて「表現」と「理解」と「言語事項」の三つで括

ることになる。その後、「新学力観」と「観点別評価」の登場や、「総合的な時間」と「ゆとり問題」、その反動としての「基礎、基本」の学習の強調など、国語科にとどまらず全教育を通じての言語活動の教育に影響を及ぼしたものも少なくない。以上のような流れの上で、戦後70余年をへて指導要領の変遷の最大の画期と思われる次期指導要領改訂の審議のポイントを見てみよう。それは歴史の流れを今日の視点から大局的にとらえることは未来を見通す上で必須であるからである。

　戦前も教育の世界は流行が激しく「ジャーナリズムに惑わされるな」とは良心的教師の間で交わされる相ことばであった。この数年、「アクティブ・ラーニング」（active learning、能動的学習、以下　A.L.と略記）ということばほど教育界ではやっていることばはない。授業研究といえば猫も杓子もという感じである。カタカナ語の氾濫という問題現象については、Ⅰ章でも触れたとおりだが、まぎれもなくこの用語の旗振り役となった文部省もさすがに気が引けたか、この2016年夏以降の次期指導要領の「審議のまとめ（素案）のポイント」を示す参考資料の中ではA.L.とは「主体的な学び　対話的な学び　深い学び」のことといいなおしている。しかし、このことばをキー・ワードとする改定が大きな改革になることをとを予想させる理由には少なくとも二つある。一つは教科間の交流と教科横断的な学習が広がり、教科と教科目および全体の教科構造の再編に向かう可能性を秘めていることである。二つは、80年代から「学習の転換」といわれてきたことがらの帰結として、学習の主体の側からとらえる教育課程、青年の側からとらえるキャリヤ教育、総体的にいえば子ども・青年のアイデンティティ形成のための教育課程を創り出す可能性があるということである。それは学習の過程での選択の自由、教科書や教材を子どもと教師の側から選びとる自由の論理をもつことである。考えてもみよう、「主体的な学び　対話的な学び　深い学び」とは何かを。私達の日常使っている意味で理解するなら、政策的「管理と指導」による特定の「学習モデル」や「スキル形式」や「観点別評価」などの縛りは、このキー・ワードの誕生の経過と普通の意味と矛盾せざるをえないということである。そのいきつく先は、指導要領はやは

り教育の大綱的基準を示す「手引き」であり、教科書と教材は編集・採択・活用を含め教育の自由を保障すべきものだという考え方に落ち着かざるをえないということにならないだろうか。

　ここで念のために、アメリカでのアクティブ・ラーニングという用語の由来を訪ねてみよう。それは、1980年代後半から、これは当時の世界的現象でもあったが、大学では学生が講義を一方的に聞かされるという伝統的形式のために受動的になりがちであった。それをどうやって生き生きとした能動的（active）学習に転化するかという課題として生まれたものであり、その提唱者の一人、J.バーンズは、その原側を次の6点にまとめている。「①学習目的を明確にすること　②問題をよく考えて自分に納得のゆくようにとらえ直すこと　③学生と教師の間で学習の目的と方法について協議すること　④学習の内容や方法について批判的思考（critical thinking）を活用すること。　⑤学習課題と実生活（real rife）との関係や分析方法との関係を問うこと。⑥課題を設定する学習環境（leaning environment）を工夫すること」などである。

　その後この考え方は、初等・中等教育に広まり多様な展開（時には全く相反する哲学に立つほどに）を見せるが、そこで注目されるのは、日本でもよく知られている言語学におけるヴィゴツキーの『思考と言語』、認知心理学で知られるJ.S.ブルーナーの『教育の過程』などの理論が援用されていることである。そしてここでいう「学習環境」の整備とは、小学校でいえば、クラスでの子どもと子ども、子どもと教師との間での課題設定をめぐる協議、小集団での討議や調査の方法や参考資料の整備などを指している。A.L.の展開の中で、共通なのは主体が教授から学習へと転換したことであり、大学での課題学習（problem solving）としてのA.L.はそれ自体独自で精緻な展開をいせていることもいいそえておきたい。

　ところでここでA.L.の概念とその由来を何故とりあげたか。　次期指導要領の審議の過程でA.L.は「主体的・対話的で　深い学び」とでいいなおされたが、A.L.をその誕生期の原則とその後の経過を含めてとらえれば、戦後日本の教育実践の系譜をとらえるのにふさわしい視点と重なる点が多いからであ

る。というより、戦後日本の教育研究運動は、むしろ一定の範囲で、A.L. の先駆者であり、生活綴方の思想と方法は「主体的な学び　対話的な学び　深い学び」そのものではないだろうか。そしてここではっきりしておかなくてはならないことは、その「学び」の主体は、生活主体・学習主体・発達主体としての人権の主体であり、いいかえれば「自らの体と心の主人公」としてとらえていることである。

　いまここで改めての検証は行わないが、今日官民を問わず多く使われている「生きる力」はもともと民間教育運動が産み出したことばである。（例、「『わかること』を『生きる力』に結びつけ地域に根ざす教育の創造を」教科研伊豆長岡大会テーマ、1975 年）同様に「主体的な学び　対話的な学び　深い学び」も戦後の教育研究運動が営々とその内容を創り出してきたそのものではないだろうか。戦後初期から 50 年代後半まで、生活綴方の思想と方法はかなり広い範囲で教師たちの教育実践創造をリードしていたことが知られている。なぜか。それは、戦前の遺産を継承するものであり、1930 年代の生活綴方の最盛期にその父といわれた小砂丘忠義は、子どもは、生活と学習の権利主体であると共に文化の主体であり発達の主体であるという観点を確立していたからである。一言でいえば「歴史の創造主体としての子ども」観（大田堯）の登場である。小砂丘の子どもの人間性についてのとらえ方は、何よりにも受動的になることを排して①能動的、積極的、意欲的であること、その自己表現において②真実性をもつこと、学級内外の生活において協働性と連帯性をもつことを強調していた。（小砂丘忠義『私の綴り方生活』1935、この分析については、志摩陽伍「現代の生活綴方研究と小砂丘忠義」東洋大学文学部紀要　第 43 集、1989）

　また、北方性教育運動の代表的な理論家であり実践家であった秋田の佐々木昂には「生活は文化の焦点である」（1933）というとらえ方があり、同じく山形の村山俊太郎には「綴方教育の独自的任務が『文章表現による生活の認識と組織の一方法』であることはいついかなる時代にも不動の公式である」（1936）というとらえ方があった。そして村山には、日本教育史上に記念すべき論稿、「『生き方』における芸術性と環境性」（1936、これについては、『教育学説の系

譜』（近代日本教育論集第8巻）稲垣忠彦編集・解説）があり、そして「教育と何か」、「成長とは何か」を問い、それは「北方の生活台を生きる人びとの、新しい社会関係、文化関係を組織する新しい世代の人間性を創ることである」という定義を与えている。これを当時の村山の言説の中で捉えれば、まさに子どもと共に生き、相互に働き働きかえされつつ共に成長する「共生」の姿を教育の定義としてとらえていたと見てよいだろう。（志摩陽伍「村山俊太郎のなお提起する問題について」（『国民教育研究』NO.24、1964）

　繰り返すがこう見てくると今日いわれる「主体的　対話的な学び　深い学び」の姿、その実践形態は、現実に日本の教師たちによって豊かに先取りされていたといえる。アメリカにおける A.L. の開発以前に、日本の教師たちの生活綴方という自己表現の思想と運動は、その行為論的言語活動に導かれて、生活と文化の社会の認識を通して人格形成にいたる道を切り拓いていたといえるのではないか。先に A.L. の原則の6つのポイントを紹介しておいたが、これらのどの一つをとっても、それらを仔細に吟味すればすべて生活綴方の思想と方法（＝日本語による自己表現による生活認識の思想と方法）に原理的には含まれるか、少なくとも萌芽的には存在すると見てよいだろう。上に戦前の生活綴方の生成期のキーワードをあげたのはそのためだが、次には戦後の日本教師が創り出したすぐれたいくつかの事例に触れて検証してみたい。

　1950年代から80年代は日本の民間教育運動が質・量ともに盛んな時代であった。最盛期は1960年代後半から70年代を通じてであり、教科研では、「学校づくりと教育課程の自主編成」が重要なテーマとして登場する。民間教育運動全体では、各団体の成果を反映して『教育課程改革試案』（日教組・中央教育課程検討委員会）がまとめられるのが1976年である。日本の各地域に眼を向ければ戦後の生活綴方の継承と発展の地として知られる岐阜県・恵那の教育で「私の教育課程づくり」運動が展開されるのはこの時期であり、山形の地域で「北方性教育運動の遺産の継承と発展」の名の下にまとめられたものに山形県国民教育研究所編『生活認識の思想と教科の構造』（1969）がある。これらの中から恵那の教師と子どもたちとの交流から生まれた『生き方を教える性の

第Ⅴ章　ことばの教育の歴史を考える　145

教育』(1978) に触れてみよう。この実践の全体のイメージが浮かべるように地域の各学校で実施された工夫された「にんげんの男女」を学ぶ15時間の授業計画のテーマと視点を次に示す。

「①・②　小さい時の大きなふしぎを考えてみよう―だれにでもあった男と女のぎもん―
③　どうして男子はエッチなんだろう―学級の中の男女関係を考えてみよう―
④　人間のからだの成長を考えてみよう―自分はいまどんな成長期にいるだろうか―
⑤　男女のからだの特徴をみてみよう―おとなになるというのはどういうことだろう―
⑥　男女の生殖器官について考えてみよう
⑦　受精から分娩まで―胎児の成長―
⑧　すべての生物はなかまをふやす―植物でも動物でも生殖のはたらきをもつ―
⑨　異性をおもう気持ちを考えてみよう―男女の愛とはなんだろう―
⑩　ほんとうの愛とはどういうものだろうか―愛することの苦しみを考えてみよう―
⑪　精神のよろこびと生物的なよろこびとをいっしょにすること―愛することができるような　なかみをふやすことを考えよう
⑫　男女平等を考えてみよう―女性や愛についての考えは発展する―
⑬　日本国憲法と男女の関係を考えてみよう―基本的人権を尊重する立場をつらぬこう」
(『子どものしあわせ』1977年6月臨時増刊号)

　長い引用をしたのは、この自主的な教材と授業計画は、当時はもちろんのこと現在でも世界的にもっとも高い水準にあると評価される思想と内容をもつと思われるからである。以下その理由と根拠をのべる。まずこの授業が試みられ

た発達環境は、70年代中葉の社会の構造的変化が著しく広く「女子非行」が顕在化し、中絶のための「妊娠カンパ」が行われたり「性と愛とグズグズになっている」とか「最近は愛から性に及ぶ」よりも、「性から愛へとつながる」という現象が珍しくなくなった時期に照応する。思春期に共通な発達の体と心の悩みを自己表現と対話を通してどうとらえるか。まず授業の流れと各時間の主題は、子どもを生活主体と学習主体の視点でとらえた悩みと疑問が、傍線以下の視点として明瞭にとらえられている。

　第2に、その際の学習課題は、①　②の導入に始まり、③と④と⑤に見るように自己とそのまわりの人間関係が自己認識を媒介として大人になる過程での自らの発達課題としてもとらえる芽をもっている。⑥と⑦は生物学的、保健・衛生的観点からの学習から入って⑧は人間に限らず動植物一般に及ぶ種の保存と種族維持の法則にまでつなげている。これらの学習は、科学の学習との結節点をもっているといってよいだろう。⑨　⑩　⑪は、視点をかえて思春期に入る頃の切実な関心と悩みから入り、いわば文学的観点から「生と性と愛」の学習に入っている。　まとめの⑫と⑬は、これらを社会的視点からとらえなおし、男女差別と平等の問題を通して考え、憲法の基本的人権が自分たちのくらしの中でどうなっているかという課題をもって終わっている。全体としてみると、自己表現を主軸としての学習活動が言語活動に含まれるいっそう文学的、芸術的認識と科学的（自然・人間・社会）認識の芽をもつと共に、自立していくためのモラルの問題も含まれている。この授業プランが各教科の系統的学習、つまり科学文化・芸術文化さらに自律や正義や法と権利の問題として現れるモラルの問題につながる発展性を豊かに秘めているといえる。それは、一言でいえば、生活綴方の思想と方法がとらえた「主体的　対話的学び　深い学び」のすぐれた一例であり、そこでの「深い学び」の内容とは何を意味するかを実例に即して考察したものである。

　文明史的観点から巨視的にみれば、今日なぜ世界的に学習改革のキー・ワードとして「深い学び」が登場する必然性があるかといえば、私達のくらしの中のコミュニケーション手段が日常会話からテレビ、電子機器にいたるまで現代

生活を支えるテクノロジーが大きく変容したことが根底にあり、それと言語生活との関係について考察は第Ⅷ章を参照されたい。総じていえば、初等教育では日常の生の経験や共同の体験を通じての日本語で感じ、考え、味わい、行っていく基礎の重要性がいっそう自覚されると共に、高等教育では、それ以前の学習の基礎に立った上での瞬時にグローバルな規模で交流可能な学習環境と学習形態が発展的に更新されていく時代になっていくと思われる。（志摩陽伍）

＜参考文献＞
志摩陽伍編『教育内容論Ⅰ』（近代日本教育論集第3巻）　1970年
志摩陽伍・中内敏夫・横須賀薫共編『教育内容論Ⅱ』（同第4巻）　1971年
垣内松三『国語教材論』1934年
大澤真幸『帝国的ナショナリズム』2004年
竹内常一『読むことの教育』2005年
山口謠司『日本語を作った男―上田万年とその時代―』2016
石田和男『生き方を考える性の教育』1978年
田近洵一『戦後国語教育問題史』（増補版）　1999年
幸田国広『高等学校国語科の教科構造』2011年
Dana E Wright: Active learning, 2015
P.Baepler : A Guide to Teaching in the Active Learning Classroom,2016
『「恵那の教育」資料集1〜3』「恵那の教育」編集委員会、2000年
『石田和男著作集』（全4巻）　2017年

第2節　外国語教育の歴史を考える

はじめに

　日本における外国語教育はいつからはじまったのだろうか。中国や朝鮮半島との関係を視野に入れると1000年を越えるものがある。また欧米との関係に関わっても500年近い歴史がある。しかしここで言う「外国語教育の歴史」は、日本全体が外国語を一斉に学ぶということを基本としているので、明治時代の学制によって全ての子どもたちが外国語を学ぶ可能性ができた時期をスタートとして考えるべきであろう。

1. 明治期の外国語教育

　1872年（明治5）に制定された日本で最初の近代学校制度規定である学制は、欧米の学校制度を参考としたが、全国を大学区、中学区、小学区に分けてそれぞれに大学校、中学校、小学校を設置することを計画した。1879年の教育令の制定で廃止となったが、その学制において、選択ではあっても全ての学校で外国語が行なえる素地があった。1886年（明治19年）に高等小学校制度が発足すると小学校においても都市部を中心に英語教育が広がっている（江利川2008）。
　19世紀後半まで海外との交流を全くと言っていいほど絶っていた日本にとって、明治時代以降は外国語が世界を知る窓であり、当時の欧米先進国の文化を学ぶ道具でもあった。ドイツやフランスなどからの情報もあったが、学校教育、とりわけ公立の学校における外国語は英語を前提としてすすんできたのが明治期の外国語教育であろう。

2. 戦前の外国語教育

あまりにも英語偏重であったということから森有礼のように英語を母語とする論や、逆に藤村作（「中學英語科全廃論」1938）のように英語教育排斥論なども出されていたが、基本的には中等学校や高等教育機関では英語が基本とされ、教科書なども多様につくられていた（伊村 2003）。

1929 年の世界恐慌を踏まえて、日本の軍事体制が強化されると、外国語教育への風当たりも強くなり、とりわけ英語教育は「敵性語」として、その使用が大幅に制限されるという事態も生まれている。ただし高等教育機関や私立の学校では英語が行なわれていたという事実もあり、完全に制限されていたというわけではない。

3. 戦後の外国語教育

1945 年の終戦を経て、1947 年には教育基本法が制定される。外国語教育は選択ながら中学校よりほぼ全ての生徒が学べることになった。公立ではほぼ全ての学校で英語が外国語として位置づけられ、週に 5 時間行なわれていた。私立では独協のドイツ語や暁星のフランス語などのように、中学校から英語以外の外国語を学ぶところもあった。

(1) 学習指導要領が試案であった

1951 年に本格的な学習指導要領の試案が出され、英語の場合は日本語と英語で書かれたものが数百頁にも及んだが、あくまでも「試案」であり、拘束力のないものであった。試案の学習指導要領の中にも、英語教員が創造的に授業を展開することを求める内容が盛り込まれていた。しかし米軍の占領が長引くにつれて、上からの指示が強化されることになり、1958 年の改定では法的な拘束力を伴ったものとして指導要領の改訂が行われた。

(2) 文部省が法的な拘束力を持ちこんだ 1958 年改訂以後

　法的な拘束力がともなったという方向が出されても、現場は戦後の民主化のもと、各民間教育研究団体の創造的な授業作りと、それらを背景に 1951 年から行われるようになった教職員組合の教育研究全国集会（全国教研）が全国の成果をまとめて還流するというシステムがあり、英語教育の分野では、新英語教育研究会が 1959 年に創立される。全国教研において外国語が分科会として独立したのは 1956 年であり、その 3 年後である。

　学習指導要領は改訂のたびに拘束力を強めて行き、戦後のスタートでは中学校の英語教育が週に 5 時間実施することが前提となっていたにもかかわらず、1960 年代に入ると週に 4 時間となり、70 年代末の学習指導要領の改訂では週に 3 時間が持ち込まれることになる。

(3) 中学校英語週 3 時間体制

　英語教育にかかわる民間教育団体はさまざまあり、上記の新英語教育研究会はその一つである。1972 年に大学英語教育学会（JACET）は中学校英語が週に 3 時間が話題になることを受けて、他の英語教育団体に呼びかけて日本英語教育改善懇談会（以下「改善懇」）を設立し、英語教育に関する要望をまとめて行政に提出することがスタートした。改善懇には 20 を越える団体が集まって中学校英語週 3 時間に対する議論を重ねた。残念ながら 1980 年からの週 3 時間体制が導入され、英語教育においては質の低下がさまざまなところで問題となる。

　1984 年、当時の中曽根総理大臣が臨時教育審議会（以下「臨教審」）を首相直轄の審議会として立ち上げ、小学校への英語導入を公的な文書として答申に盛り込んだのは 1986 年である。中学校の週 3 時間については 80 年代に「中学校英語週 3 時間に反対する会」が全国的に組織され、その運動の成果もあって、次の改定では週 4 時間ということになるが、1 時間は選択教科などと抱き合わせであり、週 3 時間が根本的に変わったわけではない。

（4）小学校への英語導入の動き

　1999年の指導要領改定において、小学校に総合的な学習の時間が導入され、その一領域として国際理解が入り、外国語会話が実施されることになった。21世紀とともに小学校に英語が導入されたわけである。

　また2008年の指導要領において、小学校の領域として「外国語活動」が導入され、年間を通して小学生に英語を実施するシステムができあがる。

（5）21世紀をむかえて

　小学校に外国語活動（英語）が入り、中学校はその活動を受けて、英語が使える日本人作りの取り組みを求められている。さらに高校では英語の授業をすべて英語で行うという方針が指導要領に提起され、現場は現実の高校生の学力状況との乖離にこれから直面することになる。また2017年の指導要領改訂では、小学校の外国語活動が3年生からの実施となり、5年生からは教科としての外国語（英語）が導入される。小学校から外国語ではなく英語を強制され、外国語教育が英語教育に一元化される状況の中で、外国語教育はどうあるべきかが今こそ問われている。アジアの多くの国が外国語として英語を重視していることはあるが、英語だけに特化しているわけではない。近隣の外国語をどのように取り入れていくのか今こそ考えないと、日本の外国語教育は世界の流れから取り残されることになるであろう。（瀧口優）

＜参考文献＞
・伊村元道 2003 日本の英語教育200年 大修館書店
・江利川春雄 2008 日本人は英語をどう学んできたか 研究社
・新英語教育研究会 2009 新しい英語教育の創造　三友社出版

第3節　文学教育の歴史に学ぶ

はじめに

　1990年代以降、新学力観による活動重視の授業が続いてきた。文学教材においてもペープサートの劇や紙芝居づくりの活動が盛んに行われた。その基本的な流れは変わらないまま、改訂学習指導要領では「主体的・対話的で深い学び」に繋がる学習方法が推奨されている。ことば表現を読むこと自体の力よりも、どのように読むかのスキルや形式が課題にされていると言ってよい。さらに、日本語の言語文化や情報の扱い方、日常生活に必要な国語力が強調されている。「文学教育」ということばは、もはや死語に近い。

　そもそも戦後文学教育が一時代を築いたことの意味は何だったのだろうか。今の子どもたちには、それは過去のものであり必要とされていないのであろうか。貧困・格差の問題はそのまま子どもの世界をも覆い、いじめに象徴される心の闇はさらに深くなっている。ネット社会に生きる便利さとは別の育ちの危うさもある。

　このような時代に問われている「主体性と他者性」「ことばと想像力」「生きる意味」などの問題を考えるとき、文学の授業が担う役割は決して小さくない。なぜなら、そこには文学が持つ力とそれを読む主体的な働きかけがあり、ことばと想像力を駆使した学び合いが創造されるからである。活動による主体性や協働性ばかりが強調される昨今の授業ではなく、子どもに生きる意味を考えさせる文学の授業を構想する時、文学教育がもたらしたものは何なのか、その歴史から学ぶ意味は大きいと考える。今、文学の授業から子どもはどのようなことを感じ、考えるのだろうか。

1. ことばと文学

　現在行われている文学の授業の主流は、読むことよりも教材を通して活動させることに重きが置かれていることは、「はじめに」で述べた通りである。たとえば、物語の中で自分の好きなところを選択したり、紹介したりすることである。また、様々なグループ分けによる交流の仕方に意味を見出す方法が採られることなどである。そのような授業では、ことば表現にじっくり向き合うことは軽視される。つまり、粗筋を捉えてまとめたり、グループの中でルールに沿って自分の意見を述べたりする力が求められるのである。しかし、文学教材を扱う授業がことば表現を読む力を育てなくていいはずがない。田近洵一（1985）は、文学を読むということについて、「ことばを手がかりとして、〜」「ことばを媒介とした〜」と、「ことば」を強調する。そして、「一つ一つのことばがゆるぎなく関係しあって一つの世界をつくり、ものの本質を深くとらえきるとともに、その裏にものにかかわる主体の思いを表現しえた時、それは文学となる」と述べる。文学において、認識の問題はいかに表現されているかを問うことでなければならないとし、「その意味で文学教育は、まさに言語教育なのである」と言い切っている。

　戦後文学教育の歴史を遡れば、1949年に端を発した西尾・時枝論争は、現在においても言語教育と文学教育との関係について、また文学教育とは何かを考えさせる意義がある。時枝誠記は「文学は言語である」と主張した。文学の本質を突いたことばであるが、それだけでは文学について表しきれない。つまり、言語の教育だけでは収まりきらないことばの機能が文学にはあると考える。当然時枝はそのことにも触れていて、文学の特殊性として「言語において価値ありと認められたもの」や「美的なものが加味されたところ」にあると述べている。このような捉え方が適切かどうかは別として、文学には独自なことば表現や象徴性があることは間違いない。それらも含めてことば表現を問題にしない文学教育はありえない。時枝の主張を言語教育でない文学教育はない、と捉

えれば、ことばを重視しない現在の授業に通じる重要な警鐘と言える。

　一方、西尾実は言語生活教育を唱え、言語生活を育てる中に文学教育は位置づけられ、その特殊な領域を認めるべきだと主張していた。そうでなければ、彼が推し進める言語教育自体が曖昧になってしまうと考えたからである。戦後国語教育は周知のとおり経験主義から出発し、その後の学習指導要領により「言語教育の立場」を明確にしつつ現在に至っていると言ってよい。西尾の主張はその流れの中に位置づけられ、今の言語活動に重きを置いた国語教育に繋がっていると見ることができる。

　西尾は他方で、文学の読みを主体の側から捉える原型を示したと考える。西尾（1950）は文学の読みを「鑑賞」と呼び、作品の客観的な意味が問題ではなく、「個人的、主観的な真実」「ある作品が、ある読者の人間性に、何を印象し、喚起したか」に意義があるとした。しかし、それはあくまで「鑑賞」であり、個人の教養主義的な読みの活動として考えられた。時枝はそのような意味では、「作者の意図を踏み外すことなく、正しく素直に読み取る」ことを目指していて、解釈学の立場に立っていた。この二人の論争からは、さらに文学を読むことはどのような行為なのかという課題が問われることになる。

2. 文学を読む行為

　田近洵一（1991）は、戦後の文学教育史を「児童・生徒における読書行為の意味を問い、その成立の可能性を問い続けて来た＜追求の歴史＞であった」と述べる。それは読書行為における作品と読み手主体の関係を追求した歴史とも言える。文学の読みにおいて、時枝が作者の意図を捉えることを大事にしたように、作品の主題追求や教師の考える正解に到達することを目的にする授業は続いた。しかし、その中にも、読み手の一次感想を基に展開することや、授業課題を与えて個々の考えを引き出すことなど、読み手がどのように作品と関わっていくのかという問題を全く無視できなくなっていた。戦後の民間教育研究団体による教材論、方法論などの文学（文芸）教育論議も活発に行われてい

く中で、読み手主体の側から読む行為を明らかにした児童言語研究会による一読総合法は注目を浴びた。これについては後の項で、実践的に詳しく述べることにする。

　読書行為における読み手の関係をどのように考えるのかについては、古くは荒木繁の「問題意識喚起」や大河原忠蔵の「状況認識」の文学教育論があり、80年代に台頭してきた「読者論」が挙げられる。

　荒木は、古典のすぐれた点を実感させるために、「万葉集」を自分たちの生活と結びつけて読ませた。大河原は文学作品からものの捉え方を学び、その目で作文に書くことで自分の周りの状況のつかみ方を身につけさせるという考え方である。両者に共通して言えることは、文学を読む行為において読み手の感じ方や考え方を出発点とすること、またその行為は現実を認識し、自分の問題意識と結びつけて自己変革を求めるものであるという文学教育の新たな在り方を示したことである。しかし、それを求めるのに性急で「文学世界と実生活とをストレートに交通させること」や大河原実践による「高校生の書く作文が、自己中心的で他者が見えていないこと」などの批判を免れることができなかった。

　文学を読む行為とはどのようなことなのかの解明に大きく寄与したのは、W.イーザーの『行為としての読書』(1982) である。彼は読むという行為を読み手とテクストとの相互作用であると説いた。その後も様々な文芸批評理論が盛んに日本に紹介されるようになり、「読者という存在」に着目されるようになった。

　文学教育における読者論の口火を切ったのは関口安義である。関口（1983）が提起したことは、教師による教材解釈、正解到達主義に対する批判であり、「学習者を＜読み＞の主体者として位置づける」ことであった。「読者の読む行為が加わってはじめて、作品は文学として、その存在を主張し得るものである」と主張した。関口の提案の新しさはテクスト論の介在にある。関口は、文学教育は「文学言語の教育」でもあると述べ、テクストとの＜対話＞により多義的な解釈を引き出すことが可能になり、「読者の想像力によって意味がふくらむ」

と述べた。

　読者論導入による文学の授業はその後90年代前半頃まで隆盛を極めたが、個性重視の新学力観と相俟って、恣意的な何でもありの読みや活動主義へと流れていくことになった。この流れが言語技術教育の主張とともに、現在の言語活動重視の国語教育の本流となっていったと捉えることができる。しかし、一方で、読みにおける読者の存在は無視できない考えとして定着したことは確かである。

3. 文学教育の意味

　西尾実は時枝との論争の中で、文学の特殊性の一つに「生きがいの追求」を挙げた。その後の荒木や大河原の主張を見ても、文学教育を通して人間形成に働きかけようとした意図が窺える。大槻和夫（2001）は、文学教育について次のように基礎知識として述べている。

　「文学作品は、虚構の方法と形象的表現により、読み手に虚構の世界を体験させ、知的、情動的な働きかけをする。その結果、人間や人間を取り巻く世界についての認識を深め、時には　発揮させようとするのが文学教育である。」（以下省略）

　大槻もまた、それが人間認識を深め、自己変革と関わるものであると捉えている。すなわち、文学教育は人間が生きることそのものと関わっていると考えられる。時代状況によって、人間が生きることの問題は変化するが、文学がことばを媒介として人間の生き様に働きかけてくるものである限り、文学教育は意味があり、死語ではないはずだ。

　そこで、今日的な問題としての「主体性・他者性」という視点から文学教育の意味について考えてみる。「他者」という語が国語教育界でもクローズアップされてきたのは、90年代に入ってからであろうか。一つは他者との関わりが希薄になってきた子ども状況があり、一つは、読者論における「主体性」とは何かに応える「他者性」の問題である。そもそも、「主体性」とは「他者性」

との関わりの中で確立されていくものであろう。「主体的」と「主観的」とは違う。読者論が衰退していく要素の中に、個々の主観的な読みの羅列で終わってしまうことがあった。主体的な読み手を育てるには、そこに「他者」をどう位置づけるかが迫られる。田近はこの問題について早くから言及し、読書行為を通して他者と出会えたのだろうかと疑問を投げかける。それは自分の主観の枠組み内における「自己化した他者」だったのではないかと。文学教育の歴史の中でも、自己変革の課題は追求されてきた。しかし、容易に自分中心の主観的立場から離れられるものではない。田近（2013）は、その自己執着から離れ新しい自己形成に向かうことを可能にするのが「自己相対化の目」であると言う。それは「自己以外の視座や認識のしかたと出会い、自己を相対化することによって自己を乗り越える」ものである。読みの行為で言えば、「他者の文脈にそって、自己の視座を転換し、そこに展開する論理を正確に受けとめたり、イメージ豊かに思い描いたりすることによって」他者理解が成り立つものであると田近は述べている。つまり、「自己相対化を可能にする他者理解」ということばで、田近は「主体性」と「他者性」の問題に応えていると考える。他者との繋がりが難しくなっている現代において、文学の読みを通して他者理解を深め、自己主体の形成を図ることに、文学教育の大きな意味があると考える。

　次に読みにおける「他者性」を考えるなら、授業過程の中の他者との交流（話し合い）が挙げられる。知識も感性、経験も違う他者の読みは、気付かなかった視点や新たな発見があり、主観の読みを打ち破る契機となる。交流の中で話し合われることによって、個々の読みが刺激しあい共同思考による新たな読み直しを個々に求められる。ここに、他者との関わりによる主体的な読みの確立が可能となる場が生まれるのである。

　さらに「他者される」行為としての感動の問題を採り上げる。難波博孝（2008）は、他者とは「他者される」という受動的な行為だと捉える。そして、人間関係は「情緒の強弱の直線の中で動いている」と言う。普段は他者の存在には無自覚なまま過ごしているが、自分が他者から衝撃を受け、変容させられてしまう、つまり「他者される」とは、「情緒的なつながりが『急に』『ひどく』揺さ

ぶられたとき」であると述べる。それに関わって、鈴木愛理（2016）は、「言葉を読み、それを文学とみなす行為は、『他者される』という『受動的行為』や『衝撃』と同様のものであるということができる」と述べている。鈴木は南こうせつ「神田川」の歌詞を例に、ことばによって「他者される」とはどのようなものかを説明している。歌詞の一節である「やさしさが怖かった」ということばからである。簡潔に言うと、鈴木にとって「やさしさ」と「怖い」は結びつかないことばであるにもかかわらず、それが結びついて提示されていることに衝撃を受けたのである。それは「揺さぶられる感覚」であり、難波のいう「他者される」ということではないかと述べる。

　このことから、思い起こされるのは、竹内好（1952）の次のことばである。「文学に固有の、他のもので代置できない機能は何かといえば、人の心を根底からゆさぶることであろう。」竹内は、文学は人間の感情面に働きかけ、感動体験をさせることで新しい創造の喜びを与えるものと捉えた。この「人の心を根底からゆさぶる」は、鈴木の言う「揺さぶられる感覚」であり、それは難波が言う「他者される」ことであり、文学で言えば「感動」であると考える。言語技術教育を主張する市毛勝雄は、かつて「感動は教えられない」と述べたが、感動は教えるものではない。感動を「他者される」と考えると、文学教育における感動の意味はさらに今日的で必要不可欠なものとなる。

4. 文学の授業における子どもの読みから「文学教育」を考える

　上記の戦後文学教育の歴史に学びつつ、文学の授業は子どもにどのような意味があるのか、「おにたのぼうし」（教育出版・小学3年下）の実践を例にして考えてみたい。「おにたのぼうし」はおよそ次のような物語である。

　「おにたは恥ずかしがりやで気のいい黒おにの子どもである。まこと君の家の物置小屋に住みついていたが、節分の日にまこと君の豆まきに追われて外へ出る。おにたは、おには悪いと決めつける人間ておかしいなと思いながら、こな雪の降る夜をさまよい歩く。やっと見つけた病気のお母さんと女の子の二人

暮らしの家には、おにを追い出すひいらぎはなく豆の臭いもしない。その天井に移り住むことにしたおにたは、女の子がお母さんの看病をしながら、ごはんも食べられずにいる貧しい境遇であることを知る。おにたは、麦わらぼうしで角を隠してごはんを持って女の子の前に姿を現すが、女の子にお母さんを助けるために豆まきをしたいと言われてしまう。それを聞いたおにたは、深い悲しみに打ちひしがれながらも自ら黒い豆となり、ぼうしだけを残す。女の子は何も知らないまま、あの子は「神様」だと思い、おにた自身の黒い豆を静かにまく。」

　授業は一読総合法で行い、女の子の静かな豆まきを通して、人間と相容れることのできないおにたの深い悲しみとやさしさについて考え合いたいと思った。

(1) ことば表現に反応する能動的な読み

　読みの授業における主体性を問うなら、それは子どもが文章に向き合い自ら読むことが前提でなければならないと考える。それも教師の意図に沿って読むのではなく、ことば表現に読み手の知識、体験、感性などフル稼働させて能動的に働きかけていく読みである。その湧き起こる反応を書くことで自分の読みを意識化させる。一読総合法では、それを「ひとり読み」といい授業過程の始めに位置づけている。

　題名から、「おにたって、どんな人だろう」と期待を持って冒頭部分を読んだＲちゃんは「おにたって、小さい黒おにのことだったんだね！！」と書き、まこと君が豆まきで物置小屋に近づいてくる時には、おにたに同化し「やばい、どうしよう。どうか見つからないように」と自分の願いも込めて書いている。もちろん、このようにすんなりと作品世界をイメージできる子どもばかりではない。Ｔくんは「黒おになんていたのかなあ」と疑問に思い、「おにたって、変なところにいるなあ」と、おにたが物置小屋に居る状況が掴めないでいる。個々の読みは主観的なものには違いないが、その多様な読みを表すことに意味がある。なぜなら、個々が文脈を紡ぎながら読んだ紛れもないその子の読みだからである。教室の読みはそこを出発点とする。

(2) イメージをつくり読みを広げ、深める

　先ほどのＴくんは、「節分って楽しいんだよな」とも読んでいた。Ｎくんは、まこと君の豆まきに反応していて、「あっ、いい音だ」「よーし、はじめるぞ。力いっぱい投げよう」と書いている。しかし、この作品における「節分の日」というのは、現代のそれよりも深い意味を提示していると考える。すなわち、災いをもたらすと人間が決めている鬼を追い払う夜なのである。それに対して、おにたは「人間っておかしいな。おには悪いって決めているんだから」と嘆く。(1)のＲちゃんのおにたに同化した読み（「～どうか見つからないように」）を手掛かりに、節分の夜はおににとってどのような夜なのか、子どもの持っているイメージや意味の転換を迫る必要がある。また、おにたの人物像が下記のように話し合う中で浮き彫りになる。

Ｓ　「おにたは何でそんなに気がいいんだろう。」
Ｋ　「それにお父さんのくつをぴかぴかにしたって、きっと家の人がきれいにしてくれたんだとしか思わないと思うよ。」
Ａ　「おにたは恥ずかしがらないで、ぼくがやったと堂々と言えばいいのに。」
Ｉ　「だって言ったら、まこと君に豆を投げつけられるもの。」
Ｕ　「堂々と言ったら、人間から、おにだおにだと言われて怖がられて騒がれてしまう。」

　おにたはいいおにもいるのだとわかってもらいたいけど、表に出るわけにはいかないという矛盾を抱えて生きているということがわかってくる。おにたの内面のつぶやきを同化した形で書かせると、次のようなことが出される。「ぼくはみんなに不幸なんて持ってこないよ。みんな、なんで決めるんだ、悪いって。」「ぼくは悪いおにかな。でも、悪いことを全然したことないのに。ぼくは敵あつかいされている。ぼくは自分で自分をいいおにと思うけど…。」
　さらに、おにたの無類のやさしさを女の子との出会いから読み合うことになる。かわいそうな女の子を見て、「せなかがむずむずするようで、じっとして

第Ⅴ章　ことばの教育の歴史を考える　161

いられない」おにたの様子から、「何もしないではいられない」「きっと見ていられない」という読みが出され、おにたの深いやさしさに子どもたちは触れていく。

　それなのに、おにたは女の子から「まめまき、したいなあ」と言われてしまう。この一言に「この女の子もまこと君みたいだなあ」「いやだなあ。みんなおにが悪いって決めるんだから」などと読み、心やさしい女の子も、結局はまこと君と変わらない人間の典型であり、その人間のおにへの決めつけに対して厳しく批判をしていることがわかる。その一方で、おにたの悲しみを、「女の子の一言でおにたの心にキズがついた。そして、氷のようにとけた」「ああ、なんで～」と読む。授業では、この場面を通して、人間である女の子とおにたが全く交わることなく残酷な形で擦れ違ってしまうことを読み合った。しかし、最後の女の子の静かな豆まきからは、教師の読みとは違う流れになった。

　女の子がお母さんの快復を願って、おにた自身と思われる黒い豆をまく場面は何とも切ない。女の子は無邪気に「神様よ」とおにたのことを片付けるが、読み手にはおにたの悲痛な声なき声が聞こえるようである。このように教師は捉えるが、子どもは、「おににもやさしいおにがいるっていうことはわかってもらえなかったけど、神様って言ってくれてうれしい」に代表されるような読みが続いた。「おにたは神様じゃない。おになんだ。」という発言が対峙されたが、やはり「神様」と思われたおにたはすごい、という賞賛の方が大勢を占めた。すなわち、おにたの自己犠牲的な行為に真のやさしさを感じているような読みである。「この豆をまいて豆がおにただったらどうするのだろう」という読みも、「悲しいけれども、自分が豆になったんだから、女の子のために役に立ててよかった」や「やっぱりおにたは最後まで女の子に親切にしてやったんだね」「結局はばれないで死んだんだ。しかも親切なまま」というように、やさしさを貫き通したおにたを評価することに組み込まれていった。女の子の豆まきには共感し、「神様よ…。だって、あんなにやさしいんだもの。それいがいに信じられないわ」と肯定する読みがほとんどであった。

　教室の読みはこのように創られていく。教師の思惑通りには進まない。もち

ろん、教師の読みを押しつけても意味はない。ただ、「おにたは神様と思われて本当にうれしいのだろうか」という投げかけを教師からした。それに対して、改めて考えることには意味があると思う。他の子どもの発言を聞き、揺れることにも意味がある。「意見を変えちゃおうかな」というつぶやきなども出る。教師は自分の読みと子どもの読みのズレについて考え、さらに教材研究や展開方法を迫られる。この授業はこれで終えても次の時間があり、またその先がある。他者の読みに刺激を受けてさらに作品に向き合い自分の読みを掘り起こし、創り変えていく営みに、文学を読むことの意義があると考える。なぜなら、その営みにこれまでの自分の枠組みを打ち破る他者との出会いや人間認識があると考えるからである。

(3) 現実認識、人間理解を深める

　一読総合法では、最初に全体を読まずに一時間一時間読み進めていく。その過程で先ずは文章に向き合い働きかける「ひとり読み」があり、「話し合い」を通して他者の読みと交流し教室の読みを創っていく。「話し合い」の場では、他者の読みに出会うことで自分の読みを自覚し、見直すと共に、また作品と向き合い考えることになる。この学習過程を通して、子どもは作品の全体像を捉えて感想を書く。この感想文からは、個々が創りあげた読みや考えたことが伝わってくるのである。

　Rちゃんは、おにたとは知らずに「おにはあ外」と豆まきをする女の子に向けて次のようなことを言った。「女の子、あの男の子だれだと思う。あの子おになんだよ。おにだからってこわいおにじゃなくて、気のいいおにだから。人間が悪いよ。だっていいおにだっているのに、悪いって決めてるから。」そして、黒い豆となってまかれているおにたは「悲しんでいると思うよ」と言い、「わかってくれた」と女の子に呼びかけた。この作品で描かれているあまりにも悲しいすれ違いに対して、Rちゃんは、人間である女の子が悪いとはっきり言い切っている。最後の場面の授業では出なかったものだ。おにたの悲しみを感じながら、女の子に分かって欲しいと望んでいる。しかし、女の子の側にいる自分へ

の言及には至らない。三年生という学年を考えると、そこまで自分を相対化することは難しいと思われる。

　自分の日常生活と作品世界を結びつけて考えたのはＧくんである。彼は自分がクラスで「よわよわマン」と言われたことに対して、「決めつけられると、とてもイヤな気もちになります。だから、おにたの気もちもわかるような気がします。」と言った。Ｇくんは他の子どもから「弱い」と思われていることがとても嫌だった。でも、言い返す勇気もなく、どうすれば解決できるのか分からずもやもやを抱えていた。この作品に出会って、自分に向けられていることは「決めつけ」だとわかったのだろう。おにたがどんなに理不尽な「決めつけ」のために苦しんだか、その気持ちが理解できたのである。

　Ｔくんは「おにた、何で本当のことを言わなかったんだ。～ばらしてもいいじゃないか」とあっさり作品の問いかけに答える。Ｔくんの感覚で考えれば、女の子に食べ物もあげているんだから、「そうすれば、～女の子もわかってくれるよ」と言いたいわけである。作品が提示している問題に自分なりの考えを示している。Ｎくんは、作者がこれを書いた意味を考えてみる。「作者はこんなやさしい人とか人の悲しみをおしえたくてこう書いたような気がする」と。ひたすら、この話の悲しさに感じ入っている子もいる。「わたしはこの話をよく考えてみると、かわいそうなお話だと思います。だって、『わるいおに』だと思われながら黒い豆になっちゃうんだもん。」と。「おにたのやさしさは人間である私はわかっているから、信じているから」と言う子もいる。

　文学の授業はこのように一人ひとりの子どもの琴線に触れるものでありたい。ことば表現を紡いでいきながら、登場人物のことを我がごとのように感じる。作品世界の人間の有り様を個々に捉えて考える。そして、子ども自身がその有り様をどう価値づけたのかの表明がある。「おにたのぼうし」を学んだ三年生には、さらに自分の内面に分け入り自問することは難しいかもしれないが、高学年になれば価値観をめぐる自分との対決も生まれてくるだろう。文学を文学として読む「文学教育」は、このようなことを子どもにもたらす意味がある。

おわりに

　子どもは文学作品に出会い、心が揺さぶられる。それは、ことば表現を紡ぐことから始まる。本稿では「おにたのぼうし」の子どもの読みを例に挙げた。戦後文学教育のスタートは時枝・西尾論争に象徴される。「文学は言語である」という主張と文学の特殊性を強調した二人の論は文学教育の本質を突く問題である。現在も受け継いで実践し、論じていかねばならない課題であろう。教室において文学を読むことは個の読みを出発として作品と向き合いながら集団の中で創り出していくものである。「主体的・対話的で深い学び」とは、このような文学の読みを通してつくられると言うことができる。文科省が力点を置く情報教育や論理的思考力育成のためのものだけではないはずだ。むしろ、ことばを通して繋がることが難しくなっている今だからこそ、人間の思いに触れる文学を通してことばで語り合う教育が求められていると考える。（三輪民子）

＜参考・引用文献＞
田近洵一（1985）『文学教育の構想』明治図書
西尾実（1950）「文学活動とその指導」『言語教育と文学教育』武蔵野書院
田近洵一（1991）『戦後国語教育問題史』大修館書店
関口安義（1983）「読者論の視点の導入―＜読み＞を取り戻す―」
『月刊　国語教育研究　9月』日本国語教育学会編
大槻和夫（2001）「70　文学教育」『国語科重要用語300の基礎知識』大槻和夫編著　明治図書
田近洵一（2013）『創造の＜読み＞―文学の＜読み＞の再生を求めて』東洋館出版
難波博孝（2008）『母語教育という思想―国語科解体／再構築に向けて―』世界思想社
鈴木愛理（2016）『国語教育における文学の居場所』ひつじ書房
竹内好（1952）「人間・芸術・教育」『教育』国土社

第4節　作文教育の歴史を考える

はじめに

　日本の綴方・作文教育の歴史の中で、日本独自に「生活綴方」という概念を形成してきた歴史を記述する際の課題について考察を深めていくことにする。
　「生活綴方」という概念の形成の歴史を記述して、それに基づく向後の綴方教育の可能性あるいは課題を提起しょうとする場合、はじめに「生活綴方」を特定するために「生活綴方」の概念の仮説が必要である。それは、次のように、ある実践における言語活動として規定することができる。
　生活綴方教育実践とは、自己の実生活（自己の内面と行動及び環境）を文章表現することと、課題の解決の必要に応じて自他の上述した文章表現を他者とともに検討することを促して、文章表現技術の指導と並行して、自己の実生活の見方、考え方、感じ方、行動の仕方の追究を促す指導をして、生き方の探求を促す指導をすることである。
　したがって、生活綴方実践とは、教育の主体を学習者自身へ移行して、生活綴方教育実践の目的・内容・方法を自己教育の目的・内容・方法として用いて行う実践のことである。
　これらの際に記述される文章表現を生活綴方とする。
　以上のことから、生活綴方教育実践の教育的意義として、生活綴方を書くことと読むことの、人格と能力の発達に関わる機能とともに、とりわけ実生活上で環境に働きかける際の判断における機能が問われる。
　このような生活綴方という概念を形成してきた歴史上の、生活綴方教育実践の事実と、生活綴方教育実践に携わった教師などの個々人の思索や議論の詳細を丁寧に明らかにした上で、その結果に基づいて考察することによって、向後の生活綴方教育実践の可能性あるいは課題の考察が深められると考えられる。

1. 志摩陽伍「戦前生活綴方の歴史」について

　生活綴方に関する歴史を記述した先行研究の中では、志摩陽伍「戦前生活綴方の歴史」（1993年4月）が、生活綴方の概念が生成した前後という初期の歴史に着目して、史実が示している問題を引き継いで考察するという方向性をもつ記述を課題として打ち出している。その冒頭で、志摩は、次のように述べている。

　「戦前生活綴方の歩みは、この教育思想の原型と多様な展開の可能性を示すものとして豊かな内容をもっている。／したがってここでは、かなり長いパースペクティブでとらえた生活綴方の教育的意味や持ち味について、その戦前の歴史の大筋を振り返りながら考えてみたい。／事実の展開の細部に及ぶ余裕はなく、（中略）、生活綴方に特徴的な子ども観、生活観、文化観などにふれてみたい。」（同上書、p.16）

　志摩は、この論考の中で、生活綴方という概念を形成してきた歴史という長い視野で捉えるという課題だけでなく、特徴的な子ども観、生活観、文化観といった歴史を見る視点も打ち出している。そして、これらの点について、志摩は、次のようにまとめている。

　「まさに各地域のくらしの特徴を一人ひとりの子どもの内面の真実に応じて、生活事実が『ありのままに』表現されてきたところに生活綴方が成立したと見なければなるまい。／そこには、当然に子どもを生活の主体であると同時に発達の主体であり、自らの表現行為を軸に学習していく主体とみなす子ども観が芽生えていたといえるだろう。」（同上書、p.20）

　「指導の契機としてとらえられた地域の『生活』は、そこに幾重にもたたみ込まれた自然的・人為的条件として歴史的、社会的な眼でとらえられている。そして『生活と表現』を結ぶリアリズムの教育は、生活認識を深める生活的知性を育てるものであり、その過程は、散兵的協働としての集団性・組織性を必要とするというものである。」（同上書、pp.26-27）

第Ⅴ章　ことばの教育の歴史を考える　167

　志摩は、単に史実を明らかにするという課題を超えて、史実が示している問題を引き継いで考察するという生活綴方に関する研究のひとつの地平、すなわち、視野、視点、及び、史実の解釈の枠組みを導き出し、向後の研究の課題を示したと言える。

　そして、この課題は、視野においては、「生活綴方」という概念を形成してきた教育運動を基軸として、その社会的背景と、この教育運動に携わった個々人の思索の経緯という層を成す構造的な把握が求められていると考えられる。さらに、戦前から戦後へと把握する時期を延長することも考えられるものである。

　また、子ども観、生活観、文化観といった歴史を見る視点は、その視点から見た史実の要諦から、より深く歴史を見極めるための視点、すなわち、実生活上の何らかの実践における言語活動として捉えるという仮説へと導くものであると考えられる。

2. 研究の視野

　「生活綴方」という概念は、日本の近代公教育の場から生成した概念であり、近代公教育の教育実践として検討する必要から、日本の近代（明治以降）が研究の対象となる。そして、日本の近代公教育は、アジア太平洋戦争終了で大きな転換点を迎えたことにより、アジア太平洋戦争終了の前後で時代を区分して研究することになる。戦後は、戦前の「生活綴方」という概念の形成を進めた全国的な教育運動の業績を引き継いだ日本作文の会による教育運動が現在続いているので、現在までが研究の対象となる。

　そして、既述したように、「生活綴方」という概念を形成してきた教育運動を基軸として、社会的背景と、この教育運動に携わった個々人の思索の経緯という層を成す構造的な把握をすることによって、国家や社会の動きと個々人の思索の総和として、生活綴方教育実践を捉えることを可能とすると考えられる。

　この視野のうち、生活綴方の概念が生成する初期の歴史に着目して、生活綴

方の概念が生成する契機から捉えることは、その後の生活綴方の概念の形成を理解する上で必要である。

「生活綴方」という概念の形成を進めた全国的な教育運動は、1929年10月の小砂丘忠義が主宰した『綴方生活』誌の創刊から始まると言える。その前後の社会的背景の大概として、とりわけ大正デモクラシーという社会運動の風潮を反映した大正自由教育運動を挙げることができる。また、欧米の民主主義の思想の影響が高まる一方で、ロシア革命の影響を受けて社会主義の思想の登場も挙げることができる。そして、綴方教育においては、随意選題を主張した芦田恵之助の綴方教育論、鈴木三重吉によって創刊された児童雑誌『赤い鳥』誌における綴方や童謡の改良運動、プロレタリア文学などの新興文芸思潮などが影響を与えていた。

そして、このような背景の中で、「生活綴方」という概念の形成に携わった個々人の思索に注目していくことになる。

3. 研究の視点

小砂丘忠義（1897-1937）の場合をみていくことにする。小砂丘は、1917年に高知師範学校を卒業し、母校である杉尋常高等小学校の訓導となり、そこで文集『山の唄』を刊行した。小砂丘は、その第二号（1919月10月）の冒頭に「主張」という文章を掲載した。その文章で、小砂丘は次のように述べている。

「私達は先づ第一に、この世に生れたことをよろこばねばならない。（中略）他の誰の所有物でもない自分が出来たのだ。奴隷でなしに君主に生れた。／私達の路はこゝから開けてゆく。自分達が君主である所からだ。生殺與奪、自分の思ひにまかされる自分である。／世の中に自分を主宰する者は自分一人だと思へば愉快ぢやないか。（中略）／凡そ世に、他人の手先にあやつられるばかり、いとふべきものはないと思ふ。それは第一義の吾人の名誉を無視したことだからである。第一義の名誉とは、『吾人は吾人の吾人なり。』といふことである。この名誉こそは私達の命がけになつて保護しなければ主張しなければならぬも

のである。／私達の出発点はこゝです。」（漢字は新字体に変更）

　小砂丘は、自我によって自己を認識し、自分の生命と自我の存在を認識して、自分の生命と自我の主体性を認識した。しかも、自分が死に至るまでの生涯にわたって、自分の生命と自我の主体性は貫徹するべきものであると考えたのである。

　この文章は、小砂丘自身の、近代的自我の確立を第一義として尊重するという宣言である。ここから、小砂丘の根本的な問題意識は、近代的自我を確立することを前提として、近代的自我の内容とその形成過程の探究であると推察することができる。

　小砂丘は、文集『山の唄』の公刊以降、実生活上で得た自分の認識や意見を文章で発表するようになっていった。このことから、自我意識を尊重して自己の存在と意見を文章で主張する青年が教師となり、自分自身の近代的自我の思想を教育思想として展開させて、綴方教育の実践・研究・運動として具現させたことを、「生活綴方」という概念の形成の最も重要な契機であったと考えられるのである。

　つまり、近代的自我の内容とその形成過程の探究を、綴方教育の実践・研究・運動の展開の中にみていくという視点が考えられるのである。

4.「生活綴方」という概念を形成してきた教育運動について

　「生活綴方」という概念を形成してきた全国的な教育運動は、1929年10月の小砂丘忠義が主宰した『綴方生活』誌の創刊に始まり、1941年頃まで続き、一時途絶える。この間、千葉春雄は『教育・国語教育』誌（1931年4月創刊）を主宰しながら、児童向けの『綴り方倶楽部』誌（1933年4月創刊）をも主宰した。そして、千葉は1934年1月に全日本綴り方倶楽部を結成して、綴方研究の交流の場を創り出した。また、1934年頃から小砂丘らの『綴方生活』誌の編集者たちと北方性教育運動を形成してきた教師たちとの交流が始まった。さらに、東北地方の各地域で北方性教育運動を形成してきた教師たちが集

結して、1934年11月に北日本国語教育連盟を設立し、1935年1月にその機関誌である『教育・北日本』誌を創刊した。そして、1935年7月には、北日本国語教育連盟の名で、その綱領的な文書である「北方性とその指導理論」を『綴方生活』誌に発表した。

こうした教育運動の中から、『綴方生活』誌の創刊宣言である「吾等の使命」（1929年10月）と第二次同人宣言である「宣言」（1930年10月）、及び、『教育・北日本』誌の創刊号に掲載された北日本国語教育連盟の創立宣言である「北日本国語教育連盟―設計図―」（1935年1月）から、それらの課題と解決の方向性をみていくことにする。

以下は、『綴方生活』誌の「吾等の使命」と「宣言」である。

「吾等の使命／『綴方生活』は綴方教育の現状にあきたらずして生れた。いな単に綴方教育の一分野のみでない。現代教育の全野に於て満たされぬ多くのものを見出すが故に、微力を顧みず敢て出発する。綴方生活は新興の精神に基き常に清新溌剌たる理性と情熱とを以て斯界の革新建設を企図する。その目ざす所は教育生活の新建設にあるが、その手段としては常に綴方教育の事実に即せん事を期する。／『綴方生活』は教育に於ける『生活』の重要性を主張する。生活重視は実に吾等のスローガンである。」（漢字は新字体に変更）

「宣言／生活教育の叫ばるるや久しい。されど現実の教育にあつて、これこそ生活教育の新拓野であると公言すべき一つの場面を発見し得るであらうか。／何時も教育界は掛声だ。そこには一つの現実をリードすべき原則なく、一人の現実を生き切るべき実力者がないかに見える。／教育は無力であるか。果して教育は無力であるか。真実に生活教育の原則を握り、その実現力としての技術を練るの道、これこそ若き日本教育家のなすべき仕事中の仕事であらねばならぬ。／社会の生きた問題、子供達の日々の生活事実、それをじつと観察して、生活に生きて働く原則を吾も掴み、子供達にも掴ませる。本当な自治生活の樹立、それこそ生活教育の理想であり又方法である。／吾々同人は、綴方が生活教育の中心教科であることを信じ、共感の士と共に綴方教育を中心として、生活教育の原則とその方法とを創造せんと意企する者である。」（漢字は新字体に

第Ⅴ章　ことばの教育の歴史を考える　171

変更）

　これらの宣言について、志摩は前掲した論考で、次のようにまとめている。
　「マクロな観点から最重要な共通点をとり出せば『生活』と言語活動としての『綴方』を結びつけることによって単に綴方教育だけでなく全教育の革新をとげようとしていることである。」（志摩、前掲書、p.19）
　この「『生活』と言語活動としての『綴方』を結びつける」ことについて「宣言」からみていくと、「社会の生きた問題、子供達の日々の生活事実、それをじっと観察して、生活に生きて働く原則を吾も掴み、子供達にも掴ませる」と述べられている。これは、所与の環境、換言すれば、実生活を規定する外部の影響の総体について、それを原則として把握することであると解せる。また、「本当な自治生活の樹立」と述べられているが、これは意識的に環境に働きかけて、環境を変革していく生活の主体の確立と解せるのである。そして、これらのことを綴方教育上で行うのであると、「綴方教育を中心として、生活教育の原則とその方法とを創造せん」から解せるのである。
　次は、「北日本国語教育連盟―設計図―」である。
　「我等は単純に観念的な地域区として、乃至は封建的部落根性の為めに北日本を区画せんとするものではない。／それは明らかな事実として、植民地以外この北日本ほど文化的に置き去りを食つた地域は外にあるまい。又封建の鉄の如き圧制が、そのまゝ現在の生産様式にそしてその意識状態に規制を生々しく存続してゐるところはあるまい。／しかも加ふるに、冷酷な自然現象の循環、此の暗澹として濁流にあえぐ北日本の地域こそ、我等のひとしき『生活台』であり、我等がこの『生活台』に正しく姿勢することに拠つてのみ教育が真に教育として輝かしい指導性を把握する所以であることを確信し、且つその故にこそ我等は我等の北日本が組織的に、積極的に、積極的に起ち上る以外、全日本への貢献の道なきことを深く認識したのである。／『生活台』への正しい姿勢は、観照的に、傍観的に子供の生活事実を観察し、記述することを意味するのではない。我等は濁流に押し流されてゆく裸な子供の前に立つて、今こそ何等為すところなきリベラリズムを揚棄し、『花園を荒す』野性的な彼等の意欲に

立脚し、積極的に目的的に生活統制を速かに為し遂げねばならぬ。／それ故我等は先づ北日本の国語地帯を足場とし、昨年十一月、宮城、山形、福島、岩手、秋田の同志を糾合して『北日本国語教育連盟』を結成した。／更に我等は執拗に、漸次北日本の教育全野に向かつて驀進すると同時に、全日本に対して働きかける計画を有す。／我等は斯く北日本国語教育連盟結成について宣誓す。」(漢字は新字体に変更)

　この創立宣言の中で、「生活台」という用語は、北日本と呼称した地域の所与の環境を背景としている民衆の実生活の状態を指している。その実生活上の共通する課題は、封建の圧制からの脱却と厳しい自然環境の克服であり、総じて自分自身の実生活を含む文化の近代化である。

　そして、「我等のひとしき『生活台』であり、我等がこの『生活台』に正しく姿勢することに拠つてのみ教育が真に教育として輝かしい指導性を把握する所以である」という記述から、民衆とともに実生活の状態を共有することによる共感と、生活の改善への連帯感が、この文書に込められていることが読み取れる。そして、教師は民衆の実生活の状態を直視して実生活上の諸課題を見出すことによって、それらを教育上の課題とすることを求めていると読み取れるのである。

　さらに、「生活台」という用語は、「野性的な彼等の意欲に立脚し、積極的に目的的に生活統制を速かに為し遂げねばならぬ」という記述から、子どもたちの生活を、一人ひとりの子どもの本来の生活意欲を活かして、目的をもって主体的且つ組織的に創り上げていく立脚地であると解せるのである。

　以上のことから、「生活台」という他者と共有する地域の実生活の状態を意識して、他者とともに主体的且つ組織的に生活を創り上げていくことを教育のねらいとしていると解することができる。このことは、生活の主体や発達の主体の形成だけではなく、主権者市民の形成を内容する近代的自我の確立に向かうことを教育のねらいとしていると考えられるのである。

おわりに

　実生活上という所与の環境に生きて発達する人間に視点を置いて、その人格の発達の核心に「生活の主体性の発達」と「学習の主体性の発達」という意義を定位して、その発達のあり方とそれを助成する教育のあり方を追究するという課題に対して、近代日本教育史上、生活綴方教育実践が最も接近したと推定できる。

　そして、生活綴方教育実践の究極的な可能性には、人間の主体性と共同性を本質とする主権者市民の形成があると仮定して、「生活綴方」という概念の形成の歴史を丁寧に記述することが課題となると考えられるのである。（神郁雄）

<参考文献>
・志摩陽伍「戦前生活綴方の歴史」日本作文の会『学級文集の研究―生活綴方と教育実践―』大空社、1993 年 4 月、pp16-28
・小砂丘忠義「主張」『山の唄』第二号、1919 月 10 月、pp.1-2
・同人「吾等の使命」『綴方生活』創刊号、1929 年 10 月、p.5
・同人「宣言」『綴方生活』第 2 巻 10 月号、1930 年 10 月、p.4
・北日本国語教育連盟「北日本国語教育連盟―設計図―」『教育北日本』創刊号、1935 年 1 月、p.1

第5節　古典の教育の歴史を考える
――ことばの教育における古典教育

1. 古典とは何か

「古い時代に出来、現在まで何らかの価値が認められてきた作品」「典　①本、②手本、おきて、のり。②より所があって正しい」（新明解国語辞典）
　作品自体に価値があるとするか、作品を読む人が価値を判断するかで、意見が分かれている。

2.「新学習指導要領」の「伝統と古典」重視

　国語科学習内容の変更―「話すこと・聞くこと」「書くこと」「読むこと」「言語事項」→「話すこと・聞くこと」「書くこと」「読むこと」「伝統的な言語文化と国語の特質に関する事項」
　国語の学習目標としてあげられている「表現と理解能力」「思考力・想像力・言語感覚」「国語に対する認識を尊重する態度」という在来の目標に、特に「伝統的な言語文化」を取り立てる必要があるか。その内容や必要性や方法など一切ふれずに、これまでの教育内容の「表現・理解・言語事項」の枠をくずし、言語にとって必要な音声・文字・文法と並列に古典を入れる強引さと非科学性は目に余る。母語を豊かにするために、国語科の内容を広げることを考えるのであれば、次の順序が必要である。
①．アイヌ人のことば、沖縄の方言、各地域の方言を尊重し、必要に応じて学習する。
②．韓国語・朝鮮語、中国語、英語…などの他国語をその国民や文化と共に学習する。

③. 現在日常的には使われていない古典を、言語や時代やそこに描かれている人々の身分や社会的環境や気持ち（認識、感情）を汲み取り、現代人としての生き方や言語体験として有用なものを考える。

3. 戦前の国語教科書

―さくら読本（大正デモクラシーと文芸主義の限界）を中心に考察
①. 大日本帝国憲法と教育勅語を理念とし、教科書の学習が「忠誠儀礼」であるように編集される。
②. 天照大神、神武天皇を祖先とする歴代表をかかげる国史、国民の忠誠を訴える修身の補完教材。
③. 「平家物語」「太平記」を中心に、天皇や主君のために死んでいく武士の姿を美化し、国民の理想的なあり方として提示。教科書では文語文を支えながら、分かりやすい文章でリライトされる。
④. 宮廷貴族や武士の生き方、地方の多様な偉人、英雄説話が、古典として位置づけられ、その人生が平易な文体で語られる。文語調のリズム感によって、忠良なる日本国民に収斂していく。

4. 現行の古典教材

①.「竹取物語」「枕草子」「平家物語」「徒然草」「奥の細道」「百人一首」の特定の箇所に限られる（小中）。小中の教材に加えて、入試のために、読解の技術と古典文法の知識によって上代から江戸時代までの貴族や武士などの文化的な側面を多様に考察する（高・予備校）
②. 原文の暗記・暗誦と、現代語訳の技術と古典文法による説明と、教師の鑑賞への共感が中心。生徒や教える教師の社会生活や言語体験に基づく話し合いや考察はあまり行なわれない。
③. 教材と学習内容

・天皇、皇室、国家への賛美は、建国の日、17条憲法、君が代など、解説文で儀礼として教える。
・闘う武士の姿から、戦争や暴力を「美化」し「詠嘆」し、敵として敗れ、殺されるのを当然とする。
・宮廷文化や隠者の生き方から、日本の支配者の到達した美的な価値の高さに共感させ、これらの美しさを共有することへの満足感の中で、社会的・知的劣者を差別する気持ちを持たせる。

（森本真幸）

第6節　文法教育の歴史を考える──日本語文法と英文法

はじめに

ことばの教育の「ことば」には「母語」と「外国語」がある。それぞれについて文法をどのように考え、どのように扱うのか整理し、そこから全体としての「ことばの教育」でくくらなければならない。

本節では多くの日本人の母語である日本語と、外国語の一つである英語の文法を比較しながら、ことばの教育において文法をどのように位置づけるか明らかにしたい。

2. 小学校学習指導要領「国語」

小学校学習指導要領の「国語」では「国語を適切に表現し正確に理解する能力を育成し、伝え合う力を高めるとともに、思考力や想像力及び言語感覚を養い、国語に対する関心を深め国語を尊重する態度を育てる」（文部科学省 2008）とある。文法という角度からこの指導要領を見てみると、「適切に表現し正確に理解する能力を育成」するところに位置づくようである。

各学年の内容を見ると第3学年・4学年の〔伝統的な言語文化と国語の特質に関する事項〕の「イ　言葉の特徴や決まりに関する事項」において以下の点が挙げられている。

(ア) 言葉には、考えたことや思ったことを表す働きがあることに気付くこと。
(イ) 漢字と仮名を用いた標記などに関心を持つこと
(ウ) 送り仮名に注意して書き、また、活用についての意識を持つこと。
(エ) 句読点を適切に打ち、また、段落の始め、会話の部分などの必要な箇

所は行を改めて書くこと。
(オ)　表現したり理解したりするために必要な語句を増し、また、<u>語句には性質や役割の上で類別があることを理解</u>すること。
(カ)　表現したり理解したりするために必要な文字や語句について、辞書を利用して調べる方法を理解し、調べる習慣をつけること・
(キ)　<u>修飾語と被修飾語との関係など、文の構成について初歩的な理解をもつこと。</u>
(ク)　<u>指示語や接続語が文と文との意味のつながりに果たす役割を理解し使うこと。</u>

（文部科学省 pp.23-24）

「語句には性質や役割の上で類別があることを理解する」というところに日本語文法への意識を持たせることがあり、3年生からその指導を行うことになる。「修飾語と被修飾語との関係など、文の構成について初歩的な理解」「指示語や接続語が文と文との意味のつながりに果たす役割を理解」も「文法」につながる部分と思われる。

　第5学年・6学年では同じく「2．内容」の〔伝統的な言語文化と国語の特質に関する事項〕において以下の9項目が挙げられているが、「時間の経過による言葉の変化や世代による言葉の違いに気付く」「文や文章にはいろいろな構成があることについて理解すること。」などが文法を意識して掲げられている項目であろう。もちろん「文法」を広く捉えれば句読点のつけ方などもその中に入るのであろう。

(ア)　話し言葉と書き言葉との違いに気付くこと。
(イ)　<u>時間の経過による言葉の変化や世代による言葉の違いに気付くこと。</u>
(ウ)　送り仮名や仮名遣いに注意して正しく書くこと。
(エ)　句読点を適切に打ち、また、段落の始め、会話の部分などの必要な箇所は行を改めて書くこと。

第Ⅴ章　ことばの教育の歴史を考える　179

> (オ) 語句の構成、変化等についての理解を深め、また、語句の由来などに関心を持つこと。
> (カ) 語感、言葉の使い方に対する感覚などについて関心を持つこと。
> (キ) <u>文や文章にはいろいろな構成があることについて理解すること。</u>
> (ク) 日常よく使われる敬語の使い方に慣れること。
> (ケ) 比喩や反復などの表現の工夫に気付くこと。　　（文部科学省 pp.26-27）

　結論的に言えば、小学校 3 年や 4 年では発達段階としてことばを相対化して捉える能力が十分に確立せず、文法を意識化させることは難しいので、学習指導要領で掲げているものはやや無理があるのではないか。

3. 学習指導要領の英語（活動）

　ことばを相対化して理解できるのが 10 歳を境にするとすれば、外国語としての英語を行なうときにも同じ論理が働く。「英語活動」においては文法や文の仕組みについては意識させることはないが、子どもの発達段階からすればむしろ 5 年生からは意識させることが可能である。英語の仕組み、すなわち文法を日本語と対比させながらやさしく子どもたちに教えることは小学校高学年からは十分考えられる。

　1992 年に初めて小学校の英語について研究指定校が設置され、全国で実践が積み重ねてきたにもかかわらず 1998 年の指導要領で英語科が導入できなかったのは、5 年生や 6 年生の授業展開が「踊って」「歌って」「会話して」「ゲームで遊ぶ」では意欲や関心が保てなかったことが大きな理由となっている。もちろん指導者もいないという条件もあったが、それは今回の英語活動でも同じであり、むしろ英語を使わなければならないという点では小学校教員に対してより困難を持ち込んだとも言える。

　ただし学習指導要領の「外国語（英語）活動」の「目標」や「内容」は、中学校の「外国語（英語）」の前倒しになっていることから考えると、指導要領

としては「文法」を意識した構成になっているといえなくもない。「英語ノート1・2」「Hi! Friends 1&2」の解説においては、各課で使用する表現を載せてあり、全体を通して第3文型までを基本として、その平叙文、疑問文、否定文と命令文をちりばめている。更に助動詞や進行形などもあり、文法の説明抜きに使わせることは無意味であるような配置となっている。中学校の学習指導要領の前倒しなのだから本来は語法についても意識させるべきであろう。

英語教育における文法の歴史を振り返ると、それは遠く明治の時代までさかのぼることになる。日本が鎖国から開国へと歩み始めた時、外国語の中で最も重要な役割を果たしたのが英語教育であり、その基本として文法がある。もっとも外国語教育という視点では江戸時代の通詞がオランダ語を学ぶにあたって文法を活用したという報告もある。（瀧口優）

<参考文献>
・伊村元道 2003 日本の英語教育200年 大修館書店
・大津由紀雄・窪薗晴夫 2008 ことばの力を育む 慶應義塾大学出版会
・文部科学省 2008 小学校学習指導要領解説 東洋館出版
・文部科学省 2009 中学校学習指導要領解説 東洋館出版

第 7 節　話しことばをめぐる教育の歴史

はじめに

　人間がことばを持つようになって以来、話しことばはつねに存在しており、文字の歴史と比較するとはるか昔からやっていたことになる。しかし「教育」ということばがつくと、途端に話しことばから書き言葉に重点が移ってしまうのはなぜだろうか。
　本節では、話しことばをめぐる教育の歴史を振り返り、とりわけ戦後のことばの教育の中で「話し言葉の教育」がどのように提示され、また行われてきたのかを考えたい。

1. 話し言葉教育の実践に関する研究から

　国語教育史学会の中で「国語教育史研究会」が行われ、多くの発表は書き言葉についての教育や実践が多い中で、コミュニケーションと結びつけた話し言葉の研究についての発表がいくつか行われている（HP より）。「昭和10年代の話し言葉教育」（渡辺通子：2011）や「ディベイトの普及と影響」（熊谷芳郎：2011）などがその一つである。また論文としては「戦後初期話し言葉教育の史的研究」（渡辺通子：2007）や「話し言葉教育に関する実践の研究―大正期から昭和30年代の実践事例を中心に」（有働玲子：2009）などは話し言葉の教育について戦前から戦後までをまとめている。
　実際には様々な形で行われていた「話し言葉」の教育について、十分なまとめができていなかったのはそもそもが音声に関わるもので、記録が困難なものが多いからであろう。しかしカセットテープの普及に始まって録音・録画の機器は長足の進歩をとげてきており、文字化が可能となってきた。そのことが「話

し言葉の教育」に関する研究を保障してきているとも言える。

2. 戦前の「話し言葉教育」の実践

大正期には「口演童話指導論」や成城小学校の「聴き方科」の存在があり（有働2009）、20世紀をむかえた当初から、「話し言葉教育」について意識的な追求がなされていたことが伺える。生活綴り方運動の中でも話し言葉実践を取り上げたものもある（有働2009）。ただし1930年代以降は戦時体制の中で一時的にはこうした追求が難しかったことは確かであり、戦意高揚に結びついた実践以外は実施できなかったことが伺える。それでも杉並第五国民学校の話し言葉教育実践のように、戦中から戦後へとつながり、1946年3月15日にアメリカ教育使節団が授業を参観するところに結び付けていったという報告もある（有働2009）。

3. 戦後の学習指導要領に見る話し言葉教育

戦後の教育においては学習指導要領の影響が徐々に大きくなるが、1947年に最初に出された学習指導要領では小学校高学年（4年生以上）において、「話しかた学習指導」について「読み方」「書き方」「聞き方」と合わせて丁寧に提示してある。

第一に小学校高学年の「話しかた学習指導の目標」として以下の5点を掲げている。
(1) 人の話を注意して聞くようにする
(2) はっきりとおちついてものをいうようにする
(3) 見たこと聞いたことを順序だてて話すようにする
(4) ことばづかいや、いいまわしなどを正しくする
また同時に次のような点についても言及している。
(1) よいことばとは、どんなことばであるか、それを考えるようにする

(2) よいことばとわるいことばとを比べて、よいことばの力とか美しさとかをわからせる
(3) よいことばをつかうには、どうしたらいいのか、そのしかたについて考えていく
(4) 話すことがらを、うまくまとめ、聞き手にはおもしろくわかりやすく伝える力をやしなう
(5) 相手とばあいに応じて、それにふさわしい話しぶりができるように学習する
(6) ほかの人の話の要点を、すぐつかむことのできる力をやしなう

さらに「話しかた学習指導上注意すべき点」として；
(1) 人にこころよい感じを与えるような声をだし、また、身ぶりや、表情にも注意する
(2) はっきりとした発音と語調で話をすすめていく
(3) できるだけ、語法の正しいことばをつかい、俗語または方言をさけるようにする
(4) 相手の話をおしまいまでよく聞き、いわゆる聞きじょうずになる
(5) 話しかたは、いつも自然な場面によって行い、不自然な形式的機械的な学習をさける

その他、「話しかた学習の場所とよい機会」として①学校における昼食時間、②お話会、③演劇会、④報告会、⑤話し合い、⑥自治会、⑦編集会議（学校新聞・学級新聞・かべ新聞・文集などの編集会議）等の場面を提示し、それぞれについて留意点をあげている。実に丁寧である。

1951年の改訂（試案）では、「国語能力」表を提示して、小学校1年から6年まで具体的な留意点を掲げている。4年生の「話すこと」の国語能力を取り上げると以下のようになっている。なお国語能力表については「国語のさまざまな能力を、児童の発達段階に照して、学年別に、一つの表として、組織・配列したものである」としている。

　①じょうずに話そうとする心構えができる

②他人の意見を尊重して、話すことができる
③親しみのある態度で話すことができる
④読んだ本について、簡単な報告をすることができる
⑤理由や根拠をあげて、自分の意見を述べることができる
⑥要点をつかんで話すことができる
⑦電話をかけることができる
⑧適当な速さで話すことができる
⑨方言を使わないで話すことができる
⑩適当な修飾語を用いて、話すことができる
⑪自分の話法の誤りを認めることができる
⑫ある程度、話の切り出しや結びをじょうずにすることができる

　1968年改訂では、聞くことと話すことが一緒になって以下のような目標になっている。話すことについて独立して考えていくことが放棄されている。
①話の内容をまとめることができるように聞くこと
②適切な音量や速さで話すこと
③意味のまとまりごとにくぎりをつけて話したり，中心点がはっきりするように話したりすること
④考えをまとめてから話すこと
⑤相手の言おうとすることを正しく聞くとともに，話題からそれないように話し合うようにすること
⑥正しい発音で話すようにすること
⑦必要な場合は，ていねいなことばを正しく使うこと
⑧共通語と方言とでは違いがあることを理解し，また必要な場合には共通語で話すようにすること

　1977年改訂では、「理解」と「表現」に分けられ、4技能をまとめて目標が掲げられている。話すことに絞ると以下のとおりである。
①なまりや癖のない正しい発音で話すこと
②目的に応じた適切な音量や速さで話すこと

⑯共通語と方言とでは違いがあることを理解し，また，必要に応じて共通語で話すようにすること

17項目のうち、わずか3つということで、多くの項目が「書くこと」に言及したものである。なお「表現」の中に「話すこと」についての留意点として「内容の中心点がよく分かるような話し方をすること」「筋道をはっきりさせて話すこと」があるので、5項目であるが、果たしてこれで小学校4年生の「話すこと」の指導ができるのだろうか。

1989年の改訂では「表現」が前面に出て、「書くこと」についての留意点が多くなり、以下のわずか2つとなってしまう。「話すこと」についての指導は全く放棄したとも言える指導要領である。

①相手や場に応じて内容の軽重を考えて話すこと
②話の中心点が分かるように、筋道を立てて話すこと

なお「言語事項」の中で「発音及び発声に関する事項」として、「なまりや癖のない正しい発音で話すこと」と「目的に応じた適切な音量や速さで話すこと」が加わっているので、合わせれば4つとなるが、戦後直後の指導要領と比べて、「話すこと」についての記述が激減している。

21世紀を前にした1998年の改訂では、「話すこと・聞くこと」「読むこと」「書くこと」に分類され、4年生単独ではなく、3年生と合わせた目標として以下のものが掲げられている。

①伝えたい事を選び，自分の考えが分かるように筋道を立てて，相手や目的に応じた適切な言葉遣いで話すこと
②話の中心に気を付けて聞き，自分の感想をまとめること
③互いの考えの相違点や共通点を考えながら，進んで話し合うこと

更に「言語事項」の中で「その場の状況や目的に応じた適切な音量や速さで話すこと」が加えられ、4つに絞られてしまった。

2008年改訂では、「聞くこと・話すこと」「読むこと」「書くこと」の分類は変わらないが、「話すこと」に関係する項目は以下のとおりである。「話すこと」の指導について少し重視する姿勢に変わってきたことが伺える。

①身近なことや経験したことなどから話題を決め，必要な事柄を思い出すこと
②相手に応じて，話す事柄を順序立て，丁寧な言葉と普通の言葉との違いに気を付けて話すこと
③姿勢や口形，声の大きさや速さなどに注意して，はっきりした発音で話すこと
④互いの話を集中して聞き，話題に沿って話し合うこと
⑤事物の説明や経験の報告をしたり，それらを聞いて感想を述べたりすること
⑥尋ねたり応答したり，グループで話し合って考えを一つにまとめたりすること
⑦場面に合わせてあいさつをしたり，必要なことについて身近な人と連絡をし合ったりすること
⑧知らせたいことなどについて身近な人に紹介したり，それを聞いたりすること

おわりに

「話し言葉の教育の歴史」ということで、戦後の学習指導要領を中心に取り上げてみた。戦後すぐの時期に比べて「法的拘束力」を持ち込んだ以後の方が教育としては手抜きになっていると言わざるを得ない。テレビやラジオ等、子どもを取り巻くことばの環境からすれば、より充実して取り組む必要があったわけであるが、そのような流れとなっていない。そのことが日本の子どもたちの「話すこと」に対してマイナスの影響を与えていることは否めない。

　なお、日本には各教科や領域に関わる民間教育研究団体があり、日々研究や実践を積み重ねている。そうした中で学習指導要領の課題を乗り越えてすぐれた実践を生み出しているケースも少なくない。また教職員組合が1951年に始めた「教育研究全国集会」は全国各地で取り組まれているすぐれた実践を報告

し合い、またそれぞれの地域に戻っていくという流れの中で、大きな力となってきたことは確かである。その点から「話し言葉の教育」を分析する必要がある。（瀧口　優）

　＜参考文献＞
・渡辺通子 2011 昭和 10 年代の話し言葉教育論の史的研究―雑誌「コトバ」シンポジウム「話し方教育の動向と対策」を中心に―国語教育史学会報告
・有働玲子 2009 話し言葉教育に関する実践の研究―大正期から昭和 30 年代の実践事例を中心に　　風間書房（兵庫教育大学大学院連合学校教育学研究科教科教育実践学専攻言語系教育連合講座）
・学習指導要領小学校国語（昭和 27 年から平成 20 年まで）

第Ⅵ章　ことばの教育と文化と教養

第1節　ことばの教育と文化

　ことばの本質についてふれたとおり、言語のもつ間接性、代替性、象徴性、抽象性によって人間は文化を創造し、伝達し、蓄積していくことが可能になった。ことばを失うことはどういうことか、これは人間が失語症になり、言語による認識を失った瞬間に文化文盲になること、あるいは外国語を理解できないで異国に住む場合の不自由さを想像するだけでも容易に察せられることがらである。言語の誕生によってひとたび単なる動物的合図が複雑な人間的コミュニケーションに翻訳できるようになると、存在と世界の全地平がわれわれの前に開かれ始めたといってよい。かってことばが誕生する以前に、大きな石や、猛々しいライオンが巨大な力を印象づけたり、木片を乱打して危険が身近に迫っていることを知らせることはあっただろう。しかしものごとの意味づけがことばという象徴的音声によってなされるようになって、人間の精神は経験を表現する効果的な手段を得たのである。

　こうして身体に基礎づけられた肉声としての「話しことば」は文化創造の基礎となった。まとめていえば「象徴を作る能力——主として整然とした話ことばによる象徴の表現——は、あらゆる人間行動の基盤であり、文化を永続させる手段であった」(Mumford,1967)

　近年の文化人類学では、端的にいって「文化とは意味のある象徴の体系」のことであり、「文化は象徴に表現される意味のパターンで、歴史的に伝承されるものであり、人間が生活に関する知識と態度を伝承し、永続させ発展させるために用いる、象徴的な形式に表現され伝承される概念体系を表している」(C.Gertz.1987)と定義されている。分かりやすくいえば、近代言語学の祖であるW.フンボルトがいみじくも言ったように、私達は言語のお陰でちょうど

世界中の森羅万象を見聞する旅に出かけることができるようになったといえよう。だが同時に、ことばを中心とする象徴（シンボル）は、国家や集団の統制的手段としての役割も担ってきた側面をもつことも忘れないようにしょう。教育の実態を社会学的に考察したB.バーンスティンは「本質的に、＜教育＞装置は象徴による支配者である。意識に対して権力を持つという意味で意識を支配するのであり、また意識の実現の正当性を測定するこという意味で支配するのである」（1996）と分析した。言語についてのマクロな教育政策においても、ミクロな教室の授業においても、ことばとコミュニケーションにかかわる諸力が働いていることに留意しておきたい。

このことばを中心とするシンボル形式（言語のほかに数、音符などの記号一切を含む）の全体像について、今日まで最も深く考察されたものの一つに、E.カッシーラーの『シンボル形式の哲学』（木田元ほか訳、岩波文庫、全4巻、原著1923）がある。本章の以下の各節は、この研究による各文化領域の考察と、現代日本の学校の教育課程や教科の内容の区分を参照しながら、戦後日本のすぐれた教育実践が文化をどうとらえてきたかを、「ことばの教育」を中心に事例的に吟味したものである。筆者の直接に見聞した事例に限った試論的なもので機会を見て補いたい。さいごにことばの誕生以前の問題、つまり人類の進化における無意識から意識化への過程についてのいくらかの知見を補っておきたい。

一つは無意識と意識との関係、さらに夢の領域に鋭く切り込んだフロイドに代表される考え方である。フロイドは「精神分析における精神の定義は、精神は、感情、思考および欲望という本質の過程である」として、ときには覚めた日常の理性的制御を超える無意識下の潜勢力に着目した。同じく精神分析学派のE.フロムは、人間の初期の祖先から、夢には「われわれの心の最も非合理的なはたらきと、最も高く、最も価値のあるはたらきとの両方の表現」があったと主張している。このとらえ方には、ことばの母体となった人間の精神の中の情動的な潜勢力は、その後に発現する豊かな想像力の源であると同時に、もしそれを適切にコントロールできなければ、悪魔的な狂気と破壊の原動力に転

化することもあると見ねばなるまい。人間の持つ尽きることのない未踏の想像力と、内面における善悪の葛藤、さらに宗教的な信仰の力に迫るためには、この問題に対する視点も不可欠であると思われる。

　これらの原型的な像－神、精霊、亡霊、悪魔－は人間のもつ「夢みる力」という同一の精神の源泉から生み出されたものであり、その力はしばしば時空を超えて現実と夢想の境界をのりこえる。「原発神話」は現代のその典型的な一例であり、科学技術万能の絶対的信仰は、人間的、理性的コントロールを失った時の破滅のありさまをまざまざと示している。（志摩陽伍）

＜参考文献＞
・E. カッシーラー『シンボル形式の哲学』（4巻、木田元他訳、岩波文庫）1987～97
・B. バーンスティン『＜教育＞の社会学理論』（久富善之他訳）2000年
・E.Fromm: Forgotten Language, 1942

第2節　ことばの教育と身体文化

　人間の全生活過程、さらに全文化過程において、言語能力と身体的能力とは、共に基底的な役割を担っている。すでに述べたように、言語の発生は意識の発生と同じくらいに古く、言語活動は人間の目的意識的活動を支えている。そしてこの目的意識的活動こそ生活の計画的営みを創りだし、身体を通しての活動能力と実践能力を支えているからである。戦後の生活指導運動は、「思想と行動能力との統一されたものが人格である」とする人格観を生み出したが、それは体と心の密接な関係に注目し、自分の体と心の主人公として、人間としての権利意識を柱として、自己の生き方を方向づけコントロールしていく身体的教養のあり方を模索したからに他ならない。この身体的教養には三つの側面が考えられる。

　一つは身体の生理と機能、さらにその病理を認識する側面であり、これは病気を癒し、健康で溌剌とした心身を維持する上で不可欠である。第二はスポーツや運動文化の知恵とワザを磨くことであり、第三に、これらの認識と技を日常生活に生かす主体的な自己管理能力である。これらは生涯を通していずれも重要な能力であるが、発達の時期に即してこれらの身体的教養を身に着ける上でことばの教育と身体文化・体育文化、健康文化の習得が密接な関係にあることをすぐれた教育実践は解明してきた。

　たとえば戦後の生活体育の開拓者であった佐々木賢太郎は、『体育の子』という実践記録のなかで子どもたちに自分たちの体側（たいそく）の運動をたがいに観察させ、相互批判によって問題点をまとめさせたうえで、こういっている。「身体教育が、身体の生活過程の現実から出発し、身体的行動による現実認識と共に、言語によってさらに認識を深めている点から、この両面をもって子どもの人間形成を体育科では果たすべきだ」と。また、今日に至るまで長期にわたって岐阜・恵那の生活綴方運動のすぐれた開拓者であった石田和男は、1970年代に『生き方を考える性の教育』を著わし、思春期における人間の体

と心の発達課題としての「性と愛」の問題を、生徒自らの考える学習課題の中心にすえ、そこに含まれる保健的内容、科学的内容、文学的ないしは芸術的内容を、彼ら自身の生き方を問う生活課題として、「自分のことばで考える」授業を生み出していく。これらは今日までいっそう深刻化している環境問題、心身病理、思春期問題に照らしてみても、先駆的であるとともに国際的評価にたえる実践例であるということができよう。(志摩陽伍)

第3節　ことばの教育と美的感性と芸術文化

　日本語には「わざ」と「げい」とを重ねた技芸ということばがあるが、日本語でもヨーロッパ言語でも、語源的には芸術と技術が、アート（art、ars）として同根であることに注目しておきたい。これは、芸術も技術も広い意味での人間活動の表現手段であることでは共通であり、芸術はそれぞれの人間の個性的表現であるのに対して技術はかならず没個性的な標準化、典型化を伴うからである。そして人間の表現は、一般に個性的表現と標準化を合わせ伴うものであり、たとえば総合芸術と呼ばれる、建築や映画の場合、そこには、個性的な美的表現が駆使されていると同時に、それらが建築術や、映画作法の一般的技術に支えられてという両面をもつ。つまり表現手段は個性化すれば芸術となり一般化、法則化、標準化されれば限りなく技術に近づいていく。

　ところで、芸術が芸術となる核心は、そこに美的感性による人間的感動が働いているからである。「共感と感情移入は、芸術教育の方法であり、いわば他の人間の奥深い体験を共に感じること、そのなかに感入することである。芸術作品とは人間がそこから自分の体験の底流をなす水源を共にすることのできる、目に見え飲みほすことのできる泉である」（マンフォード、1952）　たとえば、万葉の歌集、世阿彌の舞、ベートーベンの音楽、ロダンの彫刻から日常のわたしたち庶民の技芸にいたるまでその鑑賞と味読に際してこの基本的原理はかわらない。ことばの芸術としての詩を例にとれば、大正期の『赤い鳥』自由詩から昭和以降の児童生活詩、現代の子どもに親しまれる谷川俊太郎の詩にいたるまで、この共感と感情移入によってそれぞれの個性的泉が汲みあげられるのである。

　では共感と感情移入を呼びさます美的感動とは何だろうか。それはあえていえば、触発された一人一人の命の輝きというべきものであり、「ここちよさの感覚」ともいうべきもの、情緒・感情、生命と意味に対する直観であり、調和と均衡と安らぎの感覚、またあるときには驚きと驚異の感覚にも包まれる。そ

れはカントが『判断力批判』で考察した「心の奥深くに潜むわざ（Kunst）」であり、また心を清々しくさせる「高尚」の感覚に通ずる。多くの芸術作品に接すれば接するほど、人間的感性はとぎ済まされ感情移入の方法は深化するのであり、生きる意味と価値のとらえ方は深まっていく。関連していえば、古くから洋の東西をとわず「芸術は長く、人生は短し」という箴言は存在した。人間は道具を創る（tool making）存在であると同時に「人間は何よりも真先に自己を建設する動物（self applicating animal）」でもあった。人間は、自ら人間を人間たらしめるために、心のなかに芽生えた夢－空想的描出を現実的企画に転化するためにことばをはじめとする象徴形式を生み出したのである。ヒーリングをことば化することによって言語が生まれ、その言語によって感情をコントロールしつつことばによる芸術としての詩や文学が生まれたといえる。童話のなかに「絵にも描けない美しさ」という表現があるが、感動の極致は、ことばでも絵にも表現できないほどのものであろうが、このことは言語も芸術も実は同根であることを示している。そして人間的本質を示す諸力のなかで、人間的感性の豊かさが育っているかどうかが、すべての芸術文化を享受する上で決め手であることをこのことは教えていると思われる。（志摩陽伍）

＜参考文献＞
・カント『判断力批判』（1790）
・マンフォード『芸術と技術』（1952）

第4節　ことばの教育と技能・技術文化

　最広義における技術の概念は、職人の技能のように習熟によって身につけるわざから高度の工学技術まで、ものにはたらきかける「過程における手段」としての物質的技術をすべて含むものである。また「過程における手段」を物質的技術だけでなく、政治的技術や社交術、表現技術やコミュニケーション技術らの精神的技術まで拡大すると、全生活の中で技術的手段がはたらいているとみなすことができ、総合的に事象をとらえる際には、このような広義の技術的視点は今後ますます重要なものとなろう。こう考えた上で、ここでは常識的にいう物質的技術としての技能・技術文化とことばの教育との関係をとらえてみよう。

　一般に技能や技術は、その歴史的発展のすじみちから見れば、人間の自然的な器官の力を機械的な効能と実用と操作の面から拡張しようとして工夫されたものが多い。押さえる力と圧力機械、ねじ切る力と切断機、空を飛ぶ願望と飛行機の発明といった関係がこれである。それらは、人間が自然力を自分の目的のために支配し命令する人間活動の部分としての技術、すなわち「過程における手段」として産業革命以降急速に利便性を高めてきた。その発展のテコとなったのは科学的法則の技術的適用であり、物質的技術は機械や装置として独自の存在となると同時に、技術とは「客観的法則の意識的適用である」という定義もうまれた。そして近代社会における技術は、石炭、石油、電気、原子力をエネルギー源としながら急速な展開をとげていくが、その反面において技術と人間と社会との関係でかっては予想もされなかった重大な問題を惹き起こすことになった。つまり技術がそれを使いこなす人間のしもべであったものが、技術的資源とそのエネルギーが人間の制御の及ばぬところまで肥大化し、これまでは想像も及ばなかった――最近「想定外」ということばが多用されたが――かたちで一人歩きし、逆にそれらが人間の生命と安全、環境の破壊と劣化を招くという事態が起こっている。端的にいって核戦争による人類絶滅と危機と原発

開発による修復不可能な地球環境破壊がこれである。

　この二つのさし迫った文明的危機は、関係がないのではなく、本来人間がその生命の輝きと幸せを追求するために創りだした技能と技術文化が、主客転倒して、「原子力エネルギーまずありき」と核兵器や原発の開発の効用や威力の方が至上目的となり、人間の生命と安全と幸福の方が従となる傾向といわねばならない。ここで技能としてのわざや技術文化とは人間にとって何であったかをあらためて考えてみると、すでにのべたように芸術であるとともに技術でもあった。つまりわざは美しく快いものであるとともに重宝なものであった。たとえば日本の伝統的な芸能に生きる職人気質や性格を如実に語る次のようなことばがある。

　「オレは、何かをするときにも必ず自分の体に調子を聞くよ。」
　「苦労なんて耐えるもんじゃない。苦労は楽しむものです。」
　「はなやぐ。くつろぐ。やすらぐ。これだすなァ。お着物のよろしいところは。」
　これらは本来の技能や技術は人間の体と心にともにやさしいものであることを生き生きと物語っている。最後の日本の和服にふれた着こなしの技術的自由と美的華やかさは、人間の自由で意識的な活動の、創作作品における技芸の統一のありさまを彷彿とさせているといえよう。現代の技術の展開のありさまと病理を、そこで使われていることばの情理によって洞察することは、現代技術の基本方向を転換する上で不可欠な示唆を与えていると思われる。（志摩陽伍）

＜参考文献＞
・L. マンフォード『技術と人間の発達』（原著、1967）
・永　六輔『職人』（岩波新書）1996 年

第5節　ことばの教育と数・数学文化

　日本語にも数詞ということばがあるが、まず数はどのような意味でことばであり、ことばでないか。ことばも数も事物に対応する観念を示す記号であり、共にシンボルとしての共通の性格をもつ。その意味では数も広い意味での言語に属する。しかし日常の言語と数観念とが異なるのは、言語が事物から受ける感性的契機や経験の違いによって異なる意味を含むのに対して、数は、それらから捨象された共通の数観念を示す。数量として示す場合、一頭の羊も一匹の魚も一人の人間も1として数えられることに変わりはない。
　ここには数学の基本的性格である数学的抽象という原理がはたらいており、別のことばでいえば、認識対象の性格にかかわりのない質的無関与性が現れている。また誰しもがもつ近代・現代数学のイメージは、文字や公式や物理的法則のもつ純粋な思考原則と「これでしかあり得ない」という厳密な明証性であり、この数学的抽象によってもたらされた数学文化の世界は、現実の事物から相対的に独立した普遍的世界としてきずかれている。つまり事物から出発しながら事物から離れた数と論理の世界に飛翔することによって、現代のコンピュータをはじめとする情報機器への応用に代表される広範な数学文化の世界が創りだされたといえよう。ところでそのような数ないし数学文化が有効に機能する世界、いいかえれば数学的世界像の普遍性と同時に、その適用限界というものをあらかじめ考えておくことは重要である。そして数と数学文化に固有な普遍性は、のちにみる語りや文学のことばがもつ特殊性、文学性ないしは芸術性と対比することによっていっそう明瞭にとらえられるものとなるだろう。ところでこの様な数観念と文学的ことばとの区別が生まれる前に、人間は無意識から意識の領域へ、言語以前から言語と数の世界へとどのような展開をとげたのだろうか。フロイドは「精神は、感情、思考および欲望という本質の過程であるということにつきる」といい、その「精神には、意識的過程と無意識的過程と欲望が存在しなくてはならない」と考えた。また、マンフォードは「こ

とばのない時期には、人間は、二つの表現手段——連想される事物や事象による具体的な表現手段と夢による表現手段——しかなかった」といい、同じことを E. フロムは「われわれの心のもっとも非合理的なはたらきと、もっとも高く、もっとも価値のあるはたらきの両方の表現がごく初期の祖先にあったと考えてよい」と表現している。また身振りによる意味の相互伝達と云うコミュニケーションの始まりについてマンフォードは次のような洞察を加えている。

「意味ある行為が意味あることばよりも先にあり、そしてこれが、ことばを可能にした。しかし、新しい意味をもちうる行為は、一緒になされ、、他の成員と共有されて、絶えず繰り返され、繰り返して完成される行為、すなわち儀式の遂行であった……それらは繰り返しに対する要求であり、成員互いに答え、互いに真似しあう集団をつくる傾向であり、戯れに他人の役割を演じ、人の振りをすることの喜びである。共感、感情移入、模倣、同一化——これらは、マーガレット・ミードのような人類学者が、すべての文化伝達に対して適切に使っている用語である」と。これらはことばや数詞が、その部族・種族・民族の作者不明の共有財産である事情をよく示している。数の起源、とりわけこれと時間と空間の観念との成立との関係はどうであろうか。原始、人間が狩猟・採取に際して獲物の大きさや収穫の多少、距離や長さや空間の広さ、さらに昨日・今日・明日といった時間の感覚、遠い過去から遥かなる未来に及ぶ時間の流れを考察するに伴って、数観念の発生と発展が促されたことを示す人類学的証拠がある。物の多少に関する観念は、分離量の場合は数量を数えることによって交換の仕方が工夫され、古代エジプトの土地測定は、明らかにギリシャ幾何学の源流となった。

ところでギリシャのユークリッド幾何学は、帰謬法などを含む仮説から結論にいたる論証の論理の典型であるが、これはことばによる論理的証明として記述できるものである。一般に法則は、「〜〜は、〜〜である」と記述できるといってもよい。このような法則の証明の論理的遺産を継承しながら、近代思想のもっとも有力な一人、R. デカルトは『方法序説』や『省察』によって、認識主体としての自己が客観的世界を対象化し、その存在それ自体の法則を探求する方

法を明確にした。いわゆる「対象化」の論理であり、この考え方は、近代科学の法則の解明、したがってまた、科学技術の発展の基礎にある考え方である。この論理は、例えば幕末から明治へ開国の時期に、日本の近代化と西欧化を先導した福沢諭吉によって説かれた「数と理の精神」にはっきりと受け継がれている。

　福沢は『訓蒙窮理図解』や『学問のすゝめ』のなかで、日本文明の進展にもっとも必要だと考えた実学のかなめにこの「数と理のはたらき」があることを強調したのである。だがこの時福沢は、日本の近代化に際して、数理の精神のみが重要であるとしたのではない。これと同時に国民一人ひとりの一身の独立と一国の独立をも併せて強調していたことも銘記しておいてよいだろう。またデカルトにおいても、その近代精神の出現のすがたを当時の時代相のなかでとらえなおしてみると、「われ思う故にわれあり」とする自己の『省察』（1629）の態度と、『方法序説』（1637）にみる科学の論理に対する考察は深く関連していたとみられる。実際、デカルトは解析幾何学の創始者としてもし知られているが、その誕生の根本動機には、空間座標軸という世界のなかでの自己の位置を客観的に知るという動機があったと読みとるのは私だけではないだろう。

　つまり、デカルトにおいても福沢においても、科学の論理の探求や「数と理の精神」の重視は、自己と世界との関係認識、時代のなかでの自己の生き方の探求、自己のアイデンティの確立と深く結びついていたといえる。　他方、全般的趨勢としては、とりわけ19世紀以降の科学技術の急速で巨大な発展と、物質的富の増大と利便性、その反面の破壊の増大は、一種の科学信仰ともいうべき科学主義、科学技術万能主義、目標のない進歩主義の流行をまねいた。しかしこの思潮は、曲折を経ながらも世紀末前後から根本的な見直しと転換の時期に入っており、その基礎にあった数理的世界像、物理的世界像は、事象の数理的関係をみる限りにおいての普遍性であって、自然と人間と世界にまたがる総合的世界観を形成する一面にすぎないこと、そして数・数学文化の現実的役割、たとえば人間の解放と人権の確立にとっての役割は、数学内部の論理によっては解明できず、とりわけその社会的役割や政治認識、その目的や用途を含む

人間と社会の将来像などを含む総合的認識によってはじめて可能になることが広く認識されはじめてきている。（志摩陽伍）

＜参考文献＞
デカルト『省察』『方法序説』など（岩波文庫）
小倉金之助「自然科学者の任務」『中央公論』1936年12月号、
武藤　徹『自然・社会・数学』（武藤徹教育論集5）1987
ヨヒアム・ラートカム、ロータル・ハーン『原子力と人間の歴史』（山崎光昌他訳）2015

第6節　ことばの教育と自然認識・科学文化

　ことばによる思考と認識の問題を考えるとき、まず概念とは何か、どのように概念がつくられるかをおさえておく必要がある。そして自然・人間・社会などの対象認識のそれぞれの対象の違いに応じての特徴と科学的認識としての共通性についてまず理解しておくことが大事である。

　幼児は日常生活のなかで身近な母、犬、リンゴさらにケンカなどの概念を理解し、経験を重ねるにつれてその意味内容を豊かにしていく。この場合それぞれの概念は、対象の事物の、すなわち犬なら犬、リンゴならリンゴのもつ共通性を指し示すと同時に、その犬やリンゴそれ自体の諸性質および犬やリンゴと他の事物とのかかわりを理解する中で、次第にその概念内容を豊かにしていくのである。このことを一般化していえば、事物の認識を深めるための学習とは、概念と事物との相互の意味連関を豊かにしていくことだと言い直すこともできる。だから人間の学習や教養の深さを測る尺度は、そのことばと意味内容や事物との連関をどこまで深くとらえるかによって決まる。例えば「現代社会と福島と大震災」というテーマで、どれほど多様で深い意味連関をとらえることができるか、これは日々の事態と学習の度合いによって変化するものだが、その人間の教養の深さを測る尺度にもなりうる。

　ところで、近代における人間の思考が格段の発展を遂げるのは、日常の生活的概念をこえた科学的概念や法則を媒介させることによってである。そして一般に科学的、法則的認識は物理における質量不変の法則や、経済における逓減の法則のように、実験の検証によるものによる経験から導かれたものにしろ、「〜〜は、〜〜である」と表現できるものである。そこで科学は、その出発点において言語表現（いっそう一般的には数式などを含むシンボル表現）と密接な関係にあることが理解される。このことを科学はもともと精確な言語表現を要求するといってもよい。ところで科学の典型がまず自然科学としてイメージされやすいのは、18世紀以降の近代物理学をはじめとする自然諸科学の発展

と発明、発見の蓄積およびその急速な技術的応用による絶大なその社会的影響によってである。その威力と恩恵をだれもが受けている。ところがその故にこそ反面にまた自然科学が絶対化されると科学主義となり、それは科学の自己信仰、すなわち科学を豊富で数ある可能な認識の一つの形式にすぎないということを理解できずに、むしろ認識と科学が同一のものでなければならないとする信念のわなに陥り、自然科学的認識のみを絶対視する傾向も生まれた。

　例えば原子力科学の専門家が、その専門範囲内での科学的認識のみに関心を向け、その原子力をとりまく社会・環境・人間についての合理的認識を欠く場合には、科学の人間と社会にとって真の意味と役割をとらえることができなくなるのは当然である。現代において特に必要なのは、科学の概念は、科学を自然科学の範囲に限定したり、そこにある客観的法則性のみを唯一のモデルとせず、個人においても、集団や組織においても、自然・人間・社会・歴史・世界全体にまたがる合理的認識、つまり「合理性」（rationality）を基準に科学の範囲は拡張される必要があり、それらすべてが理性的認識の対象となる。これを「科学の目」を自然の世界だけに限定せず、それを全対象を貫ぬくものとしてとらえ、その上で科学的認識の特殊性と適用限界をとらえる時代に私たちは入っているといってよい。

　ことばを巡って現代人の生活全般に起こっている最大の変化と問題点にふれてみよう。それは、システム世界と生活世界という二つの世界のことばの関係として定式化できるものである。

　ごく身近な例からのべれば、今日では生活と労働の全円にマニュアル化が容赦なく浸透している。朝の食事から、職場へ向かう交通手段から、学習の方法、労働の仕方、そして帰宅してのテレビの見方から余暇のすごし方まで、マニュアル化され、それを知らなければどうにもならない器物にとり囲まれている。テレビの見方一つをとっても、ある日からいわゆる「地デジシステム」に切り替わると、全国一斉にそれに伴う対応器具を整備し、マニュアルに従って操作しないと初歩的な映像すら見ることもできないというのがしばしばおこる。現代化された最新のものであればあるほどマニュアル書が氾濫し、コンピュータ

に適合的な記述言語が踊っている。この種の手引きは形式は整っていても、一度で判読できる人は少ない。また、一人暮らしの老人は、朝家を出てから帰宅するまで、定期パスやカードを使いながら、イエス・ノウさえ意思表示できれば誰ともことばを交えることもなく無言のままにほとんどの用を足すこともできる。これはなぜか。

　一般に科学的認識や合理性は技術を媒介にして「あることをなしとげる」手段としてマニュアル化される。そしてこのマニュアルの氾濫という問題現象を大状況の中でとらえなおしてみると、後期資本主以降には経済活動、官僚支配、軍事組織などの計画的目標を達成するための「目的合理的活動の徹底化」が行われ、その原理が生活と労働の全円に入り込む。自然科学の成果が技術を媒介としたマニュアルのシステム化は、一方でかつては夢のようであった多様で豊富な物質的恩恵を与えるものとなっている。しかしながら他方この自然科学を媒介とした技術のシステム化は、その奥にすでに潜在的に統治の合理性と支配の合理性を含んでいるとみておかねばならない、統治支配機構や権力によって専断的に決められた目標に応じた「目的合理的行動類型の徹底化」によって整合的に管理支配され、そこに一切の人間的な思想やことば、したがって自由な発想が入り込む余地のない閉鎖的な管理システムになる危険が常に存在する。

　この問題を、ことばの発達や習得と科学的認識の関係という観点からとらえれば、日常の生活世界のことばの使用と、科学的認識を支える合理性との関連こそが問われなければならない。この点を現代において総合的に解明しようとした代表的な著作にJ.ハーバーマスの『コミュニケーション的行為の理論』(原著、1981)がある。彼はもともと人間の言語の発達がコミュにケーション的相互行為、つまり日常生活の中での対話に基づく了解、同意、納得、調整、承認などの過程の分析から、発話行為とことがらのあいだの真理性・正当性・誠実性のありようを問うている。ここで真理性とはと事物の客観的合理性、正当性とは道徳的判断における正義、誠実性とはことばを発する主体の側の真実、いいかえれば言っていることがその人の本音であるかどうかを意味する。これらは生身の人間同士の問に交わされる対話というコミュにケーション行為の中

に含まれる三つの要件を指している。そして見逃してならないのはこのような日常の生活世界の中の言語行為には、生きた人間の判断という行為が含まれることである。そこには生活者としての感情と理性、それらに基づいてどう行動するかという人間人格が登場する。そして現代に生きる私たちは日々この人間・言語で交流している生活世界とマニュアル言語が万能なシステム世界という二つの異質な世界に住みながら、現実の中で交差し、共存していることに留意しておきたい。そして、人間にとってほんらいこの二つの世界でどちらが主であり従であるべきなのか、主客転倒して、虚構と映像と記号化されたシステムで現実世界が裁断されてはならないであろう。

この問題に関連して注目されるのは、日本近代に独自に成立した生活綴方の自己表現が、生活世界を「ありのままに」書くというリアリズムの探求の中で、生活認識と科学的認織を結びつける端緒を開拓していたことである。その「ありのままに」という手法の中には、真実性、正当性、誠実性の三要件が含まれていた。そこでの科学性とは狭く自然科学の範囲に限定されることなく、すでにのべた自然・社会・人間・世界を貫く広義の合理性を意味していた。その方法はことばによる自己表現を基軸に生活世界の基盤の上に科学と技術によってシステム世界をとらえる王道を用意していたといえる。

ここで関連して触れておきたいのは、現代において特に大規模に生まれてきていることばの疎外要因、システム・マニュアル化による人間的感性と思考の侵蝕、ロボット化をどう克服するかという問題である。すでにふれたとおり科学や技術、テクノロジーは一般に統治機構によってシステム化される場合に、潜在的に統治の合理性や支配の合理性を含んでいることをみておかねばならない。その意味は、「目的合理的行動類型の徹底化」は、もしその目的そのものの選定や価値基準が社会成員の相互の民主主義的討議と合意によらなければ、それは一方的な管理と支配のための合理化と能率化に転化するのがふつうである。「何のための原発稼働か」、その根本利益は誰のものか、どこに誘導されようとしているかをと問わなければ、開かれた合理性とはいえない。民主主義的な双方向性の十分な討議を経ないでは、高度な技術的な社会進歩は格差の拡大、

階級対立の止揚ではなくその潜伏の問題として矛盾は激化する。

　今後の基本の方向は、ことばの問題をとらえる際に、人類の進化と人間の発生の起源にたちかえり、ほんらいの人間のことばはどういう環境と人間の交わりの下に生まれたか、人間の感性と理性が、人間と生の自然・人間・社会のどのような交わりと共生の原理から生じたかを、歴史的姿においてとらえ返すこと、そして現代において生活世界の再建のなかから、システム世界の功罪を再検討した上で両者の結合を積極的にとらえ返すこと、その意味で現代は大いなる価値転換と方向づけのただなかにあると思われる。（志摩陽伍）

＜参考文献＞
・ハーバーマス『技術と科学』（長谷川　宏訳）1970 年
・志摩陽伍『自己表現力と認織の形成』1991 年

第7節　ことばの教育と社会認識・科学文化

　幼児は、出生とともに、母親をはじめ身のまわりの人と事物を、とりわけ動くものに気をとられながら指示し、やがてコトバ化することを学び、社会環境と交渉し始める。その際、自分の身体の位置を中心に、ここ（here）とあそこ（there）、そして、上下左右の空間関係、遠・近の距離関係、さらに大・小の量関係もとらえられるようになる。少し遅れて昨日・今日・明日の時間の流れが、現在の自分を中心に時間意識がはっきりしてくる。やがてこれに数認識が加わると、空間・時間関係が明瞭になり、例えば「隣の空き地での三日前の出来事」といった把握が成立する。これらはその後の認識の発達の大きな展開の中でとらえなおすと、歴史認識、地域認識の起点がここにあるといえよう。

　このような発達の延長線上にある学校教育における社会認識の展開を、鈴木正気（1931-2014）の実践例で「ことば」に焦点を当てつつ考察してみよう。まず一年生に「学校探検」（1979）という実践がある。お仕着せの「学校めぐり」という教師の説明主導の無味乾燥な単元に対して、子どもから学校の中の探検したい場所を自由に出してもらい、これまで知らなかった部屋で見つけた宝ものを証拠として持ち帰った上で、集団で教室配置地図を絵と作文で作っていくというもの。環境の探検という行動と、主体的な自己表現と、認識の共有が相互に結び合っているのが特徴である。

　実は当時から「4本足のにわとり」であるとか「サケの切り身」を海で泳いでいる鮭の形と誤認するという認識の歪みが目立ち始めていた。自然と体験から切り離された人工的環境の中での、抽象的・観念的思考に対して、ものと人とが体験的に交わりながら、概念を事実とのかかわりでつかむことが社会認識の第一歩だからである。ここで概念（concept）とは、一般的には、事物の本質をとらえる思考の形式のことであり、また事物の本質的な特徴をとらえ、それらの連関をとらえることが概念の内容を深くとらえることである。

　生活綴方では、本で学んだ概念が、どれだけ子どもの「生活の論理」に即し

て胸に落ちるように理解されるかが重要だとされ、これを「概念くだき」と呼んで多くの実践に活用された。さらに社会認識が広まり深まっていくためには、積極的に「概念づくり」へと発展していくことが不可欠である。鈴木実践のその後の探求のもっとも重要なポイントは、それが社会の科学的認識へと発展していく筋道を拓くことであった。それは子ども（学習者）の「日常の世界」と「科学の世界」とをどう結びつけるかという問題であり、鈴木の言葉でいえば両者の「わたり」を授業でどう保障するかという課題となる。『川口港から外港へ』（教科研賞、1976）から『学校探検から自動車工業まで』（1983）までにはその成果が反映されている。ここでの「わたり」それぞれの側からの一方的なものではなく、生活の側と科学の側からの双方向的な結節点が学習課題として教材化されていることである。ここで解明された課題を現代に即してどう引き継ぐか。

　ごく最近、臨床教育学の側から「ストーリーの学力」で学力問題をとらえなおすという提起が行われている。そこでは、まず第一に「人びとの生活」について理解を深め、個別的な「生活史」に即して「生活感情」とその表現・語りを受けとめることとしている。この観点を組み入れると、社会認識は、いっそう現代の子どもの内面の動きに即して能動的になると思われる。（志摩陽伍）

第8節　ことばの教育と
　　　　　神話・儀式・物語・歴史意識・歴史認識

　神話は神々の物語であり、歴史は人々の物語りである。ほとんどの民族にそれぞれ固有の神話があり、その起源は先史時代につくられた女神像に託された寓意と同じほどに古いと思われる。またバビロニアやエジプトの神話、ギリシャやオリンポスの神々の神話、北欧神話や南北アメリカ先住民の神話はよく知られており、身近では古事記のイザナミや国産みの神話、沖縄やアイヌの伝承神話などもなじみ深い。神話が現実の歴史と異なるのは、架空の仮象世界の出来事が語られているからであり、現実に根拠がないのに絶対的なものとして信じられる傾向もしばしば生じる。しかしこのことは神話の神秘性にそれなりの精神的、習俗的基盤がないことを意味しない。神話はふつうには、ことばや人間、広く万物の「生成の世界」を物語る形式をもつが、これは神話が現実の世界とそれをとりまく世界の起源や存在論的意味を象徴的に説くものとなっているからである。そこでは社会の価値と規範、それを巡る人間の運命と葛藤、喜怒哀楽の情が語られることも少なくない。

　ここでの物語とは何か。まず、それは第一に個々の出来事と状況からつくられるものであり、第二に時間の流れにそって生まれた出来事の連鎖を、以前あった出来事の帰結として語るものである。そして日常の時間と異なる神話的空間において特徴的なのは、(うつしよの世界)としての現世と、(よみの世界)としての来世、いいかえれば「俗」の世界と「聖」の世界、ときには「光」の世界と「闇」の世界の間に、はっきりとした境界があり、神々や精霊や怨霊は、この間を自由に越境することができるが、人間においては来世はそれぞれの信仰の対象としてのみ存在する。つまり後者の世界は、信仰の対象であっても論証の対象ではない。神話のこの性格から、比喩的に、根拠もないのに絶対的なものと信ずることを神話とする語義も生まれた。(例、原発安全神話)戦前・戦中の国定教科書時代に、神話と史実とを混同したり、あるいは仮象としての

神話を意図的に歴史に連続させ、「天孫降臨」や「神武東征」をはじめとする皇国史観と神話が偏狭なナショナリズムに基づく「国民教化」に悪用されたのはこの意味での典型的な一例である。

　神話がしばしばマイナスイメージをもつのはこのためであるが、今日でもこの種の危険は去ってはいない。これに対して民俗や習俗としての神話は、人類学や文明史的研究に不可欠なものとしてとらえかえされている。フロイドにおけるトーテムやタブーについての洞察、構造言語学の上に立ったレヴィ・ストロースの神話研究などはその代表的なものである。それらは習俗としての儀式のとらえ方とも密接なかかわりをもつ。つまり神話と儀式は、言語を媒介としながらその誕生と歴史において深い関係にたつといえよう。冠婚葬祭は昔も今も、ほとんど普遍的に、人間一生の節目節目として重視される儀式であるあが、そのなかでの祝詞や弔辞としてのことば、また契約や宣言と誓いのことばは、歌舞音曲などのシンボル形式に支えられつつ中心的な役割を果たしている。公事としての国民的行事・式典、教育的行事としての入学式や卒業式も、参加者としての子ども・親・教師にとってそれぞれどのような意味をもつか、そこに参加するそれぞれの主体の個人の物語としての人生にとってどのような意味をもつか、さらにそれらの行事に参加する成員の間で、どのような人間としての共感・共生・共同の原則がはたらいているかは、儀式の基本的性格をとらえる重要な視点になると思われる。（志摩陽伍）

＜参考文献＞
・K. カッシーラー『シンボル形式の哲学（Ⅱ）「神話的思考」（木田元訳）岩波文庫、1991
・小原秀雄『だから儀式はなくならない』1988 年
・クロード・レヴィ＝ストロース『親族の基本構造』（福井和美訳）2000 年
・クロード・レヴィ＝ストロース『野生の思考』（大橋保夫訳）」1976 年

第9節　ことばの教育と
　　　　生活認識・地域認識・環境認識

はじめに——生活・地域・環境とは何か

　ここでいう生活や地域、環境は人間が生活することそのものに関わるものである。生活とは言わば家庭であり、「生存して活動する」「生きながらえる」（広辞苑）ところであるし、「人が発達していく際の最も基本的な文脈である」（発達心理学辞典：ミネルヴァ書房）である。また地域とは「地縁的結合など一定のまとまりを持った空間的広がりにおける生活の共同体」（社会科学総合辞典：新日本出版社）であり、「地域住民の社会的結合や帰属意識」（同上）が背景には存在するはずである。また、環境は自然環境と社会環境を合わせたものとして理解する必要がある。
　まとめれば、生活・地域・環境は、人間が生きるもっとも小さい単位組織としての家庭から、人間のつながりを意識できる最も大きな単位としての環境までを串刺しにしたものである。

1. 生活・地域・環境と認識

　「認識」とは「客観的な事物や過程を反映しようとする意識の働き、またはその作用によって得られた結果のこと」（社会科学辞典）とあるが、それを生活や地域、そして環境と結びつけるとどのようになるのであろうか。
　まず「生活認識」であるが、文明の発達とともに、便利さが優先し、生活を実感できるような条件が徐々に薄れてきている中で、一体どのようにして認識できるのか。同じように地域社会が崩壊して、隣近所との交流をもてなくなっている「地域」において、どのように「まとまり」や「共同体意識」をもった

地域認識を育てることができるのだろうか。更にこうした生活認識や地域認識を合わせて環境認識につなげていくにはどうしたらいいのだろうか。

　認識するとは自分のものとして、地域のものとして、そして人間を取り巻く環境の内容と考え方を提示するものであり、生活認識や地域認識が弱まっている現在において、環境認識もまた低下せざるをえない。

2. 生活認識・地域認識・環境認識の獲得のために

　さて文明の発達とともに人間が失ってきた生活認識や地域認識、環境認識をどのように再構築していったらよいのか。それは生活や地域、環境が「自分のものとして意識されること」によって取り戻されるしかない。つまり、家庭においては日々の生活を自覚的に自分で作っていくことであり、地域を自分でつなげることであり、環境を自分でコーディネートすることである。

　日々の生活を「自覚的に自分で作る」とは、あえて手間をかけて生活をしていくことにもある。安易な出来上がり料理を食べるのではなく、材料を準備するところからはじまって、作る喜びを実感しながら五感を使って自分のものにしていくことである。幼児教育ではある程度意識されているが、年齢が上がるにつれて五感を使わないで頭で進めてしまうことがあまりにも多い。

　地域認識もほうっておけば地域はバラバラになっていく中で身につけることはできなくなってしまうが、地域の現存する組織だけでなく、新たな組織を緩やかに形成することによってソーシャルキャピタル（人間発達資源）を高めていくことになる。各地域がソーシャルキャピタルを高めることを通じて、環境も豊かになり、その環境を認識していくことは必然であろう。（瀧口優）

第10節　ことばの教育とモラル・道徳

　近代以降の道徳の問題は、人がどう生きるかについての、またどのような目的と価値に向かって日々生活を営んでいくかについての、あくまでも自主的な選択と判断にかかっている。それは人間主体の内面の感情と主知的な知性のはたらきによって形成されるといってよい。なぜ道徳やモラルの問題は、ことばの本質と深くかかわるのか。道徳的行為の中心には上にのべた意味での自律（autonomy）の精神があり、これが人間の自由と尊厳という価値と不可分であるからである。道徳の問題が「生き方」の問題であれば、人生の作者としてその物語のなかに目的と意味とを織り込まなければならない。その内容は、シンボル、とりわけことばによってはじめて自覚的に意識化される。しかもその際ことばは、自己とかかわる他人と集団、共同体と社会のなかで相互に理解されなければならない。つまり道徳的行為は他人とのかかわりや社会との相互行為とコミュニケーションの中ではじめて意味をもつ。ことばが呼び起こす内面の感情やことばがもつ知性的、論理的内容の両面が共通に理解されてはじめて意思疎通がはたされるのである。このことを確認しておくことは教育のあらゆる場面でとりわけ重要である。子ども・教師・親の間で、頭でわかっても気持ちがついていかないこと、いうことは理解できても納得はできないことも多いからである。またその意味で、子どもの道徳性の発達と知性と感情の発達は共に深い相互関係にあり、それらの一面的発達は、いびつで不安定な人格となりがちである。ここでことばの問題を手がかりに、古い今日では克服すべき道徳観にも目をむけておきたい。古くて狭い道徳観に、「道徳は行為の道しるべ」としての掟や規範であるとする考えか方がある。道徳は、ある意味で習俗となり、そこで守るべきルールが生まれることは間違いないが、偏狭な道徳観と今日の道徳観とが決定的に異なるのは、その行為の自律性と他律性との違いである。この他律的道徳観と規範主義の典型は、戦前・戦中の『教育勅語』にみられる皇国史観に彩られた忠孝を中心とする道徳観であり、その実践を規定した「修

身教科書」にみる徳目主義と範例主義である。それは国家主義的道徳の徳目としての「忠」や「孝」を「永久不変な人間性の元素」と見立て、この「道徳の不変性という観念は、単なる不変性の観念ではなくて、神聖なる絶対者、批判すべからざる不可侵物」(戸坂　潤、1936) として権威づけられた。そして道徳的行為への定言命令は、その基準にてらして「〜〜すべし」「〜〜してはならない」という表現をともなっていたのである。そこには、人格という主体の自主的な価値選択の余地は全くなかったといってよい。他律的道徳を再生させようとする動きは、必ずしもこの種の後ろ向きのナショナリズムだけではない。現代的な国家と企業のシステムのなかに、本質的には他律的な功利主義的、能率主義的道徳観が浸透する土壌は多分にある。そこでの「功理の原理」とは「あらゆる行為を、その利害が問題となる当事者の幸福を増大または減少するように見える傾向に応じて是認したり否認したりする原理」(ベンザム、1789) を、道徳と立法の基準とするものである。そこでは、経済的利潤や効率。物質的幸福や官能的幸福のみが唯一の基準とされ、その集団の成員の一人一人の意志とは無関係に他律的にもちこまれることである。これらのことは、その人の「生き方」を創造する「自分のことば」をもつことが、道徳においてもいかに大事かを教えているといえよう。(志摩陽伍)

＜参考文献＞
・戸坂　潤「道徳の観念」(1936)『戸坂潤全集 4』

第11節　生活指導とことばの教育

はじめに

　生活指導とは、「生き方」の指導である。したがって、生活指導の内容と方法は、人間性の追究とともに、追究されてきた。その人間性は、人間らしく生きることを保障する人権として確立していくものである。それゆえ、生活指導は、人権行使の主体の形成が目指されていくことになる。
　このような生活指導の内容と方法の追究の脈絡の中で、「ことば」と「ことばの教育」の意義について考察を深めたい。

1. 一人ひとりの生命を大切にすること

　生活指導の根本的課題は、「一人ひとりの生命の尊厳を尊重すること」を指導することである。このことが生活指導に貫徹されていなければならない。
　この「一人ひとりの生命の尊厳を尊重する」という動機は、道徳すなわち人間の良心に保たれている人間相互の関係を律する社会規範の根本的な内容である。さらに、それは感情とは無関係なものではなく、一人ひとりの人間の生命を愛おしむ感情を伴うものである。
　例えば、日本国憲法第13条で「すべて国民は、個人として尊重される。生命、自由及び幸福追求に対する国民の権利については、公共の福祉に反しない限り、立法その他の国政の上で、最大の尊重を必要とする」とあるが、「一人ひとりの生命の尊厳を尊重する」という動機は、これが根拠では無論ない。それは、人類の歴史の過程で獲得し得た人間の良心の帰結なのである。
　それゆえ、「一人ひとりの生命の尊厳を尊重する」という動機が、人類の歴史の過程で獲得して人類の良心の帰結となったことと同様に、一人ひとりの良

心として育まれ、人類の発展の努力の指針となるように形成されることが、人権行使の主体の形成にとって必要だと考えられる。

2. 人間としての努力を認識すること

　新しい世代の人間に「一人ひとりの生命の尊厳を尊重する」という動機が芽生えて強固なものになる過程を明らかにする必要がある。
　この動機は自己認識とそれを踏まえた他者認識を繰り返すことによって強固なものになっていくと考えられる。これらの認識は喜怒哀楽などの複雑な感情を含む人生や生活の断片の具体的な認識であり、その中に自他の生命の尊厳を希求する動機が本質として含まれ得るからである。
　人間は幼少の頃から、確かな生活意欲と父母や家族をはじめとする身辺の者に対する素朴な愛情をもっている。そして、他者と調和・和合して自立と依存の状態を更新しながら自己実現を果たそうとする。
　人間はだれでも共通に、このような方向性の発達の中で、日常生活の過程で様々な課題をもち、課題解決の困難を克服しながら生きている。その過程で、人間は、一人の能力で解決できる課題は一人で解決しようとする。身辺の人々の協力を得て解決する必要のある課題は身辺の人々と共に解決する必要に迫られる。社会全体で解決する必要のある課題は社会全体で民主的に解決する必要に迫られるのである。これが人間の生まれながらにもつ性質であり、困難を感じながらも、個人の意志と能力の限界まで前向きに課題解決の努力をしようとする。
　このような日常生活に含まれている本質的な活動の中に、生命の尊厳を希求する動機が含まれ、自己認識とそれを踏まえた他者認識を繰り返すことによって、生命の尊厳の意義が深まり、その動機が強固なものになっていくと考えられるのである。

3. 人間としての努力への共感と連帯感の形成とことばの役割

人間はことばを使うことによって、認識をより詳細により明瞭に意識することができ、その認識を同じことばを使う他者と伝達し合うことができる。

既述した人間としての努力を、ことばを使って取り上げて認識して交流させることで、他者は個性も生活の条件も異なるが本質的には自分と同じ人間であるという共感と、他者も自分も人間らしい幸福を求めて生きられることを願い、他者を人間らしく生きられるように処遇することを志向するという連帯感が生じる可能性があると考えられる。

それゆえ、人間としての努力を認識して交流することによって、他者とともに自他の生命の尊厳を希求するという共感と連帯感を形成する「ことばの使い方」と「ことばの教育」について考察を深める必要がある。

4. 松崎運之助『路地のあかり―小さな幸せ　はぐくむ絆―』について

人間としての努力への共感と連帯感が生じていると考えられる一例として、松崎運之助『路地のあかり―ちいさな幸せ　はぐくむ絆―』（2014 年 9 月）を挙げることができる。この著作には、松崎の人生や松崎が出会った人々の人生の断片が率直に綴られている。それらから、貧困や不幸な家族関係などの困難を、時には明るく、時には切なく前向きに健気に克服して生きていく様子が読み取れる。しかも、それぞれの時代の社会状況も背景として描かれていて、同時代の社会を生きて普遍的な希望を共有するという共感と連帯感をもって、他者の生活の断片を受けとめていると読み取ることができる。

この著作から、松崎自身の認識を知ることができると同時に、松崎の認識の読者への影響が推察できる。松崎は、ことばによって、自己認識とそれを踏まえた他者認識を行っている。読者は、松崎の著作の中のことばによって、自己

認識と重ね合わせながら、松崎と同様な他者認識を形成し得る。そして、一人ひとり個性も生活の条件も異なるが、同時代を生き、みな希望をもち、喜びも悲しみももつ同じ人間であり、それぞれが様々な困難を克服して生きていこうとしているという視点を形成すると同時に、一人ひとりの生命のかけがえのない尊さを認識し得ると考えられる。

5. 人間としての幸福を求めるということ

人間は一人ひとり個性も生活の条件も異なるが、本質的には他者と調和・和合して自立と依存の状態を更新しながら自己実現を果たそうとする。それゆえ、人間は共通に、他者とともに支え合って生活することが実現できて、愛を感じることによって幸福感を得る。また、自己実現を志向して、その可能性すなわち希望を感じたり、ある成果を上げて達成感を感じたりすることによって幸福感を得る。

このような本質的な幸福感を求めて、一人ひとりの人が多様で豊かな内容のある生活を営んでいる。それゆえ、本質的には人間はだれでも共通であるが、実際には一人ひとり異なる生活を営む自由と、その生活においてそれぞれの幸福を追求することを尊重することが、「一人ひとりの人間としての生命の尊厳を尊重する」ということになる。

6. 切実な願いを込めた意見を形成することとことばの役割

無論、人間は発達の初期から「一人ひとりの人間としての生命の尊厳を尊重する」ことを意識して生活してはいない。さらに、ある時の自分の自由と幸福の追求が他者の自由と幸福の追求を妨げることや、その逆もあり得る。その際、ことばを使って、生活の諸事情に基づく意志や感情から成る要求を意見にして、話し合い、双方の自由と幸福の追求のための要求の折り合いをつける必要に迫られる。この話し合いが、単なる双方の利益の事務的な調整に終わったり、何

らかの双方の権力関係によって決するものであったりすることなく、人間の共通の切実な願いである「一人ひとりの人間としての生命の尊厳を尊重する」ことであることが、その後の人間関係の発展にとって必要である。

　すべての人権行使は意見の表明から始まる。心底の要求はことばを使うことによって、より明瞭に意識された意見となり、他者と話し合うことができる。それゆえ、「一人ひとりの人間としての生命の尊厳を尊重する」ことを本質とする意見を生み出すための「ことばの使い方」と「ことばの教育」について考察を深める必要がある。

7. 中井浩一・古宇田栄子『「聞き書き」の力』について

　上述した課題の解決に向けて手がかりを得ることができると考えられるものの一つとして、中井浩一・古宇田栄子『「聞き書き」の力―表現指導の理論と実践』（2016年6月）を挙げることができる。本書は著者自身による教育実践とともに高校作文教育研究会での共同研究に基づいて執筆されている。そこでは、他者と対面して他者の人生や生活の断片の話を聞き、そこで学んだことを文章表現するという行為を教育活動として豊かに深めた知見が、作品を具体例として挙げながら述べられている。

　中井は「序章―なぜ今、『聞き書き』なのか」の中で、「一人ひとりの高校生が自分のテーマや問題意識をつくり、そのテーマの答えを追求していく生き方を支援するのが国語科だと思う。各人が自分の思想を持って生きることを準備するのだ」（p.9）と述べて、「高校生一人一人が問題意識を持ち、自分固有の『問い』、テーマを育てることが（中略）大学で学ぶことや社会で働くことを方向付けていく。高校時代だけでそれを確立することは不可能だが、将来大きな大木に育つための『芽』だけは作りたい。そしてこうして生まれた問題意識やテーマこそがその人の『自分』であり、『個性』なのだと私は考える」（p5）と述べている。つまり、同書では、このような問題意識を形成する上で、いかに聞き書きが有効であるかを述べていることになる。

この著作の中で追求されている「聞き書き」は、ひとまとまりの他者の人生や生活の断片の認識で終わらず、独自の問題意識の形成に向けて行われるのである。その問題意識は、「一人ひとりの人間としての生命の尊厳を尊重する」ことを本質とする認識から生み出されるものであり、その後の問題解決の過程で、この本質がより豊かに深められる可能性がある。さらに、問題意識は問題解決の欲求を含むことから、問題解決を目指す意見に発展する可能性もある。

8. 言語の学習と人間の学習、及び、権利行使の三位一体について

　古宇田は、「第一章　聞き書きの魅力と可能性」の冒頭で、「今でも忘れられない出会いや出来事をくわしく思い出してありのまま書く」という自分史とともに聞き書きについて、「他者を見る目と自己を見る目を意識的に高めていくことによって、その力は相互に働き合うようになります。自分史と聞き書きはどの高校生にも書かせたい作文の課題です」(p.50) と述べている。
　そして、聞き書きの教育的意義を「第一に、聞き書きは、生徒を主体的な学習にいざなうものです」、「第二に、聞き書きは、生徒を事実と向き合わせる学習です」、「第三に、聞き書きは、生徒たちに自分の生き方を考えさせる学習です」、「第四に、祖父母・父母や地域の教育力に依拠した学習です」、「第五に、聞き書きは、人と人のつながり、信頼関係を育てるのに役立ちます」(pp.67-68) と述べている。
　「聞き書き」は、自分の生き方に関する課題の解決のために、自己認識と本質的に重なる他者認識によって行われるので、主体的に生き方を追究する学習活動になる。そして、この学習活動によって、他者と共に自分が当事者として関わる実生活上の問題に関して、客観的な生活の事実に基づいた問題意識や意見が生ずる可能性がある。
　それゆえ、「聞き書き」は、他者の話を聞き取って、そこから学んだことを文章表現するという言語と人間の生き方の学習活動であるとともに、意見を形成して、それを表明するという権利行使の過程を含む三位一体を成すと考えら

れる。

おわりに

　人間は常に完全ではありえず、それゆえ日常生活上の諸矛盾を克服していく努力をし続ける。この一人ひとりの人間としてのありふれた努力をかけがいのない生命の表現として、ことばで認識して伝え合うことが、「一人ひとりの人間としての生命の尊厳を尊重する」ことを確かなものにしていくと考えられる。
　さらに、人間は権利行使の主体であり、民主的交流や自治の主体、国家に対しては主権者である。その際、利己主義に陥らず、他者とともに共通の課題について自由に討論して、それを自分の課題として引き受けて、他者とともに課題を解決する行動をすることを志向するためには、ことばによる自己と他者の人間としての努力の認識が不可欠だと考えられる。（神郁雄）

　＜参考文献＞
・日本作文の会編『子どもの作文で綴る戦後50年』全17巻、大月書店、1995年11月
・松崎運之助『路地のあかり―ちいさな幸せ　はぐくむ絆―』東京シューレ出版、2014年9月
・中井幸一・古宇田栄子『「聞き書き」の力―表現指導の理論と実践』大修館書店、2016年6月

第Ⅶ章　ことばの教育を考える

第1節　家庭におけることばの教育

1. 家庭における「ことば」

「家庭」をどのように定義するのだろうか。「家庭とは、近親者を中心にした人の集まりで、社会の最小単位であるところの家族が日常生活を営む場」(保育用語辞典：ミネルヴァ)、「夫婦・親子など家族が一緒に生活する集まり。また、家族が生活する所」(広辞苑：岩波書店)とあるが、これらの定義では単身赴任家族や、児童養護施設などでは当てはまらないような事態が生じる。ことばを柱にした「家庭」では、そこにコミュニケーションがあり、ことばのやり取りが行われていなければ「家庭」とよぶことはできない。

また「ことば」もただ音声として発せられても、そのことばが伝わっていない空間では家庭というのに無理がある。引きこもりや不登校の子ども、あるいは若者をかかえた家庭においては、ことばが日常的に通じる空間をつくることが困難な場合もある。

ことばを獲得するのは基本的には家庭の生活の中からであり、そこに存在することばがどの様になっているのか考えなくてはならない。

2. 家庭における教育

一方では家庭においての教育が問題になり、ことば以前に生活そのものを家庭でつくることができなくなっている状態がある。大人(親)自身が自分の生活を作ってこなかったからだ。教育しようにも教育する側の大人が教育されて

いないという状況では、教育が成り立たない。核家族化の中で世代間で伝えてきた知恵が放置されているのである。

家庭における教育を豊かに進めるためには、こうした知恵を大人（親）に対して働きかける場がなければならない。自治体においては「知恵袋」と称してお年寄りが若い親に対して子育ての相談に乗るというところもある。

3. 家庭におけることばの教育

家庭におけることばの教育は、こうした教育の中でも最もむずかしいものである。なぜなら子ども達にメディアのようにことばの影響を大きく与えるものがあり、それは量的にも質的にも親を超える力となっているからである。

学校などの教育機関では、子ども達同士の会話の中でことばが育てられ、マスコミの影響と合わせて、ますます家庭でのことばの教育は難しくなっている。こうした状況を変えるためには、家庭と学校、そして地域社会が協力して子どものことばを豊かにしていく取り組みを進めることが求められている。

ことばは単に知識として詰め込むのではなく、一人一人の体験の中に刻まれていかないと本当の意味で身につかない。美しい花を見て「美しい」と思わなければ「美しい」ということばは実感が伴わないことになるからである。親子でも様々な体験、地域や学校での様々な行事への参加、こうしたことが子ども達の感性を育て、実感のあることばを語れるようになる。

家庭でのことばの教育においてもっとも実践的なものは親子の会話、コミュニケーションである。親が教えるというのではなく、子ども達が語りながらことばを身につけていくことにつながる。特に子どもの声を聞くという点は子どもの権利条約やそれにもとづく日本政府への国連の勧告などにも強く指摘されているところである（清川 2003）。（瀧口優）

＜参考文献＞
・清川輝基　2003　人間になれない子どもたち　枻出版社

・森上史朗他　2009　保育用語辞典　ミネルヴァ書房
・下田博次　2008　学校裏サイト　東洋経済新報社

第2節　就学前のことばの教育を考える

はじめに

　人間は生まれた時にはことばを使うことはできない。しかし周りの環境などによって多くのことばを聞き、また言葉かけなどによって、ことばを喋ろうとする意識が高まっていく。特に発達上の問題が無ければ1歳を前後して例外なく「はじめの一語」にたどり着く。日本人の親から生まれたとしても、生活している場が他の言語使用地域ならば、その言語を完璧に「聞いたり」「話したり」することができるようになる。

　言語の使用において語彙の獲得は大きな課題であるが、子どもの語彙の獲得についての調査では言語間の差があまり出ない、というまとめがある。

　第Ⅲ章第7節において0歳から8歳までのことばの獲得数に関する調査の結果が載せられているが、6歳から理解の数が大幅に増えるのは小学校入学して文字を覚え、教科書などを通じて語彙数が同化することが考えられる。一般的に多くの子ども達は上の表のような歩みをしていくということが予想される。以下特別支援学校（聾学校）における実践から、就学前の子どもの言葉の獲得について整理してみたい。

1. 特別支援学校（聾学校）では乳幼児教育を重視し、早くから実践

　聾学校では、子どもが聴覚障害による言語発達遅滞を克服するには、乳幼児期からの早期教育の必要性に着目して、公的な制度をまたずに学校独自でこの教育を実践してきた。
(1) 1924（大正13）年に一部の聾学校で試行。戦後1951（昭和26）年に3歳

児クラス。1960（昭和35）年に2歳児クラス。1967（昭和42）年に零歳児の教育相談室ができる。
(2) 近年、脳波聴力検査による聴覚障害早期発見が零歳児教育を可能にした。

2. 近年の新生児・乳幼児研究、母子関係論の進展

新生児・乳児研究の進展（T、G,R、Bower『乳児期』1980年.『ヒューマン・デイベロプメント』1982年・ミネルヴァ書房《,野村庄吾『乳幼児の言世界』1980年・岩波書店。正高信男『0歳児がことばを獲得するとき』1993年・中央公論社－－等々）によって、乳幼児期のことばの指導がすすむようになった。
① 新生児・乳幼児の能力（感性・知覚機能）の高さの発見。
② 例えば、新生児が他者の声と識別して母親の声を認知できることは、胎児期からことば（母親の声）の獲得行為が始まっている証左である。

母子関係論研究の進展（J、Bowlby『母子関係論』1976～81年、岩崎学術出版。M.Rutter『母親剥奪理論の功罪』正・続2冊、1979.84年、誠信書房－－等々）によって、母親とのコミュニケーションの在り方が見えてきた。
① 1年間以上の有給育児休暇制度の確立（乳児の、少なくとも1年間の母親による育児の必要性）
② 保健所や保健婦等による、母親・父親への育児方法の支援・相談制度の確立（乳幼児へのことばがけ・コミュニケーション行動や愛着行動や保健への助言）

3. 日本の乳幼児教育の現状

GDP比で教育予算が先進国で最低であり、北欧などの国々と比べると半分以下となっている。当然、乳幼児教育への施策は遅れている。多くの国で幼・保一貫教育が通常であるが、日本の現状は以下の通りである。
① 現状の文科省・厚労省の縦割り行政制度で、教育と福祉・医療が分断し

ている。
② 保育園は厚労省で、幼稚園は文科省の行政管轄で幼・保一貫教育が分断している
　　―こども園によってその間をうめる方向は出されているが、国の負担軽減が狙い―
③ 保育園の絶対的な不足状況。そして保育内容は「子守り」で可とする（厚労省）
④ 幼稚園＝公費を投入せず、私立の自助で、公立幼稚園は閉鎖へ（文科省）
⑤ 育児有給休暇制度は一般化されず、かつ保護者にたいする保育支援制度も不備。

4. すべての子どもに優れた乳幼児教育を保障する

　乳幼児期の子どもにとっては、身体的な発達と同時にことばの獲得や発達が最も重要な課題であり、行政はこれらの課題を実現するために最大限の努力を行わなければならない。以下例をあげる。
(1) 公費による幼・保一貫体制の、福祉・医療と連動した無償の乳幼児教育制度と、その家庭・保護者への支援・援助制度（育児休暇制度、育児訪問・相談制度、等々）。
(2) 新生児・乳児期の発達過程には最適期（臨界期）があり、生得的な面と後天的な面の仕分けが必要である（母親は専ら育児に専念すべきという言説の誤りと、生後1年程の母親の育児の重要性を認識する必要がある）
(3) 公費による乳幼児教育と保護者支援制度の実現は、児童期以降の教育を一変する。
　① 乳幼児期においてことばの発達をうながすことの重要性。
　② 1965年～1970年代のアメリカでのヘッド・スタート計画（Head Start Project）
　　＝（学齢期までに、子どもたちの能力レベルを高均一にそろえる施策）

第Ⅶ章　ことばの教育を考える　227

　　　の教訓。
　③　親（保護者）の乳幼児へのことばがけの方法への支援・援助が必要である。
　④　保育園と幼稚園におけることばの教育・指導内容の精査・改革が必要である。

5. 乳幼児のことばの発達をうながす方策を探る

　乳幼児期の子どものことばの発達を促すために、いくつか考えなければならないことがある。以下項目的にあげてみる。
(1) 子どもの感性・情緒の発達、人格形成の指導とこれらへの日常的な配慮。
　①　保護者・指導者と乳幼児とによる、豊かな情動交流・愛着行動（Attachment）が必要である。
　②　微笑みかけ、声かけ、話しかけ（育児語＝Motherese で）、眼差し交わし、あやし、スキンシップ、手さし、指さし、クーイング、喃語、探索行動等を整理する。
(2) 保護者（両親）の家庭での話しかけ方（乳幼児との対応法や家庭教育法）への援助・助言を重視し、教師や保育者の、ことばの系統的な指導法を確立する。

6. 楽しく豊かな遊び・体験や状況を組織し対話し、ことばの発達をうながす

　乳幼児期の体の発達やことばの発達を保証する上で、いくつかのポイントがある。その基本となるのがあそびである。子どもたちが豊かな遊びをできなくなっている環境の中で、どのように対応して行ったらよいのだろうか。以下項目をあげる。
(1) 保護者や指導者が意識的にことばを育てる（対話をする）環境を組織する（放任や自然成長に任せない。計画的に組織して、乳幼児のことばを飛躍的に

発達させる）
(2) 乳幼児は、豊かな遊びのなかでことばが発達する。遊びのなかで、子ども同士や、また保護者や指導者と子どもとが豊かに交流し対話し合って、ことばを豊かに育む。
(3) 現在の社会・家庭状況は、子どもを自然放任では豊かな遊びを創り出せない。
(4) 指導者や保護者が意識的かつ計画的に豊かな遊びの場を設定しなければならない。
(5) 次項のような諸々の具体的な場や方策を取りつくろって、指導者や保護者も共に子どもの輪の中に入って、楽しく豊かな会話（おしゃべり）を交わすようにする。

7. 豊かなことばを育む遊びや状況・方策を組織し、活用する

　豊かな言葉の獲得のためには、乳幼児の時期に様々な機会を利用する必要がある。保育園や幼稚園等では子どもたちに様々な遊びを提供するが、家庭でもできる事があり、それらを活用していく必要がある。
(1) 日常生活全般を活用する（起床・就寝、食事、通学＜園＞、乗車、家事、遊び、散歩、買い物、入浴等で）
(2) 色々な遊びを創意工夫し組織する（ごっこ、見立て、まねっこ、やりもらい、劇、ゲーム、数、音、リズム、歌、運動、ことば、絵画、造形、見学、探検、伝承遊び＜竹馬・独楽・めんこ・折り紙・おはじき・かくれんぼ等＞、自由遊び、等で）
(3) 絵日記、言葉辞典、絵辞典、文字カード、短文カード、絵カード、絵本、紙芝居、ペープサート、指人形、切り抜き絵、写真、絵、パンフレット、カルタ、トランプ、テレビ、ビデオ、映画等を使って。
(4) カレンダー・ワークによって話し合う（今日は何日、何曜日、何をするの？＝季節感、友だち、家族、予定、諸行事、思い出等）

(5) 食器調理用具・建具・家具・調度品などを使って。
(6) 校外指導、遠足、飼育栽培、自然観察、家事手伝いなどの際に。

（柳生浩・瀧口優）

第3節　小学校におけることばの教育
―― 基礎学力とことばの教育をめぐって ――

1. 児童期（小学校）の発達段階

「児童期」(childhood)は、「広義には、誕生または第一次反抗期の始まる3〜4歳から、思春期の前までの時期をさすが、通常は、5〜6歳から11歳〜12歳までの期間をさす用語として用いられている。それゆえ、小学校の時期をさす学童期と重なっている」(弓野健一 1995)と考えられている。この時期の子どもは「活動的、外向的ならびに現実主義である。そして身体的、知的、性格的、情緒的、意思的、社会的などの諸側面において著しい発達が見られる」(同上)として、全面的な発達が予定されている発達段階である。

児童期の6年間は、それ以前の乳幼児期と以後の思春期をつなぐもので、発達の変化が乳幼児期に続いて大きな時期である。ヴィゴツキーによれば「(絶対的指標においては)同一の環境が、一歳、三歳、七歳、一二歳の子どもにとっては全く異なるのです」(ヴィゴツキー 2005 – p.160)とあるように、発達段階の区分の中で、7歳から12歳までを一つのまとまりとして捉え、ことばの発達を思考の発達と重ねて、いかにこの時期のことばの教育が重要であるのか述べている。

2. 児童期におけることばの発達と現状

ヴィゴツキーのことばを待つまでも無く、小学校入学によって文字を獲得した子ども達は、自らの力で語彙を体験と結びつけながら自分のものとし、6年間で数万のことばを自分の中に蓄える。10歳を過ぎたところから抽象的な思考ができるようになり、自分の使用している言語をその仕組みや表現に視点を

当てて相対化することができるようになる。論説文などを読み取る力もついていく。漢字なども一定のまとまりを理解できるようになり、類推することができるようになる。したがって小学校低学年までの豊かな体験が、高学年のことばの発達に大きな影響を与えることになる。

しかし現実的には、乳幼児期の自然とのふれあいを含めて、小学校入学後の子ども達の体験は極めて限定的なものになり、教科の学習も体験に結びつかないものが多くなり、結果として高学年のことばの獲得に影響を与えているというのが現状である。まして21世紀に入り、「学力」の名の下に授業時間の確保が叫ばれ、様々な行事が削られている中で、子ども達の教育課程上の体験も減少しているのが現状である。

また児童をとりまく文化はメディア化しており、実際にものに触れることなく、匂いを理解することも無く、映像などで代替される。人間同士の身体のぶつかり合いを通した人間理解から、音声や映像のみの人間理解が行われ、目の前で面と向かって相手に物が言えない状況も生まれている。

3. 児童期におけることばと教育をめぐる課題

そのような状況において、また今後こうした傾向がより進むことが予測される中で、児童期におけることばの教育はどのように進めたらよいのだろうか。以下数点にわたって整理したい。

(1) 低学年における文字の導入と「書くこと」への導き

小学校低学年、とりわけ1年生は日本語の基礎となる「ひらがな」の獲得が最優先されなければならない。文字が読めること、および書けることは、人間が人間として自立できるための最低の条件である。かつて定時制高校で教員をしていたときに、高校生として入学しながら、ひらがなを書くのがやっという生徒に出会った。かれ（ら）にとってみればそれ以後の全ての授業は、自分の「分からなさ」との対面であり、教室にいることさえ苦しいものになってしまっ

ていた。事実一人は授業が終わらないと教室に入れないということになっていた。

　ひらがなの獲得について学習指導要領では「(7)　平仮名及び片仮名を読み、書くこと。また、片仮名で書く語の種類を知り、文や文章の中で使うこと：第一学年及び第二学年」となっている。解説書では「できるようにすること」しか指示していない。オーストラリアなどのアルファベット指導を見ると、子どもが書きやすいものからやるべきであるとして州政府が責任をもって書き方のテキストを作成しているが、子どもにとって書きやすい直線を中心にしたものから、徐々に曲線が中心になったものへ並べてあり、26文字のアルファベットの獲得に細心の注意が払われている。

　ただし小学校入学以前にかなりの子ども達が平仮名の読み書きができるようになっているというデータもあり、入学時点での指導については工夫が求められる。1988年の東京都と愛知県の調査では、「読める文字の数は、71文字中年長児（平均6歳2ヶ月）で65.9文字（92.8％）、年中児で49.7文字（70.0％）、年少児18.6文字（26.2％）であり、年長児では大部分の子どもがこれらの文字を読めるようになっている」（高橋2000）という報告もある。

(2) 自らを表現する場の確保

　ことばは自ら表現することを通じて発達していく。ことばを書き、声に出すことで次のステップに向かう。しかし現在の小学校の現場ではこうした場が確保されず、漢字の数も含めて覚えこむことが強く要求される。その結果が英語と並んで最も嫌いな科目の一つに「国語」があげられるようになっている。学習指導要領の国語科の目標には「国語を適切に表現し正確に理解する能力を育成し、伝え合う力を高めるとともに、思考力や想像力及び言語感覚を養い、国語に対する関心を深め国語を尊重する態度を育てる」とあるが、冒頭に「表現」が挙げられているように、本当に子どもの心が表現されることがあれば、それはことばの教育として重要なものになるであろう。

(3) 表現する意欲を高めるための豊かな体験・経験を

　人間は豊かな体験があってはじめてそれを表現したいという欲求に結びつく。遠足や収穫、あるいは運動会などは子どもたちにとって貴重な体験であり、その体験を共有することは彼らにとって「居場所」づくりにもなっていく。学校と離れたところでの体験や経験が日ごとに奪われていく環境の中では、学校における体験や経験は益々その重みを増している。しかし前述のように「学力」の名の下にこうした時間が削られている。

　大学において英語の授業で書かせることがあるが、幼稚園や保育園実習から戻ってきた学生たちは書くことがたくさんあり、行く前に比べて豊かな内容のある英語を書いてくる。英語力の問題もあるが、表現したい内容がたくさんあるのであろう。機会の少ない小学生はなおさら体験が必要である。

(4) 安心して表現できる居場所作りを

　もう一つ子ども達が積極的に表現する要素として、自分が何を表現してもそれを暖かく受け止めてくれる集団の存在である。思春期の中学校や高校においてはなかなかこうした安心して表現できる場は少ないが、小学校の段階は比較的集団を組織することが可能である。40人学級という限界はあるが、小学生のプラス志向を生かして積極的に発言の場を提供することである。

　子ども達は低学年であればあるほど自分を自由に表現することを求める。それを集団の中でどのように広げていくのか、教師の力が問われるところであるが、豊かなことばを身につけるために書くことや話すことを統一してすすめなければならない。

(5) 表現する技術の習得を

　表現する内容やそれを受け止める集団があるとしても、表現する側にその「技術」がないとうまく伝わらない。ことばをどのように繋げていくのか。その前に自分の思いをどのようにして文字や音声に表現していくのか、その手立てが必要である。最近こそ大学において「文章表現法」や「コミュニケーション技

法」などが置かれるようになったが、どのように表現したらよいのかについての技術が必要となっている。欧米では必修科目として「Public Speech」つまり「人前」で「演説」を置くところが少なくない。小学校においてこうした技法を学ぶこともコミュニケーションが難しくなっている今日では必要になってきているのではないか。（瀧口優）

＜参考文献＞
・弓野健一 1995　児童期　発達心理学辞典　ミネルヴァ書房
・ヴィゴツキー 2005　柴田義松他訳　新児童心理学講義　新読書社
・文部科学省 2008　小学校学習指導要領解説国語編　東洋館出版社
・柏木恵子他 2002　言語発達とその支援　ミネルヴァ書房
・高橋 登 2000　読む力はどう育つのか　言語 29 巻 − 7 月号　大修館書店

第4節　中学校におけることばの教育
　　——自我形成をめぐって

　小学校での初等教育を継ぐものは中学校・高校の中等教育である。中等教育による大きな成長を経て、青年は社会人になりあるいは高等教育に進む。高校ではその社会人、高等教育に繋ぐ課題が重要であるが、中学校段階では子どもから青年への歩みに入っていく確かな過程が、家庭生活・学校生活全般において展開されねばならない。

　思春期という語が中学校段階を特徴づける。第二次性徴期の身体的変化と心理的動揺を抱えて中学校生活が始まる。自分の中のとらえきれない何かに戸惑いながら、自分とは何なのかと自分の中の自分を問う。大人への自己意識の始まりである。その自己からあらためて身近な父母などに注目すると、今までとは何か異なった父母像が見えてくる。さらに小学校以来の友人もどうも勝手が違ってきたことに気づく。新しい学級集団の学友たちとの関わり方にも戸惑う。こうして自分とは異なる人の存在に向けて他者意識を持つに至る。やがて、自分を取り囲む幾重もの「周りの世界」は一体何なのだ、どうしてこうなのだと問うようになる。これは社会的意識を持って生き方を考えていく始まりといえよう。

　中学校段階でのことばの発達は学校教育に負うところが大きい。教育現場で見ていると、生徒たちのことばの力の発達ぶりとことばへの苦労や喜びが、おもしろいくらいによく分かる。中学校の教育課程に沿って生徒の言語世界が大きく拡大させられていく。

　その第一は外国語（英語）学習である。（現在小学校に英語教育が入っているが、高校三年までのカリキュラムでの位置づけがよく見えてこず、しばらくは脇に置く。）中学校から順序立てて学習する英語の文字、音声、語彙、構文などの習得には、あまりの異質性のために大いに努力を要するのだが、その異質性が新たな表現の可能性でもあるように感じられて、生徒たちが英語、そし

てことばというものに新鮮な興味・関心を抱くのも確かである。同時に、英語を通して日本語を相対化し、言語としての日本語を考え始める契機となる。もちろん異文化への強い関心と日本の文化への認識も高まっていく。

　第二は古典（古文・漢文）の学習である。古典は小学校でも習い、古典にふれる感触を重んじ現代語を通して鑑賞する面は、中学校に引き継がれている。しかし中学校段階では、一語一語の意味をたどる意識で本文に臨み、その文章が語ることを自分なりに考えることに学習の意味があるのだと、生徒たちも受け止める。その緊張感と高揚感は小さくない。日常から遠く離れた言語を学ぶことでは英語学習に通じるが、語の意味も文章の内容も、読む自分に歴史的に繋がるものであり、今の自分を深いところで支えるものである点で、古典独自の意義がある。古典嫌いの傾向はよく言われるが、初めから嫌いな生徒はいない。中学校段階を古典入門期として、丁寧な階梯を設けてやらねばならない。

　第三は文法の学習である。文法を学ぶことは小学校段階でも行われ、ことばのきまりが身について書くこと読むこと等が確かになる。ことばのきまりは、知識としてというよりは、自然に習得されて書くこと読むこと等の実際の言語活動に生かされていく。これに対して中学校段階では、知的理解における「文法」と向き合うことになる。英語に習熟する過程で必ず通る文法の学習は、日本語にはない事項もあって、難しくても頭で理解しなければならない。このことは否が応でも日本語の姿を対象化して思い返すことになる。ここで日本語の語形変化、接続関係、係り受けの関係、品詞、構文などの再認識を通して、生徒たちは日本語の姿を意識化し、文法の学習を受け入れる。

　算数から数学への展開もまた、概念化に向けた学習への大きな歩みである。中等教育の入り口で、生徒たちは大きな跳躍を経ねばならない。どちらかといえば具体的・経験的なものを基盤にして学んできた小学校での蓄えを、中学校段階で捉え直して前に進む。これに中学校の教育課程による言語生活の拡大が並行して、いろいろな事柄を対象化して見、考える能力を自分の中に育てていく。生徒たちが概念的把握を身につけるようになり、思考する青年が育ち始める。

中学生・高校生を長く教えてきたが、新入生の緊張から解放された中二生が一番やんちゃである。生意気でもめ事が多い。それは半面、一番背伸びをし、難しいことばを言い散らす時期ともいえる。何かと抽象的な語を使いたがるこの中二生たちとの授業で生まれた作文を通して、中学生のことばの発達を考えてみる。（35年前のカトリック系男子校での実践である。）

　教科書教材「かるた」は、鶴見俊輔の『不定形の思想』中の一節であった。具体的な体験の重なりが「感動の力」を得て「概念」に昇華する、その体験を幼年期の記憶から掘り起こして「絵札」に喩え、「読み札」を概念語の喩えにする。そんな設定で4組の「かるた」が中学二年の教科書に紹介されている。授業の終わりにこれをまねて、自分にとっての「かるた」を、「かるた日記」という名で生徒に書いてもらった。

① 　ぼくは学年演劇の小道具の係だった。夏休み前からずっと準備をしてきて、いよいよ文化祭の当日になった。その日も朝早くから学校に来て、いろいろ仕事をした。中一の演劇も見たかったけれど、開会式が終わると、すぐ準備にかからなければいけなかった。そして、本番。あまり仕事はないけれど、ずっと舞台裏にいなければいけない。客席から笑いが起こるたびに、どうしたんやろ、前から見たかったなあ、と思った。本番の間同じ小道具のO君とS君の姿が見えなかった。後で聞いてみると、「ずっと客席で観賞してた。おもしろかったで。」【責　任】（F・T）

② 　「無名草」（本校文芸部誌：筆者註）を読んでいたら、次の文章が心に残った。
　　夜の静かなこと。自分だけが生きているという奇妙な充実感。／
　　そしてどこかへ、誰かのところへ　／　行ってみたいというさびしさ。
　　僕も最近、親とけんかしたりしてむしゃくしゃしている時に、夜の街へふらっと出て行くことがある。そんな時は、とにかく楽しい。ひんやりとした空気の中、歩くのも良し、自転車でとばすのもまた良し、である。行く場所はどこでもいい。「自分の街」の中なら。例えば、誰もいない公園へ行けば、物思いにふけることができるし、友達の家の前を通れば、

そいつのことを色々考えることができるのだ。しかし、結局は家に帰らねばならないことが悲しい。【世　界】（O・S）
③　僕は、今この部屋にいる。今日一日僕は色々な場所にいた。建物や風景が変わり、人が変わっても、何か鳥かごの中にいる鳥のような、自由を制限されたような気がする。かごに入れられたまま持ち運びされるように、重い。とても重い気分になる。目には見えない。何か限られたことしかできないような部屋にいるような気がした。【空　間】（U・Y）

①は、一年前の体験を書いている。自分たちの演劇本番のときに、観客になって見たいのを我慢して役目上舞台裏に待機していた、そのちょっと無念な思いを思い出した。あれが責任というものだったのだと、今かみしめているＦ君を愛しく思う。ある種の"感動の力"をもって「責任」の語に昇華されていく道筋が見える。

②は活発で行動的なＯ君の文章である。人とぶつかったり自分の感情を持てあましたりしながら、自分の生きる場を求めている。自分の居場所はどこなんだろうと、内心探しあぐねているのかもしれない。③も心の葛藤に満ちた文章である。ともに思春期に入っての自我の悩みを語っている。特に③は当時絵を描いていたＵ君の苦しむ心情がよく表れている。自分の居る場は自分を閉じ込める籠としか見えない。鬱屈した自分にわずかしか許されていない「空間」、それが今の自分を取り囲む状況なのである。同じく閉塞感を述べながら、②のＦ君は「世界」ということばを読み札にしている。息苦しい家を飛び出しても、そこに何か解放感めいた気分がある。人との繋がりへの可能性を持っていて、友だちのことを考えることに慰めを感じる。求めていこう、探していこうとする積極性が、「世界」ということばに向き合うのであろう。

具体的な体験と抽象的なことばとを結びつける「かるた」をうまく作れない生徒もいるだろうかと心配して、もう一つの課題を設けた。抽象的なことばを選び、自分の理解している内容でその言葉を説明するもので、「ぼくの辞典」と名づけた。

④　理想―ぼくたちが為し得る範囲のことで、自分がしてみたいと思うこと

だと思う。ということはぼくたちは、この世のすべてのことを理想として持つことができる。(M・H)
⑤ 世界——世界地図などと一言に世界というが、地球でなくても世界という。未知の世界などともいう。また、自分の中で世界をつくることもできる。ただ一ついえることは、世界はいつも自分が中心であるということ。(U・K)
⑥ 空間——宇宙は果てしなく広い。そんな事を小さい頃から誰からともなく聞いた。しかし今は果て有るとも知った。しかしどちらが本当でも僕にとっては同じ事だ。宇宙に果てがあるとしたら、——そんな事を考えた覚えがある。宇宙の向こうには"明るい光の世界"、そのまた向こうには"緑(植物)の世界"、そして"恐竜の……"——いろいろと考えをめぐらすうちに、そんな大きな大きな広い空間が、ひょっとして一つの教室の黒板のチョークの粉の中におさまっているのかもしれないと。(H・T)
⑦ 真実——真実とは、自分の意志的行為による言葉、動作では表現できない、また、鼻、眼、口、肌からは感じとれないものである。人間の一人一人の心の中の根底に流れているもの、しかし表現できないものこそが真実だ。自然でいうなら、見えないところにある。かくれた、決して見られない姿、それが真実であろう。真実はそれゆえ、自分にだけあるものである。それも自分には見えないものである。しかし、見えない真実がかたまりあって、現在をつくっている。そう考えると、何て愉快だろう。(S・R)

④ではまず「理想」の定義を気持ちの入った自分のことばで述べている。この定義は二文目の説明と深く繋がる。実現させようとする意志を持つものはすべて理想といえるのだと大きく宣言するには、一文目の意味規定が前提となる。楽天的ながら大人への道をこんな思いで歩みたいと考えるM君の積極性に、とても好感を抱く。⑤は定義に至らず、「世界」という語の用例を示すにとどまっているように見える。しかし考えてみると、このことばがどの範囲を示し、どういう意識で用いているかは、確かに実に多様である。定義以上に、「世界」を意識したときその「世界」にいつも自分がしかと向き合っているのだ、とU

君が見抜いたことに大きな意味がある。「ぼくの辞典」では体験をくぐることが叙述から抜けているが、しきりと使い始めた抽象的な概念語が自分にとってどういうものなのかについてはよく見えてくる。

「かるた日記」のＵ君が自分にとって抜き差しならぬものとして「空間」ということばを捉えたのに対して、⑥の「空間」は茫漠とした何かを意識化して捉えようと試みるものである。考えれば考えるほど果てしなくなって、とてもつかみきれない。思考の果てにふと倒錯的に、チョークの粉に大きな空間を見てしまう。その極微小な粉を見ている巨大な自分も、このとき思い浮かべたイメージの中に入っているのであろう。却って空間の無限性を言い当てているようで、秀逸である。抽象的な概念を自分のものにしようと考えをめぐらす営みが見えてくる。

⑦の「真実」を選んだＳ君の勇気に感心する。「真実」はことばや五感では捉えられないものと規定して、自分なりに論理的に考えていく。「真実はそれゆえ、自分だけにあるもの」と帰結されると、最初の規定によって、「自分にもその真理は見えない」ことになる。しかし現象は眼前に在っていつも見える。この見える「現象」は「真理」とどう関係するのか。そこでＳ君は、「見えない真実がかたまりあって、現在をつくっている」と答えを出してみて、"何て愉快だろう"と、哲学してみた喜びを表す。何かの経験が背後にあるのだろうが、文章からそれをたどることはできない。それでも抽象的思考を自分のものにしているといえる。

日常のふとした体験や自分の在りよう・悩みが抽象的なことばと繋がり、いろいろ考え続ける心の内が上記の文章に読み取れる。生徒たちは、概念語の根っこに具体的な体験があることに気づき、小難しい抽象語に正面から向き合えているように思う。思春期にある彼らが自分の心の内をのぞいて知的な思考をめぐらし、容易には捉えきれない概念への跳躍を試みて、苦労しながら文章を書いてくれた。抽象的な概念語を自分のものとして習得していく過程において、具体と抽象の往復に関心を持ってくれたと評価している。同時に期せずして、いつも接している彼らがどれほど内面的に成長し、どんなふうに悩んだりして

いるかを知ることもできたのである。
　生徒たちが今の自分の内面に目を向け、今を生きる自分を書き表すことばを獲得していくことが、中学校段階の大きな課題である。自我形成は概念形成と並行するものであろう。ことばの力が思考を支え、学習そのものの基盤を成す。
（寺井治夫）

第5節　高校におけることばの教育
——自分史・聞き書きと進路指導の実践

1. 社会人になるための準備期間

　高校の三年間は、社会人つまり大人になるための大事な準備期間である。最近の調査によると、17.7％は卒業と同時に就職し、71.3％は大学や専門学校で数年学んだ後就職する（文部科学省「平成27年度学校基本調査」）。どちらにしても進路決定を迫られる時期である。この時期こそ、自分自身をしっかり把握し、どう生きるかを深く考えられるような学びをしてほしいと思う。社会に出てさまざまな困難に出遭ったとき、自分を見失わずに逞しく生きていけるように青年期ならではの学びをしてほしいと思う。

　しかし、現実の高校生はどうか。高校はいわゆる学力による学校間格差が激しいから、机に座っていられない生徒が多い学校もあるだろうし、おとなしく講義を聞いている生徒が多い学校もあるだろう。外見は異なるが、どちらの生徒たちも心の奥深くにはこのままではいけない、このままでは空しい、どうにかしたい、という強い不満や充たされない心を持て余している青年期特有のマグマのようなものを内在させているのではないだろうか。そういう生徒たちに、自己に向き合い、いかに生きるかを考えさせる手立てとしての表現指導の在り方を考えてみたい。

2. 自分史を書く

1) どうしたら自分自身を見つめることができるか

　私は、在職当時、高校二年生に自分史を書かせるようにしていた。なぜ二年生かというと、一年生ではまだ幼いが、二年生は精神的にも成長し、周りも見

えてくるし自分も見えてくる時期である。進路問題が話題になってもまだ少し余裕がある。自分史を書かせるには二年生が最適と考えた。進路決定の前にじっくり自己を見つめさせたいと思って、二年生を担当すると、次のような自分史の授業を組んだ。

　授業のねらいを「十七年間生きて来た中で、今でも忘れられない出来事や出会いを、詳しく思い出してありのままに書いてみよう。」とした。これを説明すると次の三点になる。①自分史とは言っても編年体で書くのではなく、このことを抜きにしては自分を語れないという、現在の自分につながっている出来事や出会いを書かせた。自分史の題材化である。②構成の面では、基本的には出来事の展開が作文の構成になることを教えた。長期に渡る出来事は、大事な場面と場面をつなぐようにして構成を考えさせ小見出しをつけさせた。基本的な構成の仕方である。③記述の面では、場面ごとに出来事があった通りに詳しく思い出して書く、その場にいなかった人にもわかるように書く（描写）とともに、その時思ったことと現在思うことの両方を書き込ませた。そうすることで作者自身が自分の成長の足跡を確認することができると考えた。また、心に残った会話を書き込むように指導した。会話こそ描写の基本である。長期に渡ることを書くので精叙と略叙についても指導した。以上を、参考作品を使って具体的に説明した。参考作品は、小学校高学年や中学生、高校生の作品を使った。一読して分かりやすいもので、ゆっくり自分を振り返るといろいろなものが見えて来る、当時は見えなかったものが見えてくる、そんなことが分かるような作品を選んだ。

　参考作品を読み進めていくうちに生徒たちの心の中には自分も自分史を書いてみたいという意欲が高まって来る。また、参考作品を分析することで書き方が分かるようになり、自分が書きたいイメージが具体化してくるようである。参考作品は読むだけでは不十分で、作品が持つ意味について話し合わせたり説明したりと丁寧に指導することが大切である。

　初めの一時間だけは授業の中で書かせた。（家庭学習が困難な学校では数時間かけて授業の中で書かせた。）生徒たちには「人間は誰でも作家になれるん

だよ。自分史を書く時だけは本当に作家になれるんだよ。」「ゆっくり思い出してごらん。いろんなことが思い出せるでしょ。」「これまでの生き方にけじめをつけるために自分史を書くんだよ。」と話した。

　記述作業の期間は約二週間で、基本的には家庭学習とした。約二週間後、原稿用紙平均二十枚の生徒たちの力作が提出されてきた。

　その中のＡ子（高二女子）が書いた作品「父と歩んだ十七年間」（一九八三年度作品）を通して高校生にとっての自分史の意味と書き方について具体的に考えてみたい。

2）過去を捉え直す

　「父と歩んだ十七年間」は、原稿用紙三十六枚の大作である。作者は、大学進学に反対し手伝いを強制する父親の教育方針に反発し、ことごとく逆らっていた。当時のことを作者は、「一時期は、父をほとんど無視していた私は、父をただ〝がんこ者〟という見方でしか見ていなかった。」と書いている。その父親の言動をつぶさに思い起こしながらそれに対する自分の見方の変化を書いたのである。長いので二つの出来事だけをあらすじで辿ってみる。

　父母が結婚した当時、作者の家は、一つの敷地に父方の四家族十一人が四軒の家に住んでいて、姑や小姑とのさまざまな軋轢が若い母親を苦しめた。その時、父親は何も言わなかった。作者が生後十ヵ月の時、苦しい家計のため内職を考えていた母親が乳母車から目を離した隙に、作者は乳母車から落ちて頭を打ち、一ヵ月入院した。父親は、母親の不注意を責めはしなかったが、母親にとって設備が不十分な病院で、経済的余裕のない中での付き添いは苦労の連続だった。姑や小姑は何も手伝ってくれなかった。なぜかこの時も父親は何も言わなかった。作者が退院した日、父親は月賦でステレオを買ってきて、

　「子どもを怪我させてまで焦ってお金を作ってもできるものではない。どうしても辛い時は、雨戸を閉めて、音楽でもジャンジャン聞いて気晴らしでもしようじゃないか。この家を出られる時が来たらきっと出るから、お前も頑張れよ。」

と母親を励ました。

　作者の家の愛犬クマが逃げ出し、焼却炉の餌を漁っていた時、近所のＩさんが後ろから近づきクマの後ろ足を蹴った。怒ったクマがＩさんに飛びついた。再びクマが何かを漁り始めた時、Ｉさんはバットを持ってきてクマの背中を後ろから殴った。クマは瀕死の重傷を負った。腹を立てた母親とＩさんは大声で怒鳴り合い、売り言葉に買い言葉でやり合った。その時、二人の間に割って入った父親はＩさんに謝り、Ｉさんを病院に連れて行った。その時のことを、次のように書いている。

　「今、思い返すと、あの時冷静な態度をとった父は正しかったと思う。あの時点で、私は心の中で叫んでいた。『こんな人にペコペコするなんて、お父さんはばかだ。』と。そしてたいへん口惜しくて、母の言動も無理ないと思ったが、人間関係というものは、そんなに単純なものではなかったのだ。隣近所の人たちと共存していく上で優柔不断とさえ思われた父の処置は的確であったということに気づいた。相手に逃げ道を作ってやることで、それらの人間関係は成り立っていくのだ、ということを父に身をもって教えられた、そんなふうに考えるのである。」

　十七年間の出来事を思い返しながら、作者は父親に対する自分の見方が変わってきたことに気づいて最後に次のように書いている。

　「私は、ちょっとずつ父の尊敬すべき点を見出し始めたのだ。母が、風采の上がらない、いわゆる"かっこいい"とは言えない父を、半生を共にする相手として選んだ気持ちもわかるような気がしている。

　私は、これからの人生を、決して短距離に走って人の外見のみで判断したりせずに、人間としての内面の"核心"に迫りながら、じっくりとマイペースで進んで行きたいと思っている。」

　この作文は、幼児期のことは母親から聞き取って書いているので、父親に対する母親の見方の変化を踏まえている。その延長線上に作者の見方がある。父親の人間像の変化を描きながら自己の成長を確認し、自己理解を深めているのだ。

そのことを叙述の面から見ると、この作文は、事件が起きた当時の思いや考え（当時の視点）と合わせて、今ならそれをどう思うか、どう考えるか（現在の視点）、ということを書き分けている。過去の出来事への再評価である。自分史は、このように書くことで自己の変化変容を確認するとともに今ある自分を乗り越えようとする力が働く。過去を捉え直した目はこれからのあるべき自分の姿を考えるようになる。書くことで自己確認をしているのだ。

3）読みあうことで豊かに

　この時生まれた作品にＢ子（高二女子）の「何が"善"で何が"悪"であるか」という作品があった。Ｂ子はかなり突っ張った生徒である。志望校に合格して、晴れて高校生になったＢ子であったが、一年生から二年生にかけて、熱中できるものが見つからず、ある時は授業をさぼって映画を見たり、煙草を吸ったり、先生に反発したり、ある時は感動するものを求めて美術館に行ったり小説を読んだり、そのさまよっていた一年間を振り返って、自分は、「悩んでいる、苦しい」ということに甘え、現実から逃避していたことに気づいたというものである。振り返ることでいままでの自分が少し客観的に見えて来て、苦しかったけれどこの一年間の経験は自分にとって意味あるものだったと書いている。書くことで自分の気持ちが整理できたのだった。この作品は、文集ができあがって読み合った時に最も共感を持って読まれた作品であった。

　生徒たち一人一人が振り返った十七年間の経験とそこから学んだものは実に多様である。同世代の生き方や悩みを知ることはとても刺激的だ。お互いの作品を読み合うことで人生に対する理解が深く豊かになる。

3. 聞き書き「働く人に学ぶ」

1）進路に悩む生徒たち

　高校二年生の後半は進路選択の渦中にある。次の作品は、自分史を学年末になってやっと提出してきたＣ子（高二女子）の作品「自己を見つめて―進路

で考えたこと—」(一九八四年度作品)である。C子は進路選択で悩んでいたのだ。

　三年生を前にして進路調査があった。C子は保育士になりたかったが、当時保育士は求人が非常に少なかったので自信をなくし、友人が志望していた看護師や理学療法士を考えてみたりした。職業についてあれこれ調べたり自分の適性を考えたりするが、決められない。その時の心の内を次のように書いている。

「誰かにここで私に一言言ってくれたら決められそうな気がする。誰かに相談したいな…、私は本当に何がやりたいんだろう。わかんないよ…、わかんないよ〜！この時、どんなに他の人の助言が欲しかったかわからない。欲しくて、欲しくて仕方がなかった。だから時には友だちと帰りがけに、腹の中にたまっていたことをぶちまけたりしたこともあった。

『本当に自分は何がやりたいのかわからないよ。いろいろな職業に魅力を感じて、あれもいい、これもいいと思って一つに決められない…、どうしたらいいんだろう。』」

「自分は保母（保育士）の道を目指してきた。自分の道を誤らず歩んで来たつもりだった。しかし、そうではない。私は弱虫で、自分の信念を通すことができなかった。初めて他の道を覗いただけでふらついて…。私は自己意欲が足りないのだ。振り返っても、思いあたる点はある。運動にしても勉強にしても、やはり他人のよいアドバイスがなければ伸びはしなかった。私は受動的だった。自己意欲に欠けていた。」

　C子は、自分の歴史（作者は、作品の前半で、中学時代のクラスであった学活ボイコット事件でも自分の態度が優柔不断だった、主体性がなかったと書いている）を振り返ることで、進路を決められない理由を自分の生き方が「受動的」で「自己意欲」に欠けているからだと考えた。だが、進路が決められないのは、性格の問題なのだろうか。C子は職業についてはよく調べているが、資料で調べたから進路が決まるというものではないだろう。C子の悩みは多くの高校生に共通するものではないだろうか。

　職業経験がない高校生が進路を決めるのだ。誰にとっても難しい問題である。

将来自分はどのような仕事がしたいのか、どのような生き方をしたいのかを真剣に、具体的にいろいろな視点から考えなければならない状況にある。それを支援するためにはどのような手立てが有効なのだろうか。また進路選択という大きな課題を意味のある学びにしていくにはどうしたらよいのだろうか。そこで考えたのが、聞き書き「働く人に学ぶ」という取り組みだ。これは、進路が決まらない生徒はもちろんのこと、進路を決めている生徒にも取り組ませたい学習である。自分が希望している職業が社会の中でどのような意味や役割を持っているのかを考えることができるよい機会になるからである。

2) 聞き書き「働く人に学ぶ」

私は、これまで何度も、「働く人に学ぶ」というテーマで聞き書きを指導してきた。これは、働いている人または働いたことのある人に、①仕事を選んだ理由や、②仕事の内容、③仕事の苦労や喜び、④仕事を通して学んだこと等を詳しく聞いて、これからの自分の生き方働き方の参考にしようというものだ。間もなく社会人になる高校生にとって職業観、労働観を育てるのに有効な学習だと考えている。

指導の大きなポイントは二つだ。一つ目は、誰に聞くか、つまり取材の対象は、自分がなりたい職業の人を探すか、父母などの身近な人から選ぶかは生徒に任せた。自分にとって誰に聞くのが一番いいか、または誰に聞きたいか、をよく考えたうえで決めさせた。二つ目は、詳しく具体的にインタビューさせたことだ。相手の話が、簡単過ぎたり、抽象的、観念的になってしまったりした時は、「例えばどんなことですか。」と聞くように指導した。具体的に聞くことでその人ならではの体験が聞けるし、聞いてよかったと思えるような心にしみる話や深い言葉は具体的な話の中にこそ潜んでいるものだ。

この課題はいつでも生徒に喜ばれた。あるとき、「これがほんとうの勉強だよね。」と言った生徒がいた。この取り組みは生徒が一人一人の問題意識にもとづいて多くのことを学んでくれるし、何よりも積極的主体的に取り組んでくれるので、予想以上の成果をもたらしてくれる。（文部科学省「平成27年度学

校基本調査」）

3）仕事の魅力を聞く

　Ｄ子（高二女子）の作品「弁護士の仕事」（二〇〇四年度作品）を読んでみよう。
　将来、法律関係の仕事がしたいと思っていたＤ子は、母親が事務職員として勤務している法律事務所に行って、三人の弁護士に話を聞いた。取材の約束をしていたのは一人だったのだが、途中からさらに二人が加わってインタビューに答えてくれたのだった。作者は、三人から約三時間にわたる話を聞いて原稿用紙十枚にまとめた。その一部を引用する。
　弁護士歴一年のＸさん（女性）は、
　「『弁護士の仕事の魅力はどういうところですか？』に対して、人の一生の一部に関わることができるところ。そして、弁護士事務所に依頼に来る人の中には、どうしようもないくらい困っている人もいて、話を聞いてあげるだけでも、気持ちが軽くなったりもするので、人の力になれると実感できるところが魅力だと、笑顔で答えてくれました。」
　弁護士歴二年のＹさん（男性）は、
　「『弁護士にとって大切なことは何ですか？』と聞くと、『冷静さと、誠実を持って、仕事をこなすこと。この仕事は、依頼者の人生に大きく関わってくることが多いので、責任が大きく、自分自身を律することができないとだめだ。』と言っていました。」
　弁護士歴六年目のＺさん（男性）は、
　「『弁護士にとって大切なことは何ですか？』と聞くと、
　『事件に対する主観性と客観性のバランス。依頼者の話を聞くと、依頼者に依存しがちになり、考えがシンクロしてしまって、弁護士として正しい判断ができなくなってしまうので、どこか他人の出来事という考えでやらないといけないから、依頼者との距離をしっかりすることが大切だ。依頼者と近すぎず、遠すぎずの関係を作ること。あとは一般常識をきちんと持つこと。法律の知識

は、後からでも学べるけれども、これを持っていることが弁護士に関わらず法律家としての大前提だと思う。』と答えてくれました。」

　三人の話を聞いた作者は、最後に、

「私は、三人の話を聞くことが出来て、本当に良かったと思います。普段、弁護士の人と話す機会なんて全くないので、今後のことや将来の仕事を考える上でとても参考になりました。Ｚさんは、弁護士歴六年目ということで、弁護士にとって大切なことの話では、溜め息をつきたくなるぐらい納得できる話をしてくれました。」

と感想を書いている。作者は、三人の話を聞いて、困っている依頼者に寄り添いつつも程よい距離を取り、法律の知識を使いながら冷静に誠実に仕事をすることの奥の深さ、すばらしさに感動したのだ。取材を通して自分の進路を確認することができたのである。

　「働く人に学ぶ」の聞き書きをする時、父母祖父母等の家族に聞くか、なりたい職業についている人や話を聞いてみたい職業人に聞くかという問題がある。家族に聞いた場合、職業人、社会人としての父母祖父母を知り、生徒たちは感動する。一方、職業人に聞いた場合、仕事というものが経験と努力によって培われた知識と技術によって支えられていることを知ることになる。外見からは分からない専門性が高い世界を初めて知ることになり、生徒にとってすべてが新鮮な驚きである。

　進路選択においては本やネットで調べるということは欠かせないがそれだけでは不十分である。経験者や当事者に聞くことで、仕事内容を具体的に知るとともに仕事の世界は奥が深いこと、働く喜びも大きいが苦労もあることなどを具体的に知ることができる。他者の生き方や職業と向き合うことで生徒の意識は大きく変わる。

4. 最後に

　高校生の意識は激しく内に向いたり外に向いたりする。それは彼らが成長し

ている証しだ。その時期こそ自己理解と他者理解を促す機会を保障することで青年の成長を応援したいと考える。高校生は適切な表現の機会がありさえすればすばらしい表現力を発揮する。高校における作文教育は、とりわけ自分史と働く人への聞き書きを指導することで進路選択はもちろんのこと彼らの成長に役立つことができると考える。（古宇田栄子）

第6節　大学におけることばの教育

はじめに

　大学におけることばの教育と言っても、それはあまりにも膨大なテーマで、簡単にまとめられるような事ではない。それは第一に、大学と言っても様々で、それをひとくくりにするのは不可能であるという捉え方、第二に大学というところは学問を追及する場であるという一定の評価がある中で、外国語教育でない「ことばの教育」を行うことはどうかという疑念、そして何よりも大学でのことばの教育は一体何をやったらいいのかという困惑などがある。そして何よりも大学におけることばの教育を文章化して定義することについての不安がある。

　本節では、日本の大学生が抱える言葉に関する課題とカリキュラムとしてどう考えたらよいのかについて、何らかの問題提起として示したい。

1. 日本の大学生のことばをめぐる現状

　大学教育の立場から、大学生が本を読まなくなった、あるいは読めなくなったという問題提起が良く行われる。実際に大学生が平均的に読む本の数は減少している。また本ではないが新聞や雑誌を読むことも減少している。その反面、インターネットやスマートフォン等を活用した検索等は盛んに行われ、学生たちはこうした小さな画面を通じて文字を読んでいることも確かである。しかしそのレベルでは本をじっくり読んで考えるという読書本来の姿にはならない。

　実際に各大学では、こうした学生の識字力（リテラシー）の低下に対して何らかの対応を考えなければならないという動きは出ている。特に社会に出て人と接することが多い教育や社会福祉の分野では、この識字力が社会的な信頼につながるということで、カリキュラム上で「日本語表現」「日本語基礎」等の

科目を設定したり、あるいは科目として設定しなくても、必修科目の中のシラバスとして母語についての理解や読解力につながる内容を組み込んでいるところもある。

　小学校や中学校あるいは高等学校については、たとえば平成16年の文化審議会の答申「これからの時代に求められる国語力について」のように、「国語力を身につけるための国語教育のあり方」を提言し、その中で「家庭や社会における国語教育」と合わせて「学校に置ける国語教育」としてその進め方を提言しているものもある。それが大学というところに展開されてこない。また2016年12月に出された「中央教育審議会答申」において、「スマートフォン等の普及に伴い、情報通信技術（ICT）を利用する時間は増加傾向にある」と分析し、「視覚的な情報とことばの結びつきが希薄になり、知覚した情報の意味を吟味したり、文章の構造や内容を的確に捉えたりしながら読み解くことが少なくなっている」と指摘する。

　大学における「日本語」教育の研究としては「日本人大学生の『日本語』教育：その問題点と教育の方向性」（三宅和子 2001）等があり、1990年代からの外国人への日本語教育から日本人への日本語教育への発展の中ですすめられてきているものもある。現在言語文化教育研究学会としてこのテーマに取り組んでいるところもある。また「一般社団法人ことばの教育」として2012年に設立され、「言語教育の環境整備をすすめる」ことを目標に取り組んでいるところもある。大学のカリキュラムの中でこの問題を取り組んでいるところもあり、共有される課題となることが予想される。

2. 大学におけることばの教育の視点

　大学においても母語である日本語の教育が必要になってきている現状については触れたとおりである。それでは大学におけることばの教育を進めるにあたってどのような視点が必要だろうか。

　まず、大学におけることばをめぐる問題を考える場合に、読解力と共に判断

力や表現力という要素も視野に入れなければならない。なぜならば、ことばは単に聞いて理解するだけでなく、自らの思いを表現してこそ相補的なコミュニケーションになって行くからである。更に、大学生のことばをめぐる問題として提起されることに、対人関係の書き言葉や話し言葉のコミュニケーション力が低下しているということである。

　以上をふまえて視点を考えると以下のようになるのではないか。

　高校までの日本語教育がどの様に行われているのかを理解したうえで、それぞれの大学に入学してくる学生がどのようなレベルの「国語」教育を受けてきたのかを把握することである。多くの場合ことばの教育と言いながら入試を視野に入れた受験教育であるケースが多い。入試で如何に点を取るかということもことばの教育になるかもしれないが、文章をきちんと読み取ったり、話をきちんと聞いたり、あるいは書いたり、言葉で表現したりという本来の「ことばの教育」は置き去りにされていると言わざるを得ない。大学に入学した段階での把握を踏まえて、学生に共通的に日本語の指導を行う体制をつくっていくことが求められる。学部や学科ごとのカリキュラムの違いがあるので一律の内容は難しいと思われるが、基本的なところを一致させて取り組むことが必要である。

　またことばの4技能を総合的に発達させるカリキュラム作りを大学ごとにすすめることが必要である。特に「表現」という点では、大学に来るまでほとんど指導されていない現状の中で、基本からその指導を行うことが必要である。欧米では「パブリック・スピーチ」が必修科目として設置されているように「母語」を喋ることについても学習する場が設定されている。大学生くらいになれば自分の意見をきちんと言える力をつけられているが、日本ではまったくそのようなシステムはできていない。40人という教育条件の中では無理であることは予想されるが、小・中・高と連携して行うことも必要であろう。（瀧口優）

<参考文献>
・三宅和子 2001 日本人大学生の「日本語」教育：その問題点と教育の方向性 国語日本語の連携を考える会 2001 第8回大会

第Ⅷ章　情報化社会とことばの教育

第1節　情報化社会の現代的問題状況

　ラジオ、電話、テレビの普及に続いて、1990年代以降とりわけ個々人の手によるコミュニケーション手段としてのパソコン・ケータイ・そして今日のスマホの急速な普及に伴い、現代の生活・発達環境、したがってことばと教育をめぐる環境は日々更新されている。早い話が「書き言葉」による手紙のやり取りは近頃まれになり、また手軽な電話から、瞬時に交信し随時に読めるメールへと移動する姿は、世代交代の流れと共に著しい。
　これは労働や余暇の場面でも同じである。日々の仕事のデスクにあった書類の束と伝票は消え、パソコンがどっかと座り、昨日退出後に受信されたメールの処理から始まる職種も少なくない。読書文化の衰退は出版界の不況に象徴されており、事物の調査、音楽鑑賞など検索機能によって手軽にすます人はますます多くなっている。一言でいえばそこに言語環境の急速な変容があり、それは生活の利便性と効率性と豊富化を伴っているが同時に後に詳しくのべる情報過多・情報ストレス、情報の操作や統制、情報格差といった新しい深刻な問題現象も生み出している。
　これらはことばの教育が当面している現実であり、それに対して本質的な把握と対応が「ことばと教育の創造」には求められる。本章はその考察に当てられる。（志摩陽伍）

第2節　情報の二つの意味（日常的概念と専門的概念）と情報化社会の出現

　日常生活で広く使われる「情報」（information）という概念は、物事の知識・知らせを意味するものとして古くからあった。行動を起し決断をする時、情報の収集と選択は必須なものであるから。歴史上の大きな例では、ヒットラーの独裁政治は周到な情報統制とデマゴギー宣伝を不可欠なものとしていたし、第二次大戦の日米開戦に至る外交の経緯や戦局の岐路となったミッドウエー海戦の帰趨は、情報戦の優劣の違い、中でも極秘扱いの暗号が事前にほとんど解読されていたことが決定的な要因であったことが明かになっている。事前の情報収集の重要性は、今日の青年の進路・職業の選択、企業の生産・販売戦略においてもいうまでもない。そして現実の事態は上の広い意味での一般的情報の活用の為に、次に述べる狭い意味での情報の専門的概念（＝数理的概念）を駆使したパソコンなどが不可欠なものとして活用されるという関係になっている。

　そこで、情報機器を生み出したもとにある「情報」概念の特徴を理解しておくことが必要になってくる。もろもろの電子的技術の基礎となった狭義の明晰な「情報」概念とは何か。今日の情報理論が生まれる画期を創り出したのは、C.C.E. シャノン（1916 - 2002）による『数学的通信の理論』（1948）であり、またその後の情報理論の一般理論の人間を含む生物体の神経生理機構、遺伝子情報研究への華々しい展開へと続く要石には、N. ウィーナーの『サイバネティクス』（1948）の刊行があった。これらの要石は、人間・社会・生物・自然現象を学際的、横断的に取り扱う方法の基礎理論を提供したものであった。

　ここではその細部には立ち入らないが、それらの発見に基礎をおいた情報理論の「情報」概念の本質的特徴は何であり、その光と影は何かを把握しておく必要がある。これを次に近代の物理的世界像と情報理論の提出した世界像という二つの世界像を対比しつつ更にこれらと実生活上の世界像との異同や関係を考えることを通して検討してみよう。（志摩陽伍）

<参考文献>
・J. グリック『インフォメーション　情報技術の人類史』(楡井浩一訳) 2011 年
・C.E. シャノン他『通信の数学的論理』(植松友彦訳) 2009 年
・N. ウィーナー『サイヴァネティクッス』(池原止戈夫他訳) 1962 年

第3節　物理的世界像と情報的世界像と生活世界

　一般に世界像（観）とは、世界のひとつの見方であり、古くから神話的、宗教的世界観をはじめ、哲学的、文学的、絵画的など様々な世界観を人間は考案してきた。科学的世界観もその一つであり、とくに17世紀後半以降にニュートンの万有引力の法則の発見を核とした近代の物理学的世界像が成立したたことはよく知られている。そのポイントは、彼が古くからの手垢のついた日常の単語である、"力""質量""運動"さらに"時間"などの観念に新しい科学的意味を与えたことであった。つまり彼が発見した万有引力の法則や加速度の法則は、これらの普通名詞を、数式で使うのに適した計量可能な用語にした。「ことばの教育と数・数学文化」（第V章第5節）で説明したように、数の基本的特性は、数式の対象として扱う事物の質的無関与性にある。1 + 1 = 2は、林檎と蜜柑を数える場合でも、人と動物の数を加える場合でも、物の性質に関係なく普遍的に成立する点にある。数学公式のこの本来の普遍的性格が、その応用範囲を無限に拡げる。ニュートンの万有引力の法則が、文字通り万物の間の力学的関係を数式で表現し、近代物理的世界像を成立させたのである。いいかえれば数学のもつ極度の抽象性が、逆に万物という具体物への普遍的応用を可能にしたともいえる。

　これと同じ原理、つまり数理の質的無関与性によって、現代の情報理論は、情報の内容や質とは無関係に、普遍性と文化諸領域へのほとんど無限の応用性を獲得しつつあるといえるのではないか。情報理論は、一言でいえば、情報交換（メッセージのやりとり）を扱う学問である。それはエネルギーと物質から情報への枠組みへの転換であり、数理的には、近代物理学の質量（たとえばグラムの単位）から情報量（ピットという単位）への転換を意味する。ここでピット（pit）とは何か。それは情報量の単位であり、一ピットはコインを放り上げた時の表・裏のでる二択一の確率を意味する。情報理論では、それはこれ以上には分けられない極小の単位であり、物理学の素粒子や電子のように始原的

であり、情報量の拡大と伝送速度によって扱う単位量は大きくなり、1キロビットから、やがてバイト、メガ、ギガ……バイトなど急速に大容量の情報処理を実現する。ちなみに1987年に、『オックスフォード英語辞典』がコンピュータを使って辞書のデジタル化を始めた時、総情報量は1ギガバイトと見積もられた。この1ギガバイトは、人間一人の遺伝子情報量の総量に相当する。

　ここではこれ以上立ち入らないが、宇宙は本来情報で構成されていると情報始原説すら登場しており、宇宙は現在10の90乗の情報量を抱えていると想定されている。世界を情報的観点から一元的にとらえる情報的世界像はここまで来ている。ここで留意しておきたいのは、近年目覚ましい進展を遂げているのは、生物と生命の仕組みの研究における情報科学と遺伝子学の連携であり、そのつなぎ目には「生細胞の核は情報の宝庫である」（ガモフ）という考え方がある。

　次に物理的世界像と情報的世界像の違いを端的に表すとどういうことになるだろうか。それは「何かをなすには、エネルギーが必要だ。何がなされるかを特定するには、情報が必要だ」（セス・ロイド,2006年）ということばに尽きるだろう。つまり「何かをなすのにどれくらいの仕事量がいるか」を計算するのは近代的物理学像の中での問題だが、「何がなされるか」いいかえれば「人がどういう行動を選択するかを決定する」のに関与するのが情報的世界像の中での問題なのである。ここで、微妙ではあるが、決定的な違いとして留意しておきたいのは、情報的世界像は、人間の行動選択に「関与する」ものだが、それはあくまでも「情報」という素材を提供するものであって情報理論そのものが決定するのではないということである。それを決定するのは、情報を扱う私達人間の一人一人の個性であり、「生身の人間のことば」が中心的役割を占めるという事実である。第Ⅱ章「ことばの本質をとらえる」で触れたように、ことばによって考え行動する人間がシステムによって提供された情報を主体的に選択するという回路を経て人間の日常の生活世界と情報的世界像はつながっている。だから、情報世界像が万能であるというのは一つの夢、虚構であり、それはあくまでも一つの世界像、つまり神話的世界像や近代物理学的世界像と同

様に世界に対する一つの見方であるに過ぎない。しかしその適用範囲の普遍性と利便性によって日常言語と情報理論と今後ますます密接な関係を持つことになる。

　そこで両者の関係でもっとも留意しておくべき点は、情報を収集し、選択し、濾過し、活用する主体としての人間と情報とのかかわり方の問題、別のことばでいえば情報に対する主体の側からの意味のとらえ方の問題こそが中心課題であるといえる。あらゆる情報と情報理論は、主体の側の「意味のとらえ方」によって変わってくることをきちんととらえておくことがまず重要である。

　この間の事情を情報理論の始源に遡ってとらえなおしてみよう。情報理論の創始者、C.シャノンは、「情報交換ではメッセージの"意味"は一般的に重要性をもたない」と明言している。なぜなら「情報源とはメッセージを発する人間または機械であり、メッセージは電信またはテレタイプの通信のように単純な印字例であったり、あるいは時間やその他の変数の函数として数学的に表現される」からである。つまりこのシステムの操作過程では、情報の質としての意味と価値は、むしろ排除ないし無視することによって成立する。数式で勘定する場合に、収穫した林檎に対して、新鮮な林檎と腐った林檎の質の違いに注目する限り、いつまでたっても林檎の総量が出ないのと同様である。コンピュータで操作される情報それ自体に意味がないというのではない。人間がことばによって情報に「意味」を与えることによって、主体にとっての意味というものが始めて誕生する。

　この間の事情を教育実践は、具体的にどのようにとらえ深めてきたか。人がことばによって事象をとらえることの意味を深究した生活綴方の事例によって検討してみよう。1980年代初頭に出された日本作文の会の方針『80年代をむかえ、なにをどうかかせるか』（日本作文の会常任委員会）では、書き手である子どもの側の積極性、能動性、意欲性を強調した上で、取材にさいして「ねうちある題材」を考える時、「対象がもつ意味と書き手という主体の結びつきを抜きにしては、真の表現活動が成立しない」としている。これは題材そのものに事実や事件としての客観的意味が含まれていると同時に、その事象に子ど

も内面の心の動きがどうかかわっているかに注目することを意味する。

例えば自分が苦労して育てた朝顔を題材にした綴方で、朝顔と育ち方という事実の理科的・科学的意味と同時に、それを育てる中での自分の苦労や感動といった心の動きにも注目することを意味する。そしてこのような生活表現における事象と子どもの内面の心の動きに対する注目は、1990年代に入って、環境破壊と、心身両面での発達環境の荒廃が顕在化し、子どもの内面でのイラツキ・ムカツキが広く問題になった時、子どもの内面によりそいながら援助の手をさしのべることが重視されてきた。ベテランの生活綴教師、田倉圭市は『文章表現の固有の意味をさぐる』(2001年)で、この当時から現在に至る状況に真正面に正対し、子どもの表現から子どもの内面のムカツキ・イラツキのもとをていねいに読みとると共に、子ども自身による自分の内面の心の動きへの気づきと対話に向かわせ、そこに自己表現と自己確立の契機を探っている。「主体的に事象に向き合いながらことばを使いこなせるとはどういうことか」と。そして子ども自身に生活現実に触れさせること、いいかえれば人生体験の重さに触れることの発達過程における重要性を実践によって説得的に解明している。巨視的に見ればこの種の実践の深まりは情報化社会の急激な進行とその病理に対応してその克服を目指していたといえるだろう。これは現在も引き続いている「ことばと教育の創造」過程での重要なポイントであり、田倉がその時強く意識していた方法は、次のようである。「つまり生活綴方のリアリズムという時、その子のその時の対象にかかわっての内面の心の動きと、その心を動かした対象のもっている意味との切り結びがどれだけそれに近いかたちで表現されているかを見ていくことになる」と。

さて生活綴方の表現方法の特徴を対比的に頭において、情報理論と情報機器の積極的活用の方向を整理すると、まず生活体験、現実体験を基礎とした感情と理性を含む豊かなことばの習得が基礎にあり、それとの密接なかかわりの上に日ごとに進化する情報の収集と選択的活用こそ今後の発展につながる王道であるといえよう。早い話が今日事象を調べる際に辞書や百科事典よりもコンピュータで検索することが日増しに多くなっているのが実情であり、データや

関連情報は重要度や真偽にかかわりなく無作為に並んでいることも多い。必要なことは検索主体の自分に特有な関心と意欲に基づいて個性的な方法を採用することではあるまいか。端的にいえば、本当に知識を習得するということは、事象を「自分のことばで相手に通ずるように語り直すことができること」といえるかも知れない、これは明らかに情報的学力ではなく、自分の一生が、自分の生活として連続している限り、時間の流れと共に次第に身につく「ストーリーとしての学力」であり、その連続的蓄積が、場面に応じて「生きてはたらく真の教養」の姿となるのである。ここでのべた情報的世界像はその中で有力で使い甲斐のある一面を形成するといえよう。この問題は、非常に重要なのでまとめでも別の角度から再説を試みてみよう。(志摩陽伍)

＜参考文献＞
・日本作文の会編『生活綴方　その考えかた、すすめかた』1984年
・田倉圭一『文章表現の固有の意味をさぐる』2001年

第4節　情報技術の人類史からみた
　　　　コミュニケーションの多様性

　ここで、現代社会での顔をつき合わせての語り合いからサイバー空間での情報交換に及ぶ情報技術の発展の全体像を歴史的に振り返っておくことは、それらをその特質に応じて有効に使いこなす上で役に立つだろう。最古には呼びかけや掛け声、また狼煙（のろし）や太鼓、更に鏡の反射光を利用しての伝達手段があった。身振りや声の文化は、当時から存在したが、洞窟の壁に絵文字と表意（観念の記述）文字、さらに表語文字へ（言葉の記述）へと進んでいくのは、第Ⅱ章で述べたとおりである。中国の書き文字がこの移行を開始したのは4500年以前のことであり、アルファベットの表記体系はこれより遅く紀元前1500年より少し前と推定されている。単語と書きことばの誕生は画期的なできごとであった。何故ならこれによって記憶は固定化され、体験は事実として永続化されるかである。それ以前にもちろん物語りとしての歴史は存在したが、この書きことばによって歴史は検証可能なものとなった。

　次の大きな画期は印刷術の発明によるものである。人類はこれによって知識の普及・蓄積・永続化を成し遂げた。では「人間は書くことによって思考する」というのは、どこまで本当だろうか。幼児は書けないけれども考えることはできるのではないか。しかし思考の質は異なるのではないか。読み書きできる人とできない人の思考の質には違いができるのではないか。これらの疑問を解く鍵は、抽象化され、論理化された思考、いいかえればカテゴリー化された思考の積み上げができるかどうかにある。書きことばとしての単語は、別の観点から見れば、事象をカテゴリー化することであり、書きことばによって単語を固定化し強固に維持すれば、それをよりどころとして自分の思考はさらに論理的にも深まり、イメージ的にも豊かになるのではないか。これが私達が日常的に経験する「人間は書くことによって考える」ということの真の姿ではあろう。こう考えると文字の発見は、歴史的には、人間による"思考する"自我の発見

であり、印刷術の発明による書字文化の普及は、深いところで近代的自我と近代的意識の誕生を用意したといえる。

　そして次の大きな画期が電信と電話の誕生である。それらはコミュニケーション手段を通して地球上の人々を、即時、遠距離通信可能な有機的につながることができる「大きな村」(マクルハーン)のようなものに変える可能性をもたらしたといえる。中でも20世紀の電話の普及は目覚ましかった。しゃべることと聞くことだけで書くことも符号も、打鍵作業もいらない、人間の声での応答には誰でも反応し、そこでは生の感情さえ伝わったからである。今日でも人はどういう時に電話を使うかを考えれば、このコミュニケーション手段の他にない長所はすぐさま浮かび上がるだろう。これらに続いて、テレビ、パソコン、スマホなどの情報機器が続いたこと、その特質と限界はすでに見たとおりであり、この点の検討は後に行う。要するに私達はそれぞれの時期に開発された情報技術の長所を生かしながらそれらを重層的に位置づけ関連させて臨機応変に場面に応じて主体的に活用する時代に入っているといえよう。(志摩陽伍)

＜参考文献＞
・M.マクル―ハン『グーテンベルグの銀河系』(森常治訳) 1986年

第5節　話ことばと書きことば

　「話ことば」と「書きことば」はどちらが古いか。もちろん「話ことば」である。今日、声による人類の話ことばの誕生は3万〜5万年前と推定されているのに対して、書きことばは、絵のような象徴記号や文字に類するものの誕生が6000年前、その後の書字文化に大きな影響を与えたギリシャのアルファベットは紀元前720年から700年前頃、そして字数のきわめて多い中国の漢字は4500年前頃から作られている。

　では日本語の場合はどうか。やまとことばとしての和式言語が日本語の話ことばとして各地で語られていたが、文字化するのは、漢字が輸入された奈良時代の万葉仮名以降であり、やがてカタカナ、平仮名が作られて、法令・商取引・日記・物語、詩文を含む書字文化が成立する。その後の歩みを経て現代の口語・仮名漢字文体の成立過程については、すでに第五章でやや詳しくふれた。

　ところで、話し言葉と書きことばの相互関係について、鮮烈な問題を提起したものにW.J.オングの『声の文化と文字の文化』(Orality and Literacy, 1982)がある。そこで彼は、人間が「書きことば」を持たなかった声だけの文化の時代には、人間の能力の進化の過程から見てそれ以後とは異なった「心性」(mentality)の違いがあったのではないかと考えた。それは丁度子どもの心性の発達の過程から見て、文字、書きことばを覚えてからの考え方と、それ以前の心のはたらきとの違いに似ている。幼児も感受性が豊かであり全く考えないのではない。しかし書きことばを学習後のように、論理的、とりわけ分析的に思考する事は出来ない。声だけの文化の時代にも人間は狩猟生活を通じて儀式を通じて神に祈り、物語を口承し、道具を作ったが、数と文字を象徴する記号がない限り、記憶に頼る以外に、経験を正確に記録し、永続的に伝承する事は出来ない。やがて書字文化が学問的教養の核となり、印刷術の発明と共に読書文化がその普及の中心となった理由である。

　では「話しことば」だけの声の文化の特質とは何か。その利点は、話し相手

どうしの向き合っての、face to face のやり取りでは、メッセージの内容の他に、実はお互いの喜怒哀楽の感情の動きや表情、場面の状況を含めて会話が行われている。例えば遠く離れた親子の電話のやりとりを通じて、伝えたい用事とともに、声の響きからお互いの健康や、暮らし向きを察知し合っているのが本当であろう。しかし「話ことば」は、話し終わると同時に消え去るのである。これに対して「書きことば」は持続的、永久的であり、時空を超えて誰にでも同じメッセージを伝えることができる。そして「書きことば」の誕生後は、「話しことば」と「書きことば」は互いに影響し、変容しあって共存しているのが実情であるといえよう。

　例えば公衆に対する演説ではメモをとって話の筋立てを考えているのが普通である。「書きことば」による初期の物語では、「声の文化」の中でよく使われたイメージ豊かな比喩的表現やたとえ話が生かされていることが多い。多くのたとえ話や諺は、「書き言葉」と「話し言葉」の双方の影響がみられるといってよい。日本の明治初期の口語文体の確立期に活躍した落語の名手、円朝は、『牡丹燈篭』『真景累ヶ淵』などの創作落語のなかで、双方のことばを見事に生かした文体をつくりだしたといえよう。また現代における英語教育で、speaking と writing との密接な関係は、oral method や role play などの中で取り入れられている。そして現代は「声の文化」と「文字の文化」にすでにのべた「情報の文化」が加わった三層構造になってきているといえよう。（志摩陽伍）

＜参考文献＞
・W.J. オング『声の文化と文字の文化』（桜井直文他訳）1991 年
・三遊亭円朝『怪談　牡丹燈籠』（岩波文庫）1955 年

第6節　リテラシーとその再定義

　近代の学校では、リテラシー（literacy）は、普通には「読み書き能力」の意味で使われ、例えばどれくらい読み書きできるかという識字率（literacy rate）は就学率と共に各国や地域の教育の普及の程度や水準を示す有力な指標として扱われてきた。語源的にはこの言葉は「文字（letter）が読めること」に由来しており、literalが転じて「教養のある」という意味に使われるようになったのも前節で触れた読書文化の隆盛の影響による。しかし国際的には1980年代後半より、リテラシー概念の検討と再定義が始まり、今日では言語能力の学習とその教育的意味を全体的に考察する上でのキー概念のひとつになっている。

　いまこの概念を、教育の観点から最も広い意味で「シンボル（象徴・記号・文字など）による学習能力」と再定義すれば、次の三つの視点でとらえ直すことが今後ますます重要になるだろう。第一は、社会的視点ともいうべきものであり、以前は国の教育政策の側から例えばマン・パワーポリシーの要因としてリテラシーもとらえるのが主流だったが、これを学習の主体の側からとらえる観点の確立である。日本の生活綴方運動では、すでに戦前の昭和初期から、子どもの生活表現は、自己確立へ向けての生活と認識と組織を目ざす文章表現であるという思想が含まれていたが、この観点は戦後の民族と国家の独立と学習権の思想の広まりの中で、「読み書き能力」を抑圧からの解放と、個人と民族のアイデンティティの確立のために必須なものとして登場した。

　国際的に広く影響力を持った代表的な問題提起にP.フレーレの一連の主張がある。彼は、リテラシーは「成人に言語を教えるという、自らの世界を読み取らせるという広い意味での政治的行為、認識的行為であり」「自分のことばによって世界の現実を読むということは、つねに批判的認識と判断を含み、読まれたことをもう一度＜自分のことば＞で書きなおすことを意味する」（Literacy : reading the word and the world, 1951）と主張した。そしてこれらの考

え方は、1985年にユネスコで高らか宣言される「学習権とは、読み書きの権利であり、問い続け、深く考える権利であり、自分自身の世界を読み取り、歴史をつづる権利である（後略）」とする学習権の思想に連なるものである。そしてこのリテラシーに対する社会的視点は一般的には批判的思考としてのcritical literacy を準備するものでもあった。

　第二は、リテラシーを発達的視点から揺りかごからから墓場まで一貫してとらえる視点である。リテラシーは、その「出生から始まる」(Literacy begins at birth) だけでなく、老人の介護とケアでの聞き取りとメモの読み取りまでを含む生涯学習のスタンスを持つこと。幼児期の「象徴あそび」「ことばあそび」のリテラシーにとっての重要性、ことばの意味と深さを体験を通して学ぶ地域調査や環境学習での独自の意義、大学生にふさわしい論文の構想と書き方の工夫など、発達のそれぞれの時期にふさわしい独自な方法とリテラシーの発達の連続性がある。

　第三は文化的視点からリテラシーを分析・総合的にとらえる視点である。本書では、この視点を重視し、第三章「ことばの教育と文化」を設け、リテラシーの内容を形成する文化諸領域との関係について、戦後のすぐれた教育実践が産み出した成果を念頭に整理を試みたのもそのためである。それは見られるとおり従来からの国語科や語学の教科領域に限定されるものでなく、全文化領域、したがってまた全教育課程に及ぶことばの教育に及ぶものであり、今後ますます「教育課程を通しての言語」(Language across Curriculum) 研究の重要性は強まると思われる。そして子ども・青年の読み書き能力の総体的発達を目ざす教科間教師の交流と討議は現代の学校では、必須のものとなっているといえよう。

　すでに1980年代から文化的リテラシー（cultural literacy）という全体的用語と共に、数学的リテラシー、科学的リテラシー、技術的リテラシーなど諸領域リテラシーの相互検討が徐々にはじめられ、さらに、国際間の交流では多文化リテラシー（multicultural literacy）の研究が続いている。そしてこれらの書字文化全体にかかわるものとして本章で述べた情報文化が登場し、これを扱

うものとしてメディア・リテラシーという概念と用語が登場したわけである。このようにリテラシーの概念が転用・拡大・創出・再定義されていくのは、学習の土台には「ことばの能力」があり、上記の諸能力は広い意味で、最初に再定義した通り「シンボル（象徴・記号・文字）による学習能力」を全体として構成しているといえよう。（志摩陽伍）

<参考文献>
・UNESCO 学習権宣言、1985
・PauloFreire and Donald Macedo ：Literacy、1982
・Nancy Carolyne ;Literacy begins at Birth ,1982
・Chares Taylor : Politics of Recognition, 1991

第7節　情報社会の病理をどう克服するか

――情報過多・情報不安・情報過食・情報ストレス・情報の操作と
統制・情報格差及び情報公開における自由と人権と民主主義の問題――

　まずどこでも見られる情報社会の病理から見ていくと、情報技術の進展と共に次々の新手の危機によって溢れんばかりの多様で雑多な情報に接するようになったことである。具体的な場面で見ると、今では日本語や英語の意味を調べる場合、『広辞苑』や『英和辞典』を一つ一つめくるよりも手軽で持ち運べる『電子辞書』の小さな画面の利用ですす若者が多くなっている。また人物や事象を調べる場合パソコンのグーグルなどの検索をまず利用するのが普通だろう。便利で素早いからである。しかし試みにある著名な人物や事件を調べると、関連して数百種の情報・項目が浮かび上がり、しかもその情報の真偽や正確さ重要性と無関係に無作為に、閲覧された頻度に応じて並んでいることも少なくない。そこには当事者の目で確かめた一義的情報や、長年の苦心に基づく研究調査の結果が、思いつきの書き込みや、無責任で断片的な情報とが混在して並んでいるからである。その場合多くの情報の中からどの項目を選定し、さらに第二次、第三次の検索へどう絞り込むかが重要となるか、決め手となるのは当の事象を調べる主体の側の関心と意欲と目的による選定の方法である。

　これを比喩的にいえばウエブ空間という情報の「銀河系」の中には無数の情報がうごめきながら存在しているが、それらを扱う情報操作過程の特質は第4節で厳密に触れたとおり「意味の無関与性」であり、それに意味と価値を与えるのは、情報を検索・選定する主体の内面の心のはたらきである。そしてこの事象に関心をよせる人間の「関心・意欲・思想の体系的なはたらき」そのものが実は生身の人間の真の教養の姿であると定義すれば、情報検索の方法論を提供するのはその人間の教養の力量そのものであるといえよう。これは実に単純明快な事柄であり、ちょうど漱石の『心』をどれくらい深く読み取り、その中

の文脈上の単語の意味をどれほど豊かに理解するかは、読み手の教養の力量にかかわるのと同様である。そしてそういう意味での教養の力量が主体の生活世界の経験の歩み、とりわけ生身の人間の五感で捉えられた体験に基礎づけられたものであるということはいうまでもない。また情報社会での最も深刻な一般的病理は、virtualな世界とrealな世界が逆立ちしたり、境界がなくなり、はなはだしい時は虚構の世界での夢や願望を基準に現実を裁断する傾向が生まれることである。すでに世紀末の新しい非行やいじめにはその気配が浮かび出ていた。

　情報社会の病理は、まず生活世界とのヴァーチャル空間との乖離や逆立ち、あくまでも前者を土台とする日常的な人間の絆の回復こそ重要なものとなろう。情報不安や情報ストレスには、まず過密な情報の処理に追われた過重労働が考えられるが、他にも例えば、単純なメールのやりとりの中で思わぬ誤解が生じたり、長年の友情が破綻を来たしたりすることも少なくない。また、何もかもパソコン頼りで続けていた研究者が、突然の故障で数日間手も足も出なくなったり、また誤操作で瞬時に苦心した記録の成果を失ったりすることも、かっては見られなかった現象である。繰り返して述べるが、実は生活世界の中の互いに向き合っての話し合いや、「聞き書き」の調査には、その場面・環境の中での事物を通じての多面的な情報の授受がおこなわれているのである。情報の操作や統制、情報格差の問題は、ことばの問題を通して以前からあったが、情報社会と共にいっそう新しく全面的な問題、社会におけることば・情報と民主主義のあり方を問いかけており、結びにこの課題を考察してみよう。(志摩陽伍)

第8節　現代民主主義と主権者市民を育てる
　　　　ことばの教育の創造

　古くから為政者の治世の方法として「民は之を由（よ）らしむべし、之を知らしむべからず」（『論語』泰伯篇）という箴言があった。当初の孔子の原意は「民衆を政策に従わせることは難しくないが、その内容を理解させることは困難だ。けれども正しい政治を行えば必ず民衆がつき従ってくる」という善政を求める積極的意味に使われていたという。しかし後には権力的支配が民衆への知識の普及を嫌う愚民政治の方法を指すと理解されてきた。情報・知識の民衆への普及は都合が悪かったからである。悪政であれ善政であれ、いずれもこれらは、君主や領主のような権力者の側からみた治世の方法であることは変わりがない。これに対して主権者市民による統治能力の基本には、思想・信条の自由と、情報の公開と共有が不可欠であることはいうまでもない。その天下万民への普及は社会の大変動につながる。現代史での最も著名な事例は、ソビエトのスターリン独裁体制の崩壊過程であろう。1985年、ゴルバチョフによるペレストロイカ、ついでグラスノスチ（情報公開）は、改革の障碍となっていた保守官僚体制をその中枢から覆し、その変動の勢いは数年ならずして東欧諸国にも及び、世界史的に諸国の独立と冷戦時代の終焉を迎える。そのソビエト社会の大変動の加速を本格化するきっかけになったのは、翌86年のチェルノブイリ原発事故であり、事故の未曾有の巨大さにも拘わらず、体制に根ざした情報隠しがかえって受動的な国民を活性化し、情報公開を要求し、さらに言論、出版、文学、芸術、学問の自由を求める社会改革の大きな要因となった。

　これは代表的な出来事であるが、洋の東西を問わず、国家、市民社会、地域、学校、学級、友達仲間、家族など集団などの大小にかかわらず、成員に必須な情報の公開と共有は、民主主義の成立の度合いの基底要因となるものである。また、そこには底流として社会における公共性と個人におけるプライヴァシーと権利をどう保障するかという問題がある。

いったい「私」という意識、──私は単に一般的な単数としての個人ではなくて、世界にただ一人しかいない「自分」という特殊な個人であって、他の誰とも取りかえることができない「自分」であるという「私」の意識──の成立はいつごろであろうか。発生的には、私の調査では、かなり個人差はあるが二歳前後であり、これは自己と異なる他者認識の成立と相即的であり、またことばによる他者への指示が可能になる時期と一致している。

　では歴史的にはどうか。かの聖アウグスティヌス（354-430）の『告白』は、自分の内面の魂の遍歴を、ことば言語能力の習得過程と、信仰への道を微細に語っている点でも注目にあたいする。マンフォードの都市の歴史の考察によれば、この時期の上層階級においてはじめて個室という、自分一人が思いに耽ることができる空間、私の居場所が成立したことを考え合わせると興味深い。要するに近代的自我の成立前史として「私」が「私の内面」を見つめて、「私」という独立の人格を認めると共に、そこには昨日・今日・明日という時間意識と連続した自分があり、その内面は誰にも侵されてはならないという人間の尊厳の意識が芽生えたことが重要なのである。しかもそれはことばにより自分の意識を対象化することによって成立した。つまり『告白』は思いについて語るばかりでなく「思いについての思い」について語ることによって思想となった。

　関連して 20 世紀に入って、『思考と言語』（1934 年）でことばと思想と内言との関係を深く考察したヴィゴッキーは、「思想とことばとの結合は、最初からのものでなく、永遠に与えられた結合でもない。それは発達の中で発生し、それみずからも発達する」とのべている。ここでのポイントは、「私」という自分意識の成立は、内面を省みることから成立しているが、他者（他人や公衆）認識を前提としているか不可分なものであり、したがってコミュニケーションの公共性の広場の広がりと、プライヴァシーや内面の自由と尊厳の擁護は相互支え合うものであるということに他ならない。つまり一人ひとりが個性的なことばを発達させ、その思想と行動をともなう物語としての人生を紡いでいくことは、多様な人々によって構成される公共的なコミュニケーション空間をますます拡げ、民主主義の場を成熟させるということである。一言でいえば個人の

自立と真の公共性は相互関係にある。

　最後に、以上に述べたことを現代民主主義における「ことばと教育」の創造の展望と結びつけて考察してみよう。戦前の生活綴方運動の画期となった、『綴方生活』第二次同人宣言は、「書くこと」による綴方教育を生活教育の中心教科と位置付けた上で、その立場を「社会の生きた問題、子供達の日々の生活事実、それをじっと観察して、生活に生きて働く原則を吾も掴（つか）み、子供達にも掴ませる。本当な自治生活の樹立、それこそ生活教育の理想であり、また方法である」（『綴方生活』1930年10月号）と述べた。この宣言を今日の観点からとらえかえせば、それは「書くこと」による全教育、全教育課程をつらぬく立場であり、それは同時に「本当な自治生活」の樹立に向かうものであることを鮮明にしている。すでに見たとおり言語四機能の中で「書くこと」は書字文化の学力と教養の中核となるものであり、それは、現代社会の中での市民と自治能力の形成を目ざすものと読める。教育の目的が主権者市民としての学力・教養・モラルの形成と統治能力の形成にまっすぐに連なるといえるのではないだろうか。本章は、それらと急速に変容する情報社会との関係も念頭におきながら本書の最初の意図に帰り、やや広い歴史的視野から考察したものである。（志摩陽伍）

＜参考文献＞
・ゴルバチョフ『回想録上下』（工藤精一郎他訳）1996年
・不破哲三『スターリン秘史（1-6)』2015-2016年
・アウグスチヌス『告白』（上・中・下）　岩波文庫、1966-1967年
・H. アーレント『全体主義の起源Ⅰ-Ⅲ』（大島かおり他訳）1972年

第9節　戦争と平和とことばの教育

1. ことばを通して戦争と平和を考える

　ことばを丁寧に学びながら、平和と戦争にかかわる教材を読み合う実践が、国語や英語の授業で続けられている。森本真幸さんは、「『平和教育』の授業づくり」（2013年・「私学のこくご教育・編集委員会」編）の中で、次のように述べている。

　「（戦争と平和について考える授業の中で）何より大切なのは、民衆がその時代の中で、どう生きていたのか、ということを問題にすることです。それぞれの時代で、民衆、つまり『平和』を支える人々が、どのように生きていたのかという具体像を（ことばを通して）捉えることが、もっとも重要なことです」、「戦争教材の授業、一般化すれば戦争の悲惨と不当を学ぶことは大切ですが、『平和は大切なものである』、『争いはよくない』という抽象的な結論、主題にまとめることにはあまり意味がありません。実際に、その時代の民衆がいかに生きたか、彼らは何を考えていたのか、という具体像を知るということそのものが大事なのです。そこから抽象的な決まり文句に行き着くことではなく、『本音で話し合って一緒に悩む』ことが重要なのです。何よりも大切なのです。」

　また、戦後70年の2015年11月、京都の高校生に対して、78歳の岡田恵美子さんは次のように語った。

　「私は、夕焼けということばが大嫌いです。夕焼けが真っ赤に空を染めたら、8月6日のことを昨日のことのように思い出して、胸が苦しい。目の前で人が焼け死んでいくのをたくさん見ました。爆風で倒れた建物の下敷きになる人。子供の目の前で母親が焼かれて死んでいくものだから、子供は『助けて、助けて』と泣いていました。火がおさまったときには、広島から瀬戸内海の青い海が見え、まわりは何も無くなっていました。火事のあとは、大人も子供も多く

の人が灰になっていました。目の前で助けてあげられず、誰も助けられる状況ではなく、私も……、火の中の人を置いて逃げたのです。それが現実でした。」そして続けて語った。「インドやパキスタンにも行って話しましたが、『学校ってどんなところ？』、『学校に行ってみたい』と語る多くの子供たちがエイズにかかっており、13歳の少女たちの多くが、売春を仕事にしていました。学校に行けない子どもたちはゴミをあさり続け、その一方で大人達は、核兵器のミサイルのパレードを『私達の誇りだ』と語っています」、「高校生のみなさん、核兵器は過去の話ではないことを認識してください。世界にはいまだ16,300もの核兵器があるのです。あなたたちには、ぜひ考えてほしいのです。地球全体で、戦争しない法律を。戦争しない法律はできないでしょうか？」そして、こう続けられた。「先生方には、数字や人数、年号だけを教えていただきたくないのです。キノコ雲の下で、実際何があったのかを教えていただきたい」。

　岡田さんにとって、「夕焼け」ということばは、「原爆で焼かれていく人間」、「原爆に焼かれる街」、「『助けて』という人間の声」、「人を見捨てて逃げる自分」をイメージさせるものであり、70年後の今もなお自分の胸を直接に苦しめるものである。「真っ赤に空を染める夕焼け」は、人々に幸福を与える「太陽の火」ではなく、「人間を殺戮する原爆の火」を象徴することばとして、岡田さんの心の中に息づいている。

　また、貧困や病気の中に生きるインドやパキスタンの子どもたちにとって、「学校」ということばはあこがれの感情をもたらすものであり、「学校」ということばは現実の自分達とは対極に位置する美しい世界を示すものである。それは、現代の日本の子どもたちの描く学校像とは、大きく異なるものであることを物語っている。その人のことばには、固有の人物の経験に裏打ちされた感情や価値や情景や世界が形象化されている。ことばを通して固有の形象を読むことの意味を、森本さんや岡田さんのことばは、示しているのではないか。

　ことばを通して語られている時代の具体像を、自分の現実に引きつけながら、自分のことのように、一人一人の子どもたちが読んで行くこと。語られている固有の人物、戦争の中の民衆を、想像力を働かせながら、絵や感情として（形

象として）リアルに読み取って行くこと。被害や加害、抵抗の姿を読み、語られた世界を追体験し、描かれた民衆とともに考え、悩み、問いかけ、対話し、戦争の根幹にある暴力、貧困、格差、差別、搾取などについても思考し、平和とは何か、いかにすれば暴力や戦争のない世界が訪れるかについても考えて行くこと。それらが戦争と平和にかかわる授業の中で身につけるべきものであり、未来につながる学力でもある。ことばを通して出会った世界や人間について、共感したり相対化したりする力は、子どもたちの新たな知見となり、思考となり、感性となり、やがて一人一人の思想を育み、豊かな人格を育む源になって行くであろうことを、森本真幸さんや岡田恵美子さんのことばは、示しているのではないか。「戦争と平和とことばの教育」の本質にかかわる提起だと考えられる。

　教育科学研究会の全国大会の「ことばと教育」部会の中でも、英語や日本語を通して、戦争の具体像を読み取り、被害や加害の状況、戦争や暴力に抵抗した人々の具体的な形象を教室で読み合い、その中から、戦争や平和の本質について考え、やがて自分自身の中に平和や戦争への思いを紡ぎだして行った実践が報告されている。英語を通して戦争と平和を深く考え合う教育実践には、『新英語研究会』を中心とした取り組みがあげられるが、ここでは教育科学研究会で報告された山口良子（元・京都・同志社中学校）の実践を紹介したい。

2. 英語の授業で戦争と平和を考える

　2010年、京都の同志社中学校の3年生は、"Sadako and the Thousand Paper Cranes" を授業で読み合う。英語を通して核兵器による惨劇、被爆、少女の苦悩や生きようとする姿を読み合い、その作品を一人一人の生徒達が暗誦して行く。その後の夏休みに、『サダコ、ヒロシマ・ナガサキ』に関する新聞記事を見つけて、英文で紹介する宿題に取り組む。2学期に生徒達は、その結果を授業の中で発表し合う。ある生徒はポスターに英文で次のように書いている。"I think this is Sadako's prayer. She hopes the world to be like the poster.

Children are playing happily with Sadako's paper cranes in this poster. The background of the poster, Sadako is folding her hands and is praying." 中学3年生はつづいて、ベトナム帰還兵で平和活動をしていたアレン・ネルソンの講演を聞き、"To End the Misery of War Forever 〜 No Reconciliation, No Peace 〜"を読み、戦争における加害や被害の問題を考え合って行く。貧困の中からベトナム戦争に駆り出され、戦後は PTSD に苦しみながらも戦争の真相を学び平和を希求するアレン・ネルソンの姿に出会い、さらに日本国憲法9条を英文で読み合う授業に取り組んで行く。キング牧師の英語劇に取り組み、中学3年生の最後には"I Have a Dream"の一節を暗誦して、生徒達は中学校を卒業して行く。英語の授業を通して、戦争の被害や加害の実態を言葉を通して読み合い、英語作文にも取り組み、劇化し、戦争の根底にある暴力や差別の問題と、その問題に抵抗し、それを乗り越えようとする人々や、真の平和の姿についても学んで行く実践である。

3. 平和と戦争にかかわる国語の授業実践

日本の教育現場では、戦争や平和にかかわる授業づくりが数多く実践され、問題提起も行なわれて来た。小学校、中学校、高校の教科書の中にも「戦争や平和」にかかわる教材が数多く見られる。下記に示すものは、私学の教育研究集会の中で報告されたものであり、全国の実践を俯瞰するものではないが、中学校や高校の実践の例として紹介したい。

[a] 小説にかかわる授業実践
・「小説『火垂るの墓』(野坂昭如) を読み、戦争を追体験する」(1994年)【猪俣幸枝 (北海道・帯広北高校)】
・「『僕の防空壕』(野坂昭如) 授業記録」(2000年)【加倉井東 (茨城・茨城中高)】
・「『半分のふるさと』(イ・サンクム) から見えるもの」(2003年)【巽康真 (京都・同志社中学)】
・「『ナガサキの郵便配達』(ピーター・タウンゼント) から学ぶ−いかに自分

の問題として考えるか－」（2007 年）【佐藤文俊（北海道・旭川実業高校）】
・「『火垂るの墓』（野坂昭如）の価値」（2007 年）【森本真幸（東京）】
・「『火垂るの墓』（野坂昭如）の模擬授業」（2009 年）【荻野幸則（京都・東山高校）】
・「『ナガサキの郵便配達』（ピーター・タウンゼント）の授業」（2009 年）【九野里信夫（京都・東山高校）】
・「国体護持と平和教育　義務教育教材『走れメロス』（太宰治）を読む」（2011 年）【森本真幸（東京）】
・「文学作品をどう読むか－『大造じいさんと雁』（椋鳩十）、『走れメロス』（太宰治）に関わって」（2012 年）【森本真幸（東京）】
・「『山月記』（中島敦）の読みの課題－8・6／3・21 を超えて－」（2012 年）【森本真幸（東京）】
・「林京子『空き缶』を読む授業」（2013 年）【大沼仁（新潟・上越高校）】

[b]　説明的文章にかかわる授業実践
・「『沖縄』を通して『加害』を考える」（1997 年）【森本真幸（東京）】
・「今平和を考える心を―戦争の構造を高校生に伝える」（2001 年）【森本真幸（東京）】
・「『戦争のことば』―原爆碑・戦後 50 年決議・小泉劇場―」（2006 年）【森本真幸（東京）】
・「谷川俊太郎『戦後その精神風景』の模擬授業」（2007 年）【加倉井東（茨城・茨城中高）】
・「平和学習『肝苦りさ』（灰谷健次郎）－沖縄修学旅行に向けての平和教材の授業」（2013 年）【安部妙子（東京・大東学園）】

[c]　韻文作品にかかわる授業実践
・「群読からの授業展開……『弾を浴びた島』（山之口貘）」（1997 年）【加倉井東（茨城・茨城中高）】
・「高校一年の韻文の授業……『弾を浴びた島』（山之口貘）」（1998 年）【九野

里信夫（京都・東山高校）】
・「俳句二題−草田男・波郷−」（2009 年）【加倉井東（茨城・茨城中高）】

[d] 表現にかかわる授業実践
・「修学旅行から生まれた沖縄短歌」（1998 年）【桑原満里子（新潟・新潟青陵高校）】
・「沖縄修学旅行のとりくみ−高校三年生全員の戦争体験聞き書き作文集」（1999 年）【河本美智子（京都・京都女子中高）】
・「二一世紀のバトン……戦争聞き書き」（2001 年）【小野田明利子（東京・女子学院中学）】
・「『らしさ』を生かして−ほったちゃんのためならば……沖縄修学旅行事前学習の取り組み」（2001 年）【堀田好美（愛知・日本福祉大付属高校）】
・「平和教育実践と表現……劣化ウラン弾を受けた子ども、ピーター・タウンゼント『ナガサキの郵便配達』、アレン・ネルソンの講演『You Don't Know War』……」（2006 年）【渡辺正樹（新潟・新発田中央高校）】
・「自分史が書けた！！！62 のドラマ−父の被爆体験を読む−」（2009 年）【鈴木恵子（新潟・新潟青陵高校）】

[e] 古文にかかわる授業実践
・「古典における平和教育—『平家物語』の実践をめぐって—」（1987 年）【森本真幸（東京）】
・「高校生と作った古典の授業　軍記物語の系譜」（1999 年）【加藤昌孝（大阪・同志社香里高校）】
・「『軍記物語の系譜』の授業」（2000 年）【加藤昌孝（大阪・同志社香里高校）】
・「戦争のかげに犠牲になった漁民—『平家物語』・『藤戸』—」（2003 年）【森本真幸（東京）】
・「『古代』におけるノーサイドの精神−『今昔物語』を通して−」（2003 年、2005 年）【加藤昌孝（大阪・同志社香里高校）】

・「『辺境・弱者』の視点で読む古典」(2004 年)【加藤昌孝（大阪・同志社香里高校)】
・「古典を教える（平和教育を展望しながら)」(2007 年)【森本真幸（東京)】
・「高校古典教材『古事記』−『倭健命』について」(2009 年)【加藤昌孝（大阪・同志社香里高校)】
・「高校一年生と『木曾の最期』、『祇園精舎』を読む」(2016 年)【九野里信夫（京都・東山高校)】

[f] 漢文にかかわる授業実践
・「模擬授業『石壕吏』(杜甫)」(1998 年)【桑原満里子（新潟・新潟青陵高校)】
・「自主教材『公憤慨世の唐詩』の実践−白居易『新豊折臂翁』の授業を中心に」(2006 年)【加藤昌孝（大阪・同志社香里高校)】
・「『石壕吏』(杜甫)の実践—謎解きをしながら—」(2010 年)【加藤昌孝（大阪・同志社香里高校)

4. ことばを通して戦争と平和を考える授業の根幹には

　戦争と平和の問題の根幹には、「暴力」の問題があると考えられるが、その「暴力」には三つの要素があると、近年、議論されている。
　その一つは、「直接的暴力」である。それは、実際に目に見える暴力であり、物理的に他者に暴力を加え、他者を傷つけるものである。「戦争」は「直接的暴力」の大規模な行使だと考えられるが、その中に描かれている加害や被害の実態を、ことばを通して読み取り、「直接的暴力」の実相を読み合う必要があると考えられる。また、戦争の背景にあると考えられる「構造的暴力」についても、触れる必要があるはずである。「構造的暴力」とは、社会構造の中に組み込まれている不平等な力関係、経済的搾取、貧困、格差、政治的抑圧、差別、植民地主義、不十分・不公正な法体系や制度など、「戦争」などの「直接的暴力」を、構造的に生み出す原因となるものを指すと言われている。さらに、近年、「文

化的暴力」についても論じられることが多くなっている。「文化的暴力」とは、「直接的暴力」、「構造的暴力」の二つに正当性を与え、支えているもののことであり、戦争を容認、扇動する文化的背景や、戦争には自分は無関係であるという姿勢も含まれていると言われている。

　英語の授業で取り上げた山口実践（京都・同志社中学校）では、"Sadako and the Thousand Paper Cranes" "To End the Misery of War Forever 〜 No Reconciliation,No Peace 〜" を読み合う授業を通して「直接的暴力」について考える授業づくりがされている。国語の授業においても、「火垂るの墓」（野坂昭如）、「僕の防空壕」（野坂昭如）、「ナガサキの郵便配達」（ピーター・タウンゼント）、「空き缶」（林京子）などの小説や、「弾を浴びた島」（山之口貘）などの詩や、中村草田男、石田波郷などの俳句、「肝苦りさ」（灰谷健次郎）などの説明的文章や、実父の被爆手記などを教材にした授業の中で、「直接的暴力」の状況が読みこまれている。また、『古事記』、『陸奥話記』、『平家物語』、『今昔物語』、杜甫や白居易の唐詩などの古文や漢文を教材にしながら、戦争や戦（いくさ）の場面の中から「直接的暴力」を読み合う授業づくりが展開されている。

　戦争を生み出し、平和を阻む「構造的暴力」にかかわる実践についても、近年報告され出している。山口実践は、貧困の中からベトナム戦争に駆り出され、アジアの人々を敵視するように教えられてきたアレン・ネルソンの姿や、キング牧師のI Have a Dream" などを通して、差別や格差、貧困という「構造的暴力」の問題に触れている。国語の授業でも、「半分のふるさと」（イ・サンクム）や、「肝苦りさ」（灰谷健次郎）などでは、差別の問題や植民地主義の問題が読み合われている。「走れメロス」（太宰治）、「山月記」（中島敦）、「大造じいさんと雁」（椋鳩十）などの作品にも「構造的暴力」が描かれており、授業の中でそれらを読み取る必要のあることが森本真幸さんによって何度も提起されている。しかし、実際の授業の中で、戦争や平和の問題の根幹にある「構造的暴力」について読み合った実践は、まだまだ少ないと言わざるを得ない。

5. 戦争の中の「構造的暴力」

「ナガサキの郵便配達」は、イギリスの空軍兵士でもあった作者・ピーター・タウンゼントが描いたノンフィクションに近い小説である。16歳の郵便配達夫であった「谷口稜曄(すみてる)」が、長崎市内で被爆しながら、苦難の中で生き続けようとする作品であり、1984年に刊行された。ピーター・タウンゼントは、1982年に来日し、1ヶ月間長崎に滞在。谷口稜曄(すみてる)に取材し、「ナガサキの郵便配達」を書き上げたと言われているが、この小説は投下側と被爆側の両面が描かれた数少ない作品であると言われている。「ナガサキの郵便配達」の授業例はいくつか報告されているが、今回は東山高校で行った授業（2013年・九野里）でのやりとりを紹介したい。

「ナガサキの郵便配達」の中に次のような一節がある。

「長崎に原爆を投下した直後の"ボックス・カー"（B29）が、基地へと向かって飛んでいたのだ。乗員たちは、完璧に任務を達成したことを祝い合っていた。だれかが機内通話装置でビーハンに大声で話しかけた。『おい、ビー、おまえ、一発でばっちりジャップ十万人を殺(や)ったところだ』」。原文では"The crew were congratulating eatch other on a job well done."、"Hey, Bea, You just killed a hundred thousand Japs."、と記述されている。「10万人のジャップを殺した」ことを「祝い合う」という搭乗員の言葉に対して、東山高校の高校生のKは、「殺してやったぜーと、ドヤ顔」と搭乗員の状況を表現し、Mは、「殺(や)ったった。殺ってやったという気持ちだったろうが、それは地上の状況を知らないから」と記し、Yは、「大量殺人をしたが、罪悪感はあまりなかった。（中略）アメリカの勝利を決定的にでき、大きな戦果をあげたのでうかれているのだと思う」と記し、Eは、「世間話的気分。テストの点数を競うかのように、世間話の感覚で聞いている。日本人を殺したことはなんとも思ってない。むしろ誇(ほこ)らしい。」とその思いを表現している。また、Iは、「いくら日本人を殺して任務を達成したとは言え、祝うのはおかしい」、Bは、『congratulate』というこ

とばを使ったことが信じられない」、Wは、「10万人の人の命を奪ったのに、気楽すぎる。冗談でも、あんなことを言ってはいけない」、Gは「日本人を殺したことを喜んでいるような許せない人間。10万人の日本人を殺しているのに罪悪感を、感じていないから」と記している。高校生は、無差別爆撃をおこなったB29の搭乗員に、日本の市民を自分達と同じ人間だと思う視点がなく、そこには差別や偏見が存在していることを、「祝い合っていた」、「一発でばっちりジャップ十万人を殺った」ということばから読み取っている。

　原爆投下の背景に差別や偏見のあったことについては、次のような記述からも理解できる。「太平洋では、アメリカ国民の怒りは日本人全体に向けられていた。敵は『ジャップ』であったのだ。戦争中、日本人は悪魔、猿のような人間、野蛮人、獣と呼ばれていた。（中略）『日本人のことになると、話はまったくちがっていた。皆殺しにするつもりだった。どこから見たって、わたしたちには似ていない。黄色い小さな生き物で、にやにや笑いながらアメリカの兵隊に爆弾を落とす連中だった』（スタッズ・ターケル）、『将兵がこれほど敵を憎み、敵を殺したいと願っているのは、アメリカが戦ったこれまでの戦争ではなかったことだ（中略）』と、1945年1月にニューズウイーク誌が伝えている。（中略）アメリカ人は日本人に対して深い憎しみを抱いていたのである。ピューリッツァー賞を受賞している歴史学者のアラン・ネヴィンスは、『わが国の歴史上、日本人ほど忌み嫌われた敵はいないだろう』と戦後に書いている。戦時中にはアメリカがつかったプロパガンダは邪悪なナチス指導者と『善良なドイツ人』を慎重に区別していたが、こうした区別は日本人には用いられなかった。」（「アメリカはなぜ日本に原爆を投下したのか」・ロナルド・タカキ・草思社・1995年）。

　「日本への原爆投下の理由としては、主に米国側の研究成果として、（中略）米国の公式見解である『早期終戦・人命救済説』やソ連に対する威嚇・抑制と戦後世界での覇権確立の他にも、日本の『卑怯な』真珠湾攻撃と『バターン死の行進』などの『野蛮な』戦争捕虜虐待に対する『報復』と、その背景にある人種的偏見の影響、20億ドルという巨大な開発費用の『回収』を求める議会・

国民からの圧力の存在、新型兵器の威力を試すための実戦使用と人体実験の必要性、ルーズベルトの負の遺産とマンハッタン計画実施機構の『はずみ』、などが指摘されてきた。」。(「広島・長崎への原爆投下再考　日米の視点」・木村朗／ピーター・カズニック・法律文化社・2010年)

　原爆投下による被害の状況を読み合うことはもちろん大切であるが、眼下の市民に向けた無差別爆撃や加害、侵略の根幹に、差別や偏見、貧困、格差、搾取、植民地主義などの「構造的暴力」の問題があることを読み合うことも、重要であるはずである。

6.　戦争と「文化的暴力」

　前述した「構造的暴力」の問題以上に、「文化的暴力」については授業の中で取り上げられることは、少ないのではないか。「直接的暴力」、「構造的暴力」の二つに正当性を与え、支える文化的なもの、戦争を容認し、扇動し、戦争には自分は無関係であるという姿勢を育むこと。それらが「文化的暴力」と呼ばれている。ヨハン・ガルトゥングは「平和学とは何か」(2001年)の中で、「文化的暴力とは、神や祖国の名のもとに殺しを犯すことや、人類のなかの様々な弱者を根絶やしにするために『弱者切り捨て』的発想で人々を窮乏のうちに死なせることなど、直接的・構造的暴力を正当化・合法化するために役立つ文化のもつ様々な側面である、と定義できよう」と述べている。しかし、授業の中で、この問題をとりあげた実践は、まだ少ないと言わざるをえない。侵略戦争を容認し扇動した文学作品や論説文は、「文化的暴力」の問題を孕んでいるはずであるが、授業化されたことは少ない。

　「ゆりかごの歌」や「あめふり」などの童謡、「砂山」や「からたちの花」などの詩で、「やさしく美しく」、人間や自然を描いたと言われている北原白秋。彼は、多くの子供たちを読者にしていた雑誌「コドモノクニ」に、1937年、52歳の時に「少年飛行兵」という詩を発表する。1937年の日本軍による南京空爆は、無差別爆撃の嚆矢だと言われているが、その爆撃を北原白秋は次のよ

うに描いている。

　少年飛行兵

　兄さん、少年飛行兵、／「ちよつと行つて来るよ。」／嵐をついて／支那海超えて、／見事な編隊、／ぐんとぐんと飛んでつた。／ぐんとぐんと飛んでつた。

　日本少年飛行兵、／「ちよつとやつてやろか。」／ソラ来て、見えた、／南京なんてちぎだ／すごい爆弾、／だんとだんと落した。／だんとだんと落した。

　万歳、少年飛行兵、／「ちよつと行つて来たよ。」／夕やけ小やけ、／二千浬（かいり）ほいだ。／口笛ふきふき、／さつとさつと帰つた。／さつとさつと帰つた。

　森本真幸さんは、ICU高校（東京）で、「少年飛行兵」の授業実践を初めて行なった。「少年飛行兵」は、教科書に掲載されたことのない詩であるが、「1937年8月15日、長崎県大村基地を発進した新鋭の96式陸上攻撃機20機が、折からの低気圧をついて洋上約600kmをふくむ南京上空までの960kmを4時間で飛翔」（「戦略爆撃の思想」・2006年・凱風社・前田哲夫）したことを背景にした詩だと考えられる。この詩に描かれた日本軍による「南京爆撃」は、「重慶爆撃」として継続・拡大され、11,000人を超える人々（中国の人々や、中国以外の居住者）を殺害するに至る。

　森本真幸さんから教えられたこの詩の授業を、九野里信夫が2014年に東山高校（京都）で行なった時に、高校3年生のAは次のように書いてきた。「子供に少年飛行兵への憧れを持たせて戦争への参加を促している」。Bは、「この詩のせいで日本の子供たちが成長し、兵隊になり、戦争へ行き、死んでいってしまった（と思うと）、とても悲しい詩だと思う」、C［は、「小さい子どもたちに少年飛行兵への憧れを増させるために誇張表現を使ったのではないかと思った」と語り、Dは、「プロパガンダとしては戦意高揚につながる良い詩だっと思ったが……」、Eは、「誇張表現を用いて、子供たちに憧れを抱かせ、子供たちを戦争にかり出そうとしている」、Hは、「戦争に行くことは、国のために

働けて、すごくカッコいいものだと、すり込むため。兵隊や戦争はいいことだと示したかった」と書いてきた。

「少年飛行兵」で何が語られていたのかを考えた高校3年生。彼らの言葉は、「少年飛行兵」を読んだ当時の少年たちが、顔も知らない中国の人達に対して、「すごい爆弾」を、「だんとだんと落し」、「口笛ふきふき、さつとさつと」、日本に帰って来る勇ましい姿に心を大きく動かされ、やがて飛行兵となり、「重慶爆撃」や太平洋戦争に参加した可能性のあることを示唆しているのではないか。また、Nは、「日本を強く書きすぎている。『南京なんてじきだ』、『二千浬ほいだ』、『ちょっと行って来たよ』、『さっとさっと帰った』から、あまりにも簡単に、相手にもならないような書き方をしている。」と指摘し、Iも、「日本の軍事力はこれほどすごいのだと国民に知らせようとしている」と語っている。高校生のことばは、他国への無差別爆撃を扇動し、侵略戦争が大きな価値を持つことを文学作品として位置づけた北原白秋の「少年飛行兵」という詩が、まさに「文化的な暴力」を示すものだということを指摘したものだと言えるのではないだろうか。

1937年、長崎の大村空港から飛び立ち、支那海を越えて、中華民国の首都であった南京の上空から、市民に向けて無差別の爆撃。その行為を賞賛し、中国への無差別爆撃や侵略を美化した「少年飛行兵」。「四年間にわたる無差別爆撃の歳月。(中略)この時、この場所から、戦争法規にも、国際人道法にも反する蛮行が開始され(中略)朝鮮、ベトナム、コソボをへて、現在なおイラクの国民の恐怖として再現されている。」(「重慶爆撃とは何だったのか　もうひとつの日中戦争」(「戦争と空爆問題研究会・編」・2009年・高文研)。空爆の時代は現代に続き、「下の世界では死者は山のように積んであり、骨、肉は炭になっている(高校3年生・F)」。現代に続く「無差別爆撃」の嚆矢(こうし)としての「日本軍による中国爆撃」と、それを讃える「少年飛行兵」。「空中爆撃の世紀」を開いた日本軍の加害の事実と、それを称揚する語りを持つこの詩の文化的な暴力性を、授業の中でも読み合う必要があるのではないだろうか。

日本語や英語の一語一文から、戦争の具体像を読み取り、被害や加害の状況、

戦争や暴力に抵抗した人々の具体的な形象を読み合う。その行為の中から、子どもたちは、戦争や平和の本質について、ことばを通して考え始める。ことばによって描きだされた人物とともに悩み、苦しみ、考え、あるいは、ことばによって語られている惨劇を自分のことばを使って相対化しながら、戦争やその根幹にある様々な暴力について考え始め、暴力の対極にある平和について思考し出す。その暴力については、「直接的暴力」だけではなく、「構造的暴力」、「文化的暴力」にも目を向けていく必要があるはずである。それらのことをてがかりにして、「戦争と平和とことばの教育」についてさらに検証していく必要があるのではないか。（九野里信夫）

あとがき

　「ことばと教育の創造」をテーマに、教育科学研究会の「ことばと教育」部会が 10 年にわたって積み上げてきた議論のまとめが出来上がった。毎年 8 月に開催される教育科学研究会大会の「ことばと教育」の分科会で途中経過を冊子として配布し、その内容について問題提起を行ってきた。様々な分野にわたって議論してきたが、まえがきでも書いているように決してこれで終わりではない。まだまだ議論できていないところもあり、今後発展させていかなければならない部分も少なくない。

　当初はことばと教育に関わる語彙集を作成しようということであったが、一つ一つのテーマが語彙では留まらず、時には大きな課題となって部会のメンバーに問いかけ、何とか形を作ったというものも少なくない。それでも言葉と教育に関わるテーマとして何らかの形でまとめてきたのが実際のところである。

　今回の取組みを通して、ことばと教育をめぐる課題が数多くあり、しかもその一つ一つが重要な意味を持っていることを知らされた。そして全面的にテーマを設定してまとめようという試みも行われていないことを認識した。そういう意味ではこれで終わりということではなく、むしろこれがスタートとなってことばをめぐる問題を深めていけたらと思う。本書を手にする方々にも一緒に深める立場で関わって頂けたら有難い。

　本書の出版にあたっては、瀧口の所属する白梅学園大学・短期大学の出版助成をいただき、実現の運びとなったことをここに感謝をこめて報告しておきたい。また困難な出版状況の中で出版を引き受けてくださった三学出版の中桐社長には心よりお礼を申し上げたい。

「ことばと教育の創造」編集委員会

執筆者・編集委員一覧

1. 編集委員
- 神郁雄（東京都公立学校講師）
- 志摩陽伍（東洋大学名誉教授）
- 瀧口優（白梅学園短期大学教授）
- 森本真幸（元明治学院高等学校教諭）

2. 執筆者
- 神郁雄（東京都公立学校講師）
- 九野里信夫（私立東山高校教諭）
- 古宇田栄子（元公立高校教諭）
- 志摩陽伍（東洋大学名誉教授）
- 瀧口優（白梅学園短期大学教授）
- 寺井治夫（元私立中学校教諭）
- 三輪民子（元埼玉県公立小学校教諭）
- 森本真幸（元明治学院高等学校教諭）
- 柳生博（元特別支援学校教諭）

ことばと教育の創造

2017年8月10日第1版発行

著　者　「ことばと教育の創造」編集委員会
発行者　中桐信胤
発行所　三学出版株式会社
　　　　〒520-0013　大津市勧学二丁目13-3
　　　　（TEL/FAX 077-525-8476）
　　　　http://sangaku.or.tv

モリモト印刷（株）印刷・製本